"十四五"时期国家重点出版物出版专项规划项目

★ 转型时代的中国财经战略论丛 ◢

网上支付
对居民储蓄率的影响研究

Research on the Impact of
Online Payment on Household Saving Rate

戴安然 著

中国财经出版传媒集团

经济科学出版社
Economic Science Press

图书在版编目（CIP）数据

网上支付对居民储蓄率的影响研究/戴安然著 . --
北京：经济科学出版社，2023.3
（转型时代的中国财经战略论丛）
ISBN 978 - 7 - 5218 - 4654 - 6

Ⅰ.①网… Ⅱ.①戴… Ⅲ.①电子银行 - 支付方式 -
影响 - 居民储蓄 - 储蓄率 - 研究 - 中国 Ⅳ.①F832. 22

中国国家版本馆 CIP 数据核字（2023）第 055615 号

责任编辑：于 源 姜思伊
责任校对：王京宁
责任印制：范 艳

网上支付对居民储蓄率的影响研究
戴安然 著
经济科学出版社出版、发行 新华书店经销
社址：北京市海淀区阜成路甲 28 号 邮编：100142
总编部电话：010 - 88191217 发行部电话：010 - 88191522
网址：www. esp. com. cn
电子邮箱：esp@ esp. com. cn
天猫网店：经济科学出版社旗舰店
网址：http://jjkxcbs. tmall. com
北京季蜂印刷有限公司印装
710 × 1000 16 开 15. 75 印张 250000 字
2023 年 6 月第 1 版 2023 年 6 月第 1 次印刷
ISBN 978 - 7 - 5218 - 4654 - 6 定价：65. 00 元
（图书出现印装问题，本社负责调换。电话：010 - 88191545）
（版权所有 侵权必究 打击盗版 举报热线：010 - 88191661
QQ：2242791300 营销中心电话：010 - 88191537
电子邮箱：dbts@ esp. com. cn）

总　序

　　"转型时代的中国财经战略论丛"是山东财经大学与经济科学出版社在"十三五"系列学术著作的基础上，在"十四五"期间继续合作推出的系列学术著作，属于"'十四五'时期国家重点出版物出版专项规划项目"。

　　自2016年起，山东财经大学就开始资助该系列学术著作的出版，至今已走过6个春秋，期间共资助出版了122部学术著作。这些著作的选题绝大部分隶属于经济学和管理学范畴，同时也涉及法学、艺术学、文学、教育学和理学等领域，有力地推动了我校经济学、管理学和其他学科门类的发展，促进了我校科学研究事业的进一步繁荣发展。

　　山东财经大学是财政部、教育部和山东省人民政府共同建设的高校，2011年由原山东经济学院和原山东财政学院合并筹建，2012年正式揭牌成立。学校现有专任教师1690人，其中教授261人、副教授625人。专任教师中具有博士学位的982人，其中入选青年长江学者3人、国家"万人计划"等国家级人才11人、全国五一劳动奖章获得者1人，"泰山学者"工程等省级人才28人，入选教育部教学指导委员会委员8人、全国优秀教师16人、省级教学名师20人。近年来，学校紧紧围绕建设全国一流财经特色名校的战略目标，以稳规模、优结构、提质量、强特色为主线，不断深化改革创新，整体学科实力跻身全国财经高校前列，经管类学科竞争力居省属高校首位。学校现拥有一级学科博士点4个，一级学科硕士点11个，硕士专业学位类别20个，博士后科研流动站1个。在全国第四轮学科评估中，应用经济学、工商管理获B＋，管理科学与工程、公共管理获B－，B＋以上学科数位居省属高校前三甲，学科实力进入全国财经高校前十。2016年以来，学校聚焦内涵式发展，全面实施了科研强校战略，取得了可喜成绩。获批国家级课题项目 241 项，教育部及其他省部级课题项目 390 项，承担各级各类横向课题 445 项；教师共发表高水平学术论文 3700 余篇，出版著作 323 部。同时，新增了山东省重点实验室、山东省重点新型智库、山东省社科理论重点研究基地、山东省协同创新中心、山东省工程技术研究中心、山东省两化融合促进中心等科研平台。学校的发展为教师从事科学研究提供了广阔的平台，创造了更加良好的学术生态。

"十四五"时期是我国由全面建成小康社会向基本实现社会主义现代化迈进的关键时期，也是我校合校以来第二个十年的跃升发展期。今年党的二十大的胜利召开为学校高质量发展指明了新的方向，建校 70 周年暨合并建校 10 周年校庆也为学校内涵式发展注入了新的活力。作为"十四五"时期国家重点出版物出版专项规划项目，"转型时代的中国财经战略论丛"将继续坚持以马克思列宁主义、毛泽东思想、邓小平理论、"三个代表"重要思想、科学发展观、习近平新时代中国特色社会主义思想为指导，结合《中共中央关于制定国民经济和社会发展第十四个五年规划和二〇三五年远景目标的建议》以及党的二十大精神，将国家"十四五"期间重大财经战略作为重点选题，积极开展基础研究和应用研究。

"十四五"时期的"转型时代的中国财经战略论丛"将进一步体现鲜明的时代特征、问题导向和创新意识，着力推出反映我校学术前沿水平、体现相关领域高水准的创新性成果，更好地服务我校一流学科和高水平大学建设，展现我校财经特色名校工程建设成效。通过向广大教师提供进一步的出版资助，鼓励我校广大教师潜心治学，扎实研究，在基础研究上密切跟踪国内外学术发展和学科建设的前沿与动态，着力推进学科体系、学术体系和话语体系建设与创新；在应用研究上立足党和国家事业发展需要，聚焦经济社会发展中的全局性、战略性和前瞻性的重大理论与实践问题，力求提出一些具有现实性、针对性和较强参考价值的思路和对策。

山东财经大学校长

2022 年 10 月 28 日

前　言

转型时代的中国财经战略论丛

随着互联网的发展和普及，互联网技术已经融于各行各业，传统金融与互联网技术的有机结合孕育出全新的互联网金融模式，网上支付作为最基础、最重要的互联网金融模式之一从诞生之初就备受关注。自2011年以来，通信技术的发展和移动终端的普及，特别是2014年4G网络的产生和平板电脑、智能手机的普及为我国网上支付的发展奠定了基础。在国家出台的鼓励政策、经济发展方式转变、居民消费结构升级、新兴技术发展等因素的推动下，网上支付在我国迅猛发展。中国互联网络信息中心发布的第48次《中国互联网络发展状况统计报告》显示，截至2021年6月，我国网络支付用户规模为8.72亿人，网络支付用户数量在整个网民数量中的比例达到86.3%，网上支付已经成为最适应信息化时代的支付方式。

我国的高储蓄率问题一直备受国内外专家学者的关注，无论与欧美发达国家相比，还是与我国具有类似文化背景的日本、韩国相比，抑或与同样发展迅速的金砖五国相比，我国居民储蓄率一直处于高位，但从2011年以来出现了连续下滑的趋势。在这段时间里，国内出现了网上支付迅速发展和居民储蓄率持续下降并存的情况。从现实情况和实验研究来看，在支付方式对消费者消费—储蓄行为存在影响的前提下，产生了一系列值得关注的问题，本书对网上支付与居民储蓄率的关系提出了以下四个问题：

第一，网上支付作为一种新兴的支付方式，其使用与普及主要受到哪些因素的影响。

第二，网上支付是否能刺激我国居民消费，不同类型的网上支付对我国居民的消费影响是否存在异质性，网上支付对不同类型消费的影响是否存在异质性。

第三，对影响我国居民储蓄率的各个因素进行控制后，网上支付是否对我国居民储蓄率产生显著影响，如果能产生影响，是通过怎样的渠道来实现的。网上支付对经济发展水平不同区域的居民储蓄率影响效应是否存在异质性。

第四，在不同年份中，网上支付对不同户籍、不同性别、不同收入水平、不同受教育程度、不同年龄、不同婚姻状况的微观个体的居民储蓄率的影响效应是否存在异质性。

本书基于多学科和多方法视角回顾并梳理了网上支付与居民消费储蓄行为的相关文献，在对我国网上支付与居民消费行为发展现状与特点总结分析的基础上，将宏观数据和微观数据相结合，以实证分析为重点，验证了网上支付对我国居民消费存在刺激效应，并对这一刺激效应进行了全面考察。全书分为9章，遵循观察问题—提出问题—解决问题的研究思路，实证部分章节按照梳理理论基础—提出假说—验证假说的研究思路，对网上支付与居民消费储蓄行为开展研究。各章主要内容安排如下：第1章为绪论。使用宏观数据对我国近十年来储蓄率的下降以及网上支付的迅猛发展情况进行描述，提出了全书的研究问题、研究思路和研究方法。第2～5章为全书分析基础。其中，第2章对网上支付和消费储蓄行为的国内外相关文献进行了梳理；第3章对我国网上支付和居民消费行为的发展现状及特点进行了总结；第4章是全书的理论基础，分别对居民消费理论、理性行为理论、居民网上支付的使用意愿、网上支付对居民消费的影响和网上支付对居民储蓄率的影响进行了理论分析；第5章基于技术接受模型（TAM）对影响网上支付使用意愿的因素进行了理论分析和实证检验。第6～8章是全书分析的重点。其中，第6章分别使用时间序列模型和省际面板模型，把网上支付对居民消费的刺激效应进行了总体检验，并对第三方网上支付和传统银行网上支付的作用效果、网上支付对不同消费类型的刺激效应以及网上支付对消费影响渠道进行了比较分析；第7章对影响我国储蓄率的各因素进行了总结归纳，并构建了省际面板模型，在控制住各因素的基础上把网上支付对我国居民储蓄率影响效应进行了总体的检验，同时，通过引入网上支付与各个其他影响储蓄率因素的交叉项方式，分析了网上支付对储蓄率的影响渠道和地区异质性；第8章在理论分析的基础上，使用微观个体数据把网上支付对居民储蓄率整体影响效应、动态影响效应和个体特征影响效应的异质性进行了分析。第 9 章是全书结论、政策建议与展望。

本书研究的主要结论及创新点包括以下四个方面：

第一，对网上支付使用意愿的影响机理提出研究假说，并采用了微观数据对假说进行了验证，在研究居民网上支付的使用意愿时，综合宏观数据和微观数据对我国居民网上支付的特点进行了分析，基于技术接受模型从居民对网上支付的感知易用性和感知有用性两个角度进行了实证证明。研究发现，居民网上支付的使用意愿受到外界环境的影响，同时，具有不同个体特征的居民网上支付的使用意愿不同。具体说，对互联网依赖程度越高、快递点离家越近的消费者越有可能使用网上支付，网上支付金额也越高；家庭（个体）收入越高、受教育水平越高的消费者越有可能使用网上支付，网上支付金额也越高。此外，城市的女性消费者使用网上支付的概率和金额高于农村男性消费者，但性别对网上支付使用情况影响不显著，同样婚姻状况对网上支付使用情况影响也不显著。消费者使用网上支付的概率和金额随着年龄增长呈现出倒“U”形变化，在“80 后”年龄阶段达到使用网上支付的顶峰。

第二，梳理了网上支付的发展，主要从心理账户直接刺激效应、完善互联网消费信贷、构建消费市场和畅通互联网信息渠道四个方面对居民消费产生正向影响，在此基础上，构建省际面板数据对网上支付与我国居民消费行为进行总体检验。研究发现，自 2011 年以来网上支付的迅速发展对我国居民消费产生了显著的刺激效应。笔者通过将第三方网上支付和传统银行网上支付对居民消费的刺激效应进行对比发现，近年来发展势头猛烈的第三方支付，比相对成熟的传统银行网上支付对居民消费的刺激效应加大。此外，将消费分为耐用品消费和非耐用品消费并将网上支付对这两种消费影响机理进行了分析，实证研究证明，网上支付对非耐用品消费的刺激作用要大于对耐用品消费的刺激作用，从而揭示了网上支付对消费结构产生的影响。通过对国内外既有文献分析比较发现，国外对支付手段的研究主要是针对信用卡的研究，国内的研究则多是强调网上支付与传统支付方式不同这一角度进行理论分析，但实证分析并不多见，有关不同网上支付类型对消费刺激效应的对比、网上支付对不同消费类型的刺激效应对比的研究更为稀少。本书的研究在一定程度上弥补了国内在这一研究领域的不足，在证实了网上支付对整体消费的刺激效应基础上，还证明了网上支付对消费结构的影响效果。

第三，在对储蓄率各个影响因素的理论分析基础上，对各个影响因素以及网上支付对我国居民储蓄率的影响机理进行了总结，并通过构建省际面板数据，把网上支付对居民储蓄率的影响进行了实证检验，研究发现，近十年来，在控制住各个宏观经济因素变化之后，网上支付的发展仍然能显著地抑制我国居民储蓄率的增长。通过引入网上支付和各个因素交叉项发现，网上支付的发展是通过降低我国居民强烈的储蓄惯性、完善消费信贷市场和降低不确定性来对我国居民储蓄率产生抑制效应。同时还发现，不同经济发展水平的地区网上支付对居民储蓄率的影响存在异质性，网上支付对经济欠发达地区居民储蓄率的抑制效应更大。

第四，使用微观数据进一步研究了网上支付对家庭储蓄率的影响，并将网上支付对储蓄率的整体影响、动态影响和异质性影响进行了研究。具体来说，基于倾向得分匹配法构建三期面板模型发现，使用网上支付手段能显著降低家庭储蓄率，网上支付金额的增高也会显著降低家庭储蓄率；网上支付对家庭储蓄率的抑制效应随着时间推移呈现出倒"U"形，在本书的研究区间内，在 2016 年达到最强烈的抑制效应；网上支付前期对城镇家庭储蓄率抑制的效应增大，后期对农村家庭储蓄率的抑制效应增大，从区域上来说，对中部地区家庭储蓄率的抑制效应最强烈。同时，网上支付对不同家庭和个体家庭特征的储蓄率影响也存在异质性，具体来说，对户主是女性的家庭储蓄率影响效果显著大于户主是男性的家庭；网上支付对家庭收入处于最低的 25% 的家庭而言其储蓄率影响效应最大，抑制效应随着家庭收入水平的增长而下降；抑制效应随着户主年龄的增长而下降，对户主为"90 后"的家庭储蓄率影响效应最强烈；对户主的教育水平为高中的家庭储蓄率影响最强烈；对已婚家庭的影响效应低于对未婚家庭的影响效应。

本书基于近十年来我国储蓄率出现罕见连续下降趋势的背景，对网上支付对储蓄率的影响效应从宏观层面和微观层面进行了较为全面系统的研究。在研究网上支付对储蓄率的整体效应影响的基础上，对网上支付对处于不同区域、具有不同家庭特征和个体特征的居民储蓄率异质性影响进行了探究，揭示了网上支付对储蓄差异的影响，并进一步对网上支付对储蓄率的动态影响进行了研究，并对储蓄率的影响渠道进行了探究，此研究是笔者的博士毕业论文和多项省级基金项目的研究成果，具有一定的理论价值和实用价值。本书在理论上丰富了对网上支付发展的认知，在实践中为充实现阶段我国网上支付对居民储蓄率影响提供了有效借鉴。

目 录

第1章 绪 论

1.1 研究背景

支付方式与居民消费储蓄行为的关系曾经一度没有得到重视。根据经典经济学的"理性人"假设，消费者是否购买产品、购买多少数量产品等消费行为，是基于理性考虑产品提供的正面效应和支付减少了未来消费带来的负面效应之后作出的理性决策，而支付方式的改变并不会影响效应，也不会影响到消费者的消费和储蓄（Thaler，1999）。

自 20 世纪 60 年代以来，随着发达国家支付方式的多元化发展和信用卡的普及，促使理论界和实践界对支付方式与消费者消费储蓄行为逐渐产生兴趣。从世界范围的研究来看，许多研究都表示信用卡等新兴支付方式对消费者行为的影响是存在的。与国外发达国家不同的是，信用卡在我国的发展历史悠久而坎坷，经过了多年的发展具有一定的市场规模，但始终没有成为我国居民的主流支付方式，对我国的支付市场和居民的消费习惯以及理念并没有产生现象级的改变。与信用卡支付发展形成对比，我国网上支付发展迅猛，自 2011 年以来，在互联网通信技术飞速发展、移动终端的普及和我国庞大的网民基础等因素的支持下，网上支付得到了高速发展。3G、4G 网络的普及为网上支付市场带来了新的增长点，二维码支付、指纹支付、声波支付、摇一摇支付等不断涌现的网上支付市场的新技术，进一步提高了支付的效率和便捷度。中国互联网信息中心提供的数据显示，截至 2021 年 6 月，我国网民规模达到10.11 亿，手机网民规模达到 10.07 亿[①]，庞大的网民基础和日益普及

[①] 中国互联网信息中心：《第 48 次中国互联网络发展状况统计报告》，http：//www.cac. gov. cn/2021 – 02/03/c_1613923423079314. htm。

的移动终端为网上支付市场的发展奠定了基础。中央监管部门从费率改革到规范二维码再到备付金集中存管,对网上支付市场的乱象进行了大力整顿,为网上支付市场的长期良好发展提供了根本保证;通过银行卡收单费率改革,统一了各行业的银行卡收单费率标准,淘汰了能力弱的中小型第三方机构,提高了行业的市场化程度和行业集中度,提升了整个网上支付行业的水平,大大降低了商户经营成本,使网上支付能够得到稳健的长久发展;通过《条码支付业务规范》,明确规定了支付机构开展业务需要遵循的安全标准,正式确认了二维码支付的地位,构建了良好的风险控制机制,为消费者使用第三方支付提供了安全稳定的环境;通过备付金集中存管,限制了第三方支付账户内沉淀大额资金,有效防止了支付机构挪用客户资金,保护客户资金安全,引导支付机构回归支付业务本源。根据易观统计的数据显示,第三方移动支付的整体交易规模已经从 2013 年的 1.3 万亿元快速增长到了 2018 年的 190 万亿元,2013～2017 年连续四年增长率均超过了 100%。[①] 网上支付对支付场景的不断开拓,餐饮、外卖、交通、教育和医疗等情景都能使用网上支付,支付场景呈现出很强的多元化特点。同时,网上支付在地域方面覆盖的范围也越来越广,网上支付不再只是一、二线城市的专利,正向着欠发达地区快速地下沉。网上支付为各个地域的人群提供了服务,覆盖了消费的各个领域,为广大居民提供了方便、快捷的支付方式。

在 2010 年以来宏观经济运行中,另外一个值得关注的现象是我国居民储蓄率的下降。十几年来,中国的储蓄率一直处于高水平,在国际上,不管是与西方发达资本主义国家的美国、英国和法国相比,与中国具有类似文化背景的亚洲国家的日本、韩国相比,还是与其他同样经济发展迅速的金砖五国印度、巴西等国相比,我国的储蓄率都处在较高的水平。图 1－1 展示了自 1992 年以来我国储蓄率的走势,可以看到,国民储蓄率和居民储蓄率都经历了近二十年的增长,到 2010 年国民储蓄率高达 51%,但从 2011 年开始,我国储蓄率呈现下降的趋势,并持续几年连续下降。

---

① 易观统计:《中国第三方支付行业专题研究 2018》,https://www.sohu.com/a/256693786_99923020。

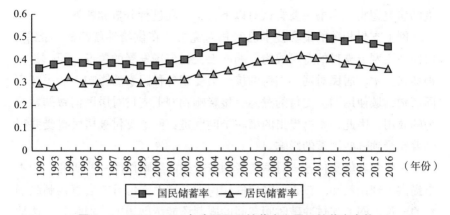

图 1 - 1　1992～2016 年我国国民储蓄率和居民储蓄率走势

资料来源：各年度《中国统计年鉴》和《中国城市统计年鉴》。

3

2010 年以来，我国宏观经济除了网上支付的发展之外也发生了很多其他的改变。影响居民储蓄率的各个宏观因素也发生了变化，如老龄化程度上升、收入不确定性增加、房价不断攀升和 2008 年金融危机可能对居民储蓄率的抑制作用存在滞后性等，这些因素都对我国居民储蓄率具有抑制作用，那么，在排除其他宏观因素的影响外，网上支付的发展到底能否显著地抑制居民储蓄率，如果能的话，又是通过什么渠道来产生影响。从全国整体来看，就算网上支付对居民储蓄率有抑制作用，那么，对于不同经济发展水平、不同网上支付接受程度的地区，不同户籍、不同性别、不同收入水平、不同年龄的微观个体来说，网上支付对储蓄率的影响是否存在异质性，影响效果是否呈动态变化。这些问题都是本书研究的基本出发点。

1.2　研究目标与研究方法

1.2.1　研究目标

本书主要对网上支付与我国居民储蓄率的关系进行了整体和局部的研究。为全面衡量网上支付对我国居民储蓄率的影响效应，按照依次递进的研究逻辑，本书主要尝试对以下四个问题进行分析和解答。

网上支付相关的配套技术已经相对完善，在供给端就绪的前提下，居民使用网上支付的意愿成为影响网上支付市场发展的关键，而作为一种新兴技术，居民对网上支付的接受会受到各种因素的影响。居民在不同消费领域使用网上支付的意愿直接影响到网上支付对居民消费储蓄行为的效用。因此，本书提出的第一个问题是：网上支付被居民接受并得到普及受到哪些因素的影响。

一些学者就支付方式对消费者消费行为的影响做的一些研究，为本书提供了理论基础。在心理账户的作用下，网上支付可能会直接刺激消费的增长，网上支付冲破时间空间的限制还能帮助居民特别是欠发达地区居民建立更加完善的消费市场，同时，以网上支付为基础的互联网消费信贷也能帮助居民缓解流动性约束，但是，网上支付的兴起对传统支付方式的消费形成了一定的替代效应，在互联网的作用下能使居民享受到一定的价格优惠。在这双重方面的影响下，本书提出的第二个问题是：近十年来迅速发展的网上支付，从总体上来说究竟能不能显著刺激我国居民消费，如果能的话，是通过刺激哪一部分消费实现的刺激效应；同时，如果将网上支付分为已有一定历史的传统银行网上支付和新兴的第三方网上支付，那么这两种网上支付对居民消费的刺激效应是否存在差异。

如果证明了网上支付确实刺激了我国居民消费的增长，本书最关注的问题是网上支付与我国居民储蓄率的关系。在过去十年间，同时发生了网上支付的兴起和我国储蓄率罕见的下降，同时人口年龄结构、金融信贷体系、社会保障体系和房价等其他影响我国储蓄率的因素也发生了很多改变。因此，本书提出的第三个问题是：在排除过去十年间居民储蓄率各个影响因素的影响之后，网上支付是否确实能显著降低居民储蓄率，同时，是通过什么影响渠道对居民储蓄率产生抑制效应。

具有不同户籍、不同家庭收入等家庭特征和不同性别、不同年龄等个体特征的家庭，对网上支付的接受程度会有所不同。网上支付使用情况对家庭储蓄率影响效应最终取决于消费金额在不同支付方式之间的分配情况，因此，本书最后提出的第四个问题是：网上支付对不同家庭特征和个体特征的家庭储蓄率的影响是否有异质性影响；在网上支付不同的发展阶段，网上支付对储蓄率的影响效果是否动态变化。

1.2.2 研究方法

本书在理论研究基础上，使用实证分析对网上支付与居民储蓄率的关系进行了研究。在理论分析方面，本书主要对支付方式与居民消费储蓄行为关系的相关文献研究进行了综述，分析了我国网上支付与居民消费行为的发展现状和特点，厘清了网上支付影响因素和网上支付影响居民消费储蓄行为的机制。在实证方面，按照稳健性的基本原则，利用多维度、多种分析方法对网上支付与我国居民消费储蓄行为的关系进行了全面分析。在数据层面，综合使用了时间序列数据、省际面板数据和中国家庭金融调查数据（CHFS，2017）以及中国家庭追踪调查（CFPS，2014、2016、2018）微观数据。在分析对象层面，既考察了全国整体关系，又考察了分地区、分收入组、分性别等不同居民群体内的关系。在计量方法层面，本书采用了普通 OLS 回归、2SLS 工具变量回归、动态面板 GMM、倾向匹配得分等计量方法。为保证分析结果的科学性和可靠性，分析运用了"对比"分析法，具体包括不同网上支付方式的影响效应对比，不同计量方法下的结果对比，不同地区、不同居民特征的影响效应对比，不同替代指标间的结果对比和不同控制变量下的结果对比等。

1.3 研究思路与主要内容

1.3.1 研究思路

本书综合采用理论归纳、定性描述和定量检验等多种方法，对网上支付与我国居民消费储蓄行为的关系进行了详细考察。具体来讲，在总结了我国网上支付与居民消费行为的发展现状和特征基础上，以实证检验为重点，依次对网上支付使用意愿，网上支付对我国居民消费整体刺激效应、分消费类型刺激效应，对我国居民储蓄率整体抑制效应、抑制效应动态变化，对我国居民储蓄率地区的异质性和微观个体异质性进行了分析，在此基础上，提出了政策建议。本书的分析框架见图1-2。

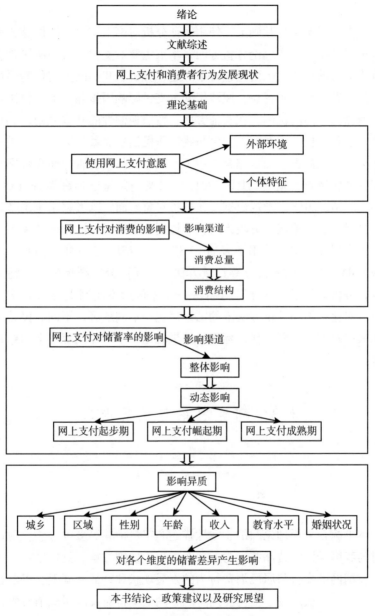

图1-2　全书分析框架

1.3.2 主要内容

全书共分 9 章，除第 1 章绪论外，第 2~4 章是全书的分析基础，第 5~8 章是全书的主体部分，第 9 章是全书结论和政策建议。

第 1 章，绪论。主要分析介绍了本书的研究思路及所做的主要工作，包括问题的提出、研究的目标和方法、研究的思路和研究的主要内容以及本书的创新点与不足。

第 2 章，文献综述。主要从四个方面梳理既有的相关文献。首先，对影响网上支付发展的因素进行了分析，对理性行为理论、计划行为理论和技术接受理论等相关模型进行了介绍，为分析网上支付使用意愿打下基础。其次，对网上支付的经济社会影响进行了综述。再次，分析了支付方式与居民消费储蓄行为关系，以及目前国内关于网上支付对居民消费储蓄行为的相关研究文献。最后，从国内外各个角度对我国高储蓄率的研究文献做了综述。并对文献综述部分做了简单的述评，阐述了本书的研究创新性和价值。

第 3 章，网上支付与居民消费行为的发展现状分析。主要厘清了网上支付的相关概念，分析了我国网上支付发展的产生背景、发展历程和发展过程中的主要特征，并利用宏观和微观数据，对居民总体消费、传统支付方式消费和网上支付方式消费的比重，以及网上支付在不同消费类型的比重等情况进行了分析和总结，为下列研究提供了现实依据：进一步系统研究网上支付能否影响居民消费，如何影响居民消费；网上支付如何对不同消费类型产生不同程度的影响，从而影响消费结构；网上支付如何通过影响居民消费和居民收入从而影响储蓄；针对我国居民的消费不足与高储蓄现状，网上支付如何通过克服促使我国居民高储蓄的影响因素来影响储蓄率等。

第 4 章，理论基础。主要分四个部分。首先，总结居民消费理论的演进过程并对理性行为理论进行梳理。其次，对居民网上支付使用意愿进行理论分析，通过构建技术接受模型对网上支付使用意愿影响因素进行分析，从理论上总结了网上支付便利性、共享性和开放性等特点，提高了消费者对网上支付的感知有用性，进一步提出了网上支付使用意愿会受到外部环境以及家庭特征、个体特征等因素影响的假说以供后面验证。再次，对网上支付对整体消费的影响机理进行梳理，总结了四条影响机理，并对网上支付对不同类型消费的不同影响进行论证并提出假说。最后，通过构建模型，总结了网上支付对储蓄率产生的价格折扣效应、传统消费替代效应和消费刺激效应三个不同影响方向的效应，并进行了详细论证，同时，对网上支付对储蓄率动态影响进行了理论分析，在对各个维度储蓄差异进行基本现实描述的基础上，提出了网上支付对储蓄差异并进一步进行了分析，后续的实证研究围绕本章进行。

第5章，居民网上支付的使用意愿分析。在第4章理论基础上分析了个人特征、使用网上支付的货币成本和非货币成本等因素对居民使用网上支付和使用网上支付金额的影响，并使用微观数据进行了实证验证，为后面研究网上支付对居民消费储蓄行为奠定了基础。

第6章，网上支付对我国居民消费的影响分析。首先，使用时间序列数据分别对第三方网上支付和传统银行网上支付与我国居民消费关系进行检验和分析。其次，使用省际面板数据对网上支付与我国居民消费的总体关系进行检验。其中，时间序列数据对不同网上支付方式的影响效应进行对比，面板数据对不同消费类型研究结果进行对比，并基于"互联网信贷发展指数"构建固定效应工具变量模型，把网上支付对居民当期收入和对消费约束的影响进行了检验，为后面在宏观和微观角度上研究网上支付对居民储蓄率的影响打下基础。

第7章，网上支付对居民储蓄率的整体影响研究。首先，从文献中梳理出各个影响我国居民储蓄率的影响因素。其次，使用省级面板数据把网上支付对我国居民储蓄率的影响效应进行分析，并通过引入交叉项初步对居民储蓄率作用渠道以及对不同地区的影响异质性进行简要分析，从宏观整体上对网上支付与居民储蓄率的关系进行了研究。

第8章，网上支付对居民储蓄率的动态影响和异质性影响分析。基于中国家庭追踪调查（CFPS，2014、2016、2018）微观数据，采用倾向匹配得分法纠正选择偏误问题，将使用网上支付手段对居民储蓄率的影响进行分析。进一步基于带有工具变量的多元回归法，将网上支付在不同年份对居民储蓄率的影响效应进行分析，并把网上支付对具有不同户籍、不同区域、不同收入水平的家庭特征，以及不同性别、不同年龄、不同受教育水平和不同婚姻状况的个体特征的居民储蓄率进行异质性分析。同时还对网上支付在不同年份对储蓄率产生的不同影响效果进行了动态研究。

第9章，研究结论、政策建议与研究展望。主要对全书的主要结论进行了汇总，提出了相应的政策建议，并对未来研究方向进行了初步规划。

1.4　主要创新点

本书主要在以下四个方面有所创新和尝试。

第一，基于技术接受模型（TAM），从感知有用性和感知易用性两个角度对网上支付使用意愿影响因素进行分析，并通过数据描述网上支付现状。在此基础上，分析了互联网基础设施、物流配套服务等外部环境以及收入、年龄、性别等个体特征等因素对居民使用网上支付和网上支付金额的影响，并使用微观数据进行了实证验证，而现有文献很少对网上支付的影响因素进行系统的研究。

第二，在分析网上支付对居民不同类型消费影响机制的基础上，使用"北京大学互联网支付发展指数"和我国居民收入消费等相关数据，构建省际面板模型，研究了网上支付对耐用品消费和非耐用品消费的影响效应，揭示了网上支付的发展对消费结构的影响，而现有的文献大多只是探究了网上支付对居民消费的整体影响。

第三，在控制了各个影响因素对我国居民储蓄率的影响之后，研究了网上支付对居民储蓄率的影响效应，并初步探究了网上支付对居民储蓄率的影响机制。我国储蓄率长期处于高位，并且经历了多年的增长，然而，2010年以来，我国居民储蓄率罕见地出现了连续下降的趋势，储蓄率的下降对整个宏观经济的影响深远且复杂，而现有的文献较少地涉及近期居民储蓄率下降方面的研究。本书对2010年以来，网上支付的迅猛发展和储蓄率联系起来进行了系统的研究，同时还对网上支付对储蓄率的影响渠道进行了探究。

第四，利用家庭金融调查数据，在不同地区、不同特点的居民使用网上支付情况不同的基础上，探究了网上支付对不同地区居民储蓄率和不同个体特征居民储蓄率的影响异质性，并对网上支付在其不同发展阶段对储蓄率产生的影响效果进行了动态研究。现有文献较少涉及网上支付对居民储蓄率的微观研究，也较少对网上支付对不同维度（城乡、性别、收入水平等）储蓄率差异和动态影响进行研究。

1.5　本章小结

本章为绪论，介绍了研究背景和意义，明确了研究切入点，阐述了研究的基本内容、主要方法、研究思路和创新点。

第 2 章　文　献　综　述

2011 年以来，在互联网通信技术飞速发展、移动终端普及和我国庞大的网民基础等因素的支持下，网上支付市场得到了高速的发展，网上支付地域覆盖的范围也越来越广，为各个地域的人群提供了服务，几乎涵盖了消费的各个领域，为广大居民提供了方便、快捷的支付方式，提高了支付效率。与此同时，我国的经济发展进入了新常态，投资、出口对经济增长的拉动力减弱，如何有效地扩大内需，让居民消费为经济增长提供动力，成为各方关注的重点。那么，迅猛发展的网上支付对居民消费以及储蓄率究竟有怎样的影响，网上支付究竟能否刺激居民消费的增长，网上支付与我国居民消费储蓄行为有怎样的关系，网上支付能否产生抑制居民储蓄率上升的效果，这些问题必然引起学术界的极大关注。本章基于所梳理的既有相关文献，力争厘清网上支付发展的影响因素、网上支付的经济社会影响、网上支付与居民消费储蓄行为的关系、专家学者基于不同理论和角度对我国居民高储蓄率所作出的解释，明确本书的研究在既有研究中的坐标位置，为后面的研究奠定理论分析基础。

2.1　网上支付发展的影响因素

支付体系是一个国家金融的核心基础设施，厘清影响网上支付发展的各种因素，很有研究必要和研究价值。国外一些学者对影响电子支付发展的要素进行了研究。

汉弗莱等（Humphrey et al. , 1996）就支付方式进行了跨国研究，他们对 14 个发达国家在 1987 ~ 1993 年运行现金和 5 种不同非现金支付方式的情况进行了研究对比发现，从整体上来说，电子支付使用频率和支付金额均有所上升，到 1993 年电子支付交易金额达到整体交易金额的 35%。同时对比发现，在美国和加拿大支票始终是占据主导地位的支付方式，电子支付发展相对缓慢，而电子支付在各个欧洲国家发展前景则比较好，其原因为美国幅员广阔，而银行系统却非常分散，通常银行只在一个州内有网点，当付款人和收款人是不同银行的账户时，比起网上支付，支票更加方便、便宜，是最好的选择；在欧洲国家，邮政服务在全国有着密集的网点，在这个基础上推广电子支付则比较容易。菲利普斯等（Phillips et al.，1998）利用美国（treasure management association，TMA）的调查数据，探究了公司从支票支付改变为电子支付的障碍、动力和好处。研究发现，使用电子支付的好处包括降低支付费用、支付时间的确定性和改善现金流；接受使用过电子支付的公司会有很大概率继续使用这个支付方式，而主要阻碍公司采用电子支付的因素，包括支付相应的对方公司没有使用这种支付方式的能力或者意愿和科技方面的费用。海森瑞特等（Huysentruyt et al.，2010）考察了人们收到政府转移福利时信息和信息表格对个人支付方式选择的影响，他们发现，一封包含网上支付介绍信息的信件有助于提高人们选择网上支付的概率，同时，发现了信息的复杂性和高信息费用显著抑制了人们对新事物的选择。

戴维斯（Davis，1989）第一次提出的技术接受模型及其相关的理论为本书对网上支付使用意愿的研究提供了一定的借鉴。菲什拜因和阿耶兹（Fishbein and Ajzen，1975）第一次提出的理性行为理论（theory of reasoned action，TRA）是研究人类行为最基础、最有影响力的理论之一。理性行为理论认为，人类执行某类行为是由其执行行为的意向（behavior intention，BI）决定的，行为意向是由个人对所要执行行为的态度和主观规范共同决定的。态度是由个人执行该行为产生结果的主观意识以及产生结果的客观评估；主观规范则指个人感知的，对他重要的大部分人认为他该不该执行此行为的感知。但是，在现实生活中，执行行为的意向并不能完全保证行为的执行，在某些环境因素的限制下，行为意向并不能总是引起行为的执行，如执行此行为需要的时间、环境和资源等。阿耶兹（1985）将理性行为理论进行拓展，提出了计划行为理论，在理性行为理论模型基础上加入了知行行为控制。通俗地说，计划行为理论认为，当个体对执行某项行为具有证明的评估，认为对他重要的其他人同意这项行为，并且感知此项行为在他控制之下，他就会有强烈的执行意愿。学者们将理性行为理论和计划行为理论广泛地运用于消费者行为的研究领域。森普（Shimp，1984）运用理性行为理论试图对优惠券的使用进行解释，发现过去行为、行为规范和主观规范都对优惠券的使用意向有明显影响。学者们在戴维斯（1989）研究的基础上对技术接受模型进行了改进和演化（Venkatesh and Davis，2000；Wang，2003；Pavlou，2003；Venkatesh，2003）。在这方面国内学者也进行了研究，如谢平和刘海二（2013）认为，随着通信技术的发展和移动终端的普及，电子支付的主要方式——移动支付很有可能成为取代现金和信用卡的主要支付方式，电子支付具有规模效应和正的外部性，当市场上使用电子支付的人达到了一定的规模时，才能使移动支付得到长远发展。随着互联网金融和网上支付在我国的迅速发展，国内学者在技术接受模型基础上对网上支付使用意愿做了研究（杨青等，2011；张辉等，2011；单汩源等，2015；刘德文，2016；李琪等，2018；冯蛟等，2019），他们基于理性行为理论和计划行为理论构建了消费者网络购物模型。研究表明，消费者对网络购物的态度（个体自己认为网购是明智的）和知觉行为控制（拥有网购需要的资源、知识和能力）都对网购意向有显著的正向影响，但是，主观规范（周围的人认为个体网购是明智的）对网购意向影响不显著。冯蛟等（2019）基于理性行为理论对消费者移动支付工具使用意愿进行了评估。结果发现，消费者对移动支付的情感态度和认知态度使移动支付工具的使用意愿有显著正影响，同时还发现，消费者主观规范同样对移动支付使用意愿具有显著正影响。

2.2 网上支付的经济社会影响

2.2.1 对货币替代的影响

从国外对货币替代影响的既有研究来看，诸多学者认为，电子货币将可能会替代实体货币。弗里德曼（Friedman，2000）提出，电子支付技术的发展将会极大影响甚至损害货币需求，央行货币将会被电子货币替代，而且伴随电子货币大范围的普遍使用且不断扩大规模，居民对央行货币的需求将会大大减少。古德哈特（Goodhart，2000）提出，由于现实社会中还存有许多的不法经济活动，而这些违法的经济活动一般都是通过现金进行交易的，因此，电子货币对央行基础货币的替代并不完全。藤木和田中（Fujiki and Tanaka，2014）认为，纸币或者现金将会被电子货币所替代，因为，基于消费者和企业对货币需求角度来看，电子货币的交易时间以及交易成本都比纸币或者现金花费得更少。

从国内的既有研究来看，我国许多学者认为，电子货币将影响居民对现金的需求并对传统货币有替代的倾向。王鲁滨（1999）以及董昕和周海（2001）提出，电子货币将会替代流通中的货币即通货，同时也将加速货币的流通。周光友（2009）指出，电子货币对传统货币的替代，同时具有转化以及加速两种效应，并且这两种效应将使电子货币与传统货币的货币层次间的界限变得不清晰。冯科和舒博（2011）基于构建的 VAR 模型分析得出，金融电子化对居民现金需求具有非常显著的反向影响。谢平和刘海二（2013）指出，鉴于网络规模效应的凸显和移动终端的普遍推广，电子支付成本低的优势得到了充分发挥，使居民逐渐降低对现金的需求，甚至转变货币需求形式。周光友和施怡波（2015）基于惠伦模型通过理论与实证研究得出的结论是，相对于现金低收益性比较来看，电子货币的产生将会降低居民对预防性现金需求。

2.2.2 对货币流通速度的影响

基于国内外既有的文献研究可以看出，学者们普遍认为，电子货币将会影响货币的流通速度。

国外学者贝勒生（Berentsen，1998）认为，电子货币将会对货币流通速度形成很大程度的影响。多尔（Dorn，1996）指出，电子货币的发展将导致中央银行控制基础货币的能力下降，从而影响货币的流通速度。沙利文（Sullivan，2002）认为，电子货币将会影响到货币流通速度的加快。

国内学者认同电子货币的存在与发展将会加快货币流通速度（王鲁

滨,1999;董昕和周海,2001;张红和陈洁,2003;张佳,2014;唐平,2015等)。方轶强(2009)指出,支付系统的发展将极大影响货币的流通速度,特别是大额支付系统在全国普遍推广之后,货币流通速度更呈现出增长态势。王利峰(2010)认为,依托第三方互联网支付的电子货币对现金通货具有很高的替代性,而且将导致货币不稳定性呈乘数变化的趋势。李楠等(2014)指出,第三方互联网支付基于供给诸多创新性的财富管理服务,将会导致提升资金在资本市场以及实体经济之间的循环速度以及频率。卢花兰(2015)采用2006~2014年季度GDP增长率和现金比率(M0/M1)以及第三方互联网支付增长率来厘清对M0流通速度的影响。研究表明,特别是第三方支付增长率正向影响货币流通速度。李淑锦和张小龙(2015)将M2/GDP作为经济货币化程度、(M2-M0)/M2作为金融现代化程度、第三方互联网支付额度与社会消费品零售总额的比值设定为三个自变量,测算了第三方互联网支付对我国不同层次货币流通速度的影响,发现第三方互联网支付对V0、V1的加速效应较大,对V2的加速效应较小。

　　另外,国内有学者基于两个角度进行了研究。一个是基于第三方支付对我国传统支付结算体系在小额支付不足的情况下起到了弥补的积极作用的角度,并指出支付体系的不断完善将极大地提升货币的流通速度,特别是大额支付系统的全国推广进一步提高了货币流通速度(方轶强,2009);另一个是基于第三方在支付过程中的支付中介是与电子货币相类似的介质,其区别在于第三方支付机构不具有货币创造功能,所以,第三方支付可能拥有与电子货币提升货币流通速度相类似的作用,从而更深入地研究了电子货币对货币流通速度的影响作用。如蒲成毅(2002)指出,纸币将逐步被数字货币所替代,起初随着数字货币的广泛使用,货币流通速度会下降,但达到一定程度之后,会随着金融创新以及经济稳定化程度的提升而上升。王利锋(2010)认为,第三方支付所使用的电子货币是依托网络实现流通,这将会极大提升货币流通速度。王亮和吴浜源(2013)指出,电子货币对传统货币的替代具有加速效应,基于电子货币的支付依托计算机网络、其数据的传输和支付的发生常常瞬间完成,同样购买力的支付方式和电子货币被用来支付经济中最终产品和服务的平均次数,要高于传统货币等并使货币流通速度得到极大的提升。蒋少华(2013)和李楠等(2014)基于电子货币自身的特性角度进行梳理分析，认为电子货币的使用具有提升货币流通速度的作用。张佳（2014）指出，伴随电子货币的发展，货币流通速度呈现出"U"形特征，也就是说呈现出先下降后上升的态势，如果从长期角度来看，随着电子货币和金融创新的深入发展，货币流通速度将呈上升的发展态势。但是，也有部分学者持有相反的观点和看法，周光友（2006）基于电子货币对传统货币的两种替代效应的角度，提出电子货币不会加快货币流通速度，相反将会造成货币流通速度的下降。也有学者认为，电子货币对货币流通速度的影响后果是多元的并具有极其复杂的特点，尹龙（2000）、陈雨露和边卫红（2002）以及龚晓红（2016）等指出，电子货币对货币流通速度的影响机制比较复杂，加大了其预测以及控制的不确定性。蒲成毅（2002）指出，纸币将逐步被数字货币所替代，初期会出现货币流通速度下降的特征，但后期会出现货币流通速度得到提升的特征。

2.2.3　对货币政策的影响

商业信息系统（BIS）在 21 世纪之初公布了一系列研究报告，夯实了对电子货币进行研究的基础。BIS 1996 年的报告围绕着电子货币的定义、特征、影响其发展的因素和带来的问题以及可能的应对措施等多方面进行了初步的探讨；2000 年和 2001 年的报告分别介绍了全球 68 个和 82 个国家的电子货币产品及相关政策安排情况；2004 年的报告加强了对网上支付以及移动支付问题的研究。

国外学者的研究，波斯彻和赫宾克（Boeschoten and Hebbink, 1996）指出，电子货币的快速发展改变了中央银行对基础货币和货币乘数的掌控能力，导致货币政策调控的效率降低。所罗门（Solomon, 1997）基于电子货币对货币供给影响的角度进行梳理和分析得出的结论是，为了让货币乘数愈加与实际值相近，电子货币发行数量应直接计入货币总量。贝勒生（1998）基于电子货币对货币需求的影响，探究了电子货币背景下，中央银行货币政策执行状况和电子货币对货币乘数以及货币政策传导机制的影响。日本银行基于三个方面归纳总结了电子货币对货币政策的影响：一是电子货币替代现金和存款，然而不受法定准备金的约束可能会提升货币乘数；二是电子货币降低存款与现金之间的转换成本，导致现金需求的降低；三是电子货币导致银行对中央银行流动性资金的需求减少，从而影响到中央银行调节短期利率的能力。弗里德曼（2000）分析指出，电子货币将代替消费者对基础货币的需求，电子货币发展将削减或妨碍货币政策与家庭以及企业支出之间的相互影响和牵连。多德（Dowd，2001）提出，电子货币终将替代实体货币，随着电子货币的普遍推广，将威胁到中央银行铸币税收入及其独立性，当交易完全是基于电子货币来完成时，基础货币变动将无法影响到居民的货币需求，那时中央银行将不能通过货币乘数来影响经济活动。茂文（Mervyn，2000）指出，电子支付网络持续发展壮大，商业银行进行结算账户平衡不会采用基础货币，货币政策将失去稳定经济的作用，央行将失去操纵货币政策的平台。

上述国外学者的看法都源于两个基本假设：一个是对基础货币的需求将会逐步被持续发展的电子货币所替代；另一个是居民和企业用基础货币来采购商品以及劳务的需求决定货币政策的有效性。而持不同意见的专家则认为，电子货币对基础货币的替代并不完全，不管电子货币发展到怎样的程度都不能低估社会对基础货币的需求（Charles Goodhart，2000），电子货币将不能威胁到央行作为支付清算中介和最后贷款人的地位（Charles Freedman，2000），央行的货币政策不会丧失其在社会经济运行中独特的重大作用。

纵观自 2010 年以来有关电子货币对货币政策影响的既有文献，它们虽然运用了不同的方法，选取了不同的视角，但还是无法打破 21 世纪初的研究框架。波珂（Berk，2002）认为，电子货币发展主要是基于基础货币以及货币乘数对中央银行形成影响。斯洛文尼斯（Slovinec，2006）认为，不管央行是否查收缴获法定准备金，电子货币持续发展都会导致基础货币的供给量降低，使货币政策的实施受到干扰。阿拉汉等（AlLaham et al.，2009）认为，央行控制货币供应的实力、改变货币乘数和减少储备以及国际货币管制，将会受到电子货币发展的阻碍与约束，同时降低铸币税收入机制会阻碍货币政策的实施力度。卡罗尔（Carroll，2011）建立基于细分市场上多种支付方式数据的一般均衡模型分析，提出现金充值卡的产生减少了债券购买的现金流约束，使货币政策遭到干预。卡门等（Kamnar et al.，2014）指出，随着电子货币流通能力的提升，电子货币对货币政策的影响将得到加强。赵和王（Chiu

17

and Wong，2016）通过厘清机制以及鉴别每种支付方式的本质特征，指出电子货币相比于现金来说，能够实现有限参与以及限制性转移与非零和转移，能避免冲突，提升社会福利。

国内学者的研究，谢平和尹龙（2001）主要探究电子货币如何影响货币供求及货币政策调控。陈雨露和边卫红（2002）主要探究持续发展的电子货币将怎样潜在影响着中央银行货币发行权、独立性及监管机制等。靳超和冷燕华（2004）厘清电子货币如何影响货币乘数以及货币政策的内在机理，认为电子货币能把更多货币归入银行系统货币创造过程中，扩大货币乘数，降低中央银行控制货币供给的能力，影响货币政策的有效性（杨军，2010）。梁强和唐安宝（2010）从动态系数模型角度探究电子货币如何动态影响货币乘数，指出电子货币增强货币乘数的内生性、扩大货币乘数影响，加大了货币政策可控性困难的程度。蒋少华（2013）指出，电子货币加大货币供给内生性，普及推广电子货币将使各种层次货币之间的界限不清晰，导致货币供给结构发生变化，从而使货币供应量受到影响。胡再勇（2015）指出，电子货币的普及将会极大地影响依赖于狭义电子货币发行者以及持有者的行为，发行者能否持有发行准备和发行所得是存入商业银行活期账户或是定期账户等行为，都将会对货币供给产生不一样的影响作用。周光友和施怡波（2015）指出，电子货币不仅会对预防性现金需求取而代之，同时也会使不同层次货币之间的转化加快。温信祥和张蓓（2016）认为，电子货币能削减货币需求稳定性以及货币供应总量无法确定。非现金支付工具中的票据贴现以及信用卡干涉到信用塑造与扩大货币供应量，而部分非金融支付机构启动提供信用服务，降低了企业以及个人对金融机构的信贷需求，从而相对应减少了货币创造以及货币供应量。

2.2.4　对商业银行的影响

第三方支付历经数十载的发展，已引起相关学者们的广泛重视。关于第三方支付对商业银行的影响问题，国内外学者从不同角度进行了深入的研究。

国内学者的研究，何燕岗（2012）指出，面对消费者日益增长的多元化支付方式需求的时代背景下，传统金融机构的服务面临着极大的挑战，对提升其适应能力提出了要求。王硕等（2012）基于数据对比分析得出的结论是，鉴于第三方支付产品和服务的不断丰富与创新，导致商业银行产生客户分流，使商业银行客户黏性出现了明显的降低，但在一定程度上第三方支付的发展与银行还是相互依存。刘燕云（2014）指出，第三方支付和银行两者在电子商务支付领域中既相互独立又相互关联，第三方支付需要依靠银行最终完成资金划拨清算。赵旭升（2014）指出，互联网对金融的渗透开启了传统金融服务模式改革和创新浪潮，引起了人们对两者之间的关系进行新的探索。郑迎飞（2015）表明，第三方支付基于与银行以及网银系统的合作能构造一个大型的多样化支付生态网络，标志着两者可以基于合作来调和彼此间的激烈竞争关系，并能正面影响整个社会经济体系的稳定及完善，及时止损，有效地进行资源的优化配置。沈悦等（2015）基于技术溢出立场，厘清互联网金融对商业银行全要素生产率产生的影响机理。李宾等（2016）认为，第三方支付使商业银行活期存款产生分流现象，这在一定程度上影响到定期存款以及理财基金，导致商业银行逐步失去信用卡用户。同时，使商业银行寻求与第三方支付机构的积极联盟合作。一方面可通过升级商业银行网上银行业务以补齐其技术欠缺；另一方面降低了诸多小型企业贷款的运营成本，提升了自身盈利能力和水平。范金亚等（2017）指出，第三方支付企业与银行在实际的业务运作中，两者的业务都从两边向中间进行围拢，使第三方支付企业与银行双方的业务越来越没有边界，从而形成了彼此之间既相互依存又相互竞争的矛盾关系。张丽丽等（2017）指出，商业银行必须通过完善电子渠道、补足技术短板、加强与第三方支付机构的联合和合作才能应对第三方支付对其造成的打击。靳永辉（2017）从长尾理论角度厘清了互联网金融拓展交易边界的作用机理，为厘清第三方支付与商业银行之间既相互依存又相互竞争的关系打好了理论基础。李朋林等（2018）通过揭示第三方支付对商业银行各个不同业务的影响具有不确定性原理，分析了银行各业务受冲击的程度，充分发掘了第三方支付与商业银行二者之间有效的作用空间，探索了提升金融业发展的效率以及金融业整体和谐稳定的路径。王亚君等在2006～2015年选取了36家商业银行数据，运用向量自回归（VAR）模型进行实证检验，结果表明，在互联网金融发展初期可以提升商业银行流动性，从长期发展的角度来看，互联网金融的发展使商业银行流动性降低。李淑锦和陈莹在 2007～2015 年选取了 7 家商业银行数据，运用乔纳森检验以及格兰杰因果检验方法进行研究，结果表明，互联网第三方支付业务能够减少交易与投机性动机的流动性需求，可以扩大预防性动机的流动性需求。邹伟等在 2006～2015 年选取了 21 家商业银行数据，采用系统 GMM 模型进行实证检验，结果表明，以网络借贷为代表的互联网金融业务对中小商业银行的流动性创造具有显著的"挤出效应"。沈珊珊和张莹在 2008～2018 年选取了 18 家商业银行数据，采用多元回归模型进行实证检验，结果表明，互联网金融的发展将极大影响中小商业银行的流动性，但对大型国有商业银行流动性的影响较小。

在国外学者的研究中，波歌（Berger，2009）指出，互联网技术持续发展将使资金能直接通过互联网平台实现转移，不再通过传统的中介机构流动，这种工作方式给资金的供求者带来方便、简捷和高效率，但同时也给传统银行业的关键贷款业务带来严峻的挑战。欧莱（Onay，2013）对土耳其商业银行面板数据的实证分析结果表明，互联网技术与银行传统业务相结合能对银行产生积极的影响，商业银行开通网上银行的新业务能使存贷款业务量有显著的提升，即总资产收益率上升，而不良贷款率下降。

通过对国内外既有文献进行梳理得知，互联网技术的发展赋予了第三方支付发展的机遇，同时，第三方支付的发展壮大也给商业银行带来了极大挑战，导致商业银行的传统盈利业务遭到重创。因此，商业银行必须转变经营思想和经营策略，搭建与第三方支付机构之间的合作平台，彼此取长补短，积极加强合作，扩大在网络银行技术上的投入，提升传统银行业务效率，致力于创新金融产品，探索互联网技术与传统商业银行业务的契合点和契合度。由于纯理论层面的分析缺乏数据支持，因此，本书着力于建立具体的模型对数据进行分析，从实证研究的角度探析第三方支付对商业银行盈利水平的影响程度。

2.2.5 对经济增长的影响

梳理国内外电子货币对经济增长影响的既有文献，可以看出学者们主要关注的重要问题。

　　许多学者从讨论电子支付的优点着手探索电子货币对经济增长的影响，大家一直认为，电子支付优点主要表现在以下几个层面：首先，电子支付方式的出现，减少了央行现金的投放量和个人现金的使用量，提高了交易过程中的支付效率，降低了社会支付成本。汉弗莱等（2001）对电子支付方式和传统支付方式的支付成本进行了对比研究，研究结果表明，在传统支付模式下所花费的社会成本大约占 GDP 的 3%。如果选择电子支付方式则每单位消耗的支付成本仅为传统支付方式的 1/3 或者 1/2。以银行为例，电子支付的发展减少了银行实体网点的建设，银行的运营成本得到了很大程度的降低。其次，电子支付比起传统支付有着简捷性、高效性等非常显著的特点。电子支付不受交易空间的限制，可以在整个空间内完成交易。在交易过程中不需耗费大量时间，可以在短时间内完成，在很大程度上提高了交易效率。这一特点使更多的消费者会倾向于使用电子支付结算方式。最后，人们的支付习惯受到电子支付潜移默化的改变。支付习惯的改变有效刺激了更多的消费者进行消费，主要体现在两个方面：一是电子支付结算简便的特点，省去消费者携带现金的麻烦，同时多渠道的电子支付方式实现了非现场消费，在很大程度上提升了消费者的消费倾向，从而提高了消费水平。二是电子支付还顺带提供消费信贷等产品。通过媒介将信贷与支付功能融为一体，可有效拉动消费增长。电子支付的发展从这两个方面促进了消费观念的改变和消费方式的转变，提高了消费比率，促进了经济增长。

　　在国外学者的研究中，米兰达（Miranda，2012）基于对罗马尼亚境内三家银行数据的梳理，阐释了从电子银行、网络银行到移动端银行的发展过程与特色，说明了电子支付发展的必然性以及对用户的影响，并且随着电子支付的发展，银行用户之间资金的流动量也随之增加。卡门等（2014）通过描述性统计分析了电子支付中的电子货币有可能替代流通中的货币，虽然短期内央行增加了电子货币，流通货币的下降幅度非常低，但是，考虑到任何创新都需要时间在市场上接受检验，其对货币政策的影响将会增加。同时，通过分析电子支付的优势，验证了电子支付与经济增长之间的关系。扎蒂等（Zandi M et al.，2013）首先利用 56 个国家的电子支付业务和 GDP 数据，从交易成本、效率和安全的角度得出以下结论：电子支付的出现，将减少交易成本，提高货物和服务流动效率，从而有助于经济活动的开展。鼓励采用电子支付政策将继续加强经济增长，减少全球经济摩擦。汉娜（Khanna，2017）说明了非现金支付中电子支付的不同方法和基本要素，阐释了非现金支付中电子支付的安全快捷，在降低携带现金的风险、增加收入的同时提高了卖家的运营效率，可以使国家金融稳定增长，有助于反腐败和反洗钱，对国家经济的增长和发展具有促进作用，并具体验证了电子支付与经济增长的关系。奥伊威等（Oyewole et al.，2013）通过实证研究，探索了电子支付和经济增长之间的关系，选取尼日利亚的非现金支付工具（POS、ATM、网上支付、移动支付）和 GDP 数据为研究对象，采用 OLS 回归分析方法对我国电子支付与经济增长的关系估计方法进行分析，结果表明，电子支付与人均实际 GDP 之间存在显著的正相关关系。尤索夫（Yusuf，2016）进一步对尼日利亚进行研究，同样通过 OLS 回归分析，发现非现金支付方式对经济增长有显著影响，并且 POS 支付方式对这一影响贡献最大，网上支付和移动支付对经济增长也有重大贡献。

在国内学者的研究中，陈仲常、李志龙和夏进文（2010）通过货币乘数理论和凯恩斯货币需求偏好理论对电子支付进行分析，结果表明，在电子支付方式越来越为大众所接受的背景下，其准货币变现的能力得到增强，人们手持现金量不断减少。电子支付结算方式的出现对货币乘数有放大作用，并且通过影响现金漏损率和电子支付账户存款占 M1 之比两条途径放大货币乘数。张永丽和杨琨（2010）通过研究以电子货币为媒介的电子支付方式在区域贸易中的应用，从理论上分析了电子支付发展的重要影响因素，重点阐述了电子支付的特点，包括加快在交易中流动资金周转率、降低交易过程的成本、促进区域贸易和经济发展等方面的作用，得出电子支付对我国区域贸易发展具有促进作用。孙浩、柴跃廷和刘义（2010）从系统动力学的视角，将系统动力学与动态经济学有机结合起来，建立了重要指标集的动态关联模型，收集了 1998～2005 年中国宏观统计数据，并使用这些数据进行了模型的参数估计和检验，进一步通过拟合好的模型进行情景模拟。从而预测在电子支付中，产生的电子货币对宏观经济运行的影响进行分析。以往对电子支付与宏观经济增长之间关系的研究，主要集中在电子支付方式通过影响货币供给等货币市场或者从电子支付自身特点出发，分析电子支付对宏观经济产生的影响，但是，没有分析电子支付方式对宏观经济影响的程度是长期影响还是短期影响，以及在电子支付方式中几种具体支付方式对宏观经济的贡献程度。因此，本书使用计量经济学模型，研究具体的电子支付与经济增长之间是否存在长期稳定的关系、在动态变化过程电子支付中的网上支付和移动支付对经济增长贡献度的大小以及经济增长对电子支付发展的作用大小。

2.3 网上支付与居民消费储蓄行为

根据经典经济学的"理性人"假设，消费者是否购买产品、购买多少等消费行为，是在理性考虑产品提供的正面效应和支付减少了未来消费带来的负面效应之后作出的理性决策，而支付方式的改变既不会影响效应，也不会影响产品的购买。但在现实中，学者们发现如信用卡、近年来流行的移动支付（杨晨等，2015；崔海燕，2016；刘德文等，2016；王晓彦和胡德宝，2017）和第三方支付（崔海燕，2016；刘德文等，2016）等新型电子支付方式都会对居民消费行为产生影响。特沃斯基和卡尼曼（Tversky and Kahneman，1981）以及博登（Boudon，2003）等学者指出，理性选择理论对一些行为不能作出有效的解释。

国外有许多学者试图从心理账户的角度解释网上支付影响居民消费行为。泰勒（Thaler，1999）对心理账户的概率进行了正式界定，他将心理账户定义为个人或家庭用来组织、评估和追踪金融行为的一系列认知操作。为了更好地理解心理账户，泰勒将心理账户与公司的财务和管理账户进行了对比，类似于公司的财务管理账户以书面的形式记录公司中的商务和金融业务，便于以后公司对其进行分析、总结和报告。心理账户是个人或者家庭对自己或者家庭中的购买、计算预算等金融活动进行记录和总结的途径，只不过不是以书面形式，而是不易察觉地隐含在人们心中，也不像正常的账目有着明确的规则和惯例，心理账户只能通过观察人们的行为进行总结和推测。泰勒（2008）指出，所有的公司、组织、家庭和个人均有隐含的或者明确的心理账户，心理账户是普遍存在的，只是个体可能没有意识到。泰勒（1999）指出，心理账户最重要的一个因素关乎将财富或者开销等活动分配到具体账户。资源和开销不仅在现实生活中会被分类贴上不同标签，在心理账户体系中也是如此。开销会被分类（食物支出、住房支出），资源收入也会被分类，并且以流量形式（正常收入和意外收入）和存量形式（库存现金、房屋净值、退休金等）分类。

希斯和索尔（Heath and Soll, 1996）指出，消费者在心里将钱在各个心理账户（食品、衣物、娱乐）中进行分配，他们会在各个账户中对各种类型的消费进行追踪和记录。消费者的消费行为不是由所有剩余的钱决定的，而是由各个独立账户中剩余的钱决定的。

利乌和麦格劳（Levav and Mcgraw, 2009）在心理账户体系中，将钱分成意外之财（windfall）和正常收入（ordinary income），认为心理账户重要的是因为心理账户规则不是中性的，心理账户违反了传统经济学中的可换性原理，一个心理账户里的钱并不是另一个心理账户里的钱的完美替代品，用不同心理账户中相同金额的钱来购买能影响到决策是否实施。

艾克斯等（Arkes et al., 1994）、鲍德金（Bodkin, 1959）及埃普雷和格尼茨（Epley and Gneezy, 2007）的研究发现，人们更容易将意外之财分配到零用钱（pocket money）账户中，这样花起来会更加开心和不谨慎。

泰勒（2008）举例子，两对夫妇在一次钓鱼旅行中钓到了一些鲑鱼，他们将鲑鱼打包让航空公司寄回家，鲑鱼在运输途中丢失了，于是航空公司赔了他们300美元，他们收到钱后，去了家非常好的餐厅花了225美元吃了一顿晚餐，而他们以前从来没有一顿晚餐这么奢侈。泰勒论证，如果这两对夫妇是涨工资得到的300美元，他们是不会在一顿晚餐上如此奢侈。这种现象的背后经济学解释是由于两个账户里的钱不是等价值，日常收入心理账户里的钱不能完美地对意外之财心理账户里的钱进行替代。类似的道理，当购买同样的商品要花费同样金额货币时，使用现金支付和网上支付两种不同的支付方式，相当于在现金和电子货币两个不同的心理账户中取钱，即使在现实生活中货币金额相同，但在心理账户体系中，两个账户里的钱不是等值的，现金账户里的钱并不是电子货币心理账户里的钱的完美替代品，这就造成了不同支付手段会影响到消费者的消费决策。当使用现金消费时，现金的支付过程是可见的，支付的"失去感"更加强烈，消费者对支付过程印象更深，这对消费者心理影响加大，消费者的消费因而会更加谨慎。当消费者使用电子支付方式进行消费时，消费者看不到现金流失的过程，只需要在手机上操作即可完成交易，这使消费者支付的"失去感"变得薄弱，消费变得增多，同时，心理账户有独特的运算规则。

卡尼曼和特沃斯基（1979）使用值函数来描述人们做决策时的心理账户，值函数有三个特点，每个特点对应心理账户一个基本要素：一是值函数是相对于某个参照点的损益来定义，也就是说人们的得失主要关注的是改变值，而不是绝对值；二是盈利函数和亏损函数都表现出递减的灵敏度，即盈利函数为下凹型（Concave），亏损函数为上凸型（Convex），这种特性反应了基本的心理学原则（Weber－Fechner 法则），如不管是盈利还是亏损，尽管数值差一样，10 元和 20 元之间的差异要大于 1000 元和 1010 元之间的差异；三是损失规避，同等数量的损失要比收益对人们产生更大的影响，表达为 $v(x) < -v(-x)$，如损失了 100 元给人造成的伤害比得到 100 元取得的愉悦大。

普雷莱茨和路文思丁（Prelec and Loewenstein，1998）提出的"双通道心理账户"进一步对心理账户理论进行了补充。与传统经济消费者行为购买的花费只是以减少了未来消费和未来效应的形式不同，"双通道心理账户"认为，花费会给人们带来一种即时的支付痛苦（pain of paying），这种痛苦会削弱消费带来的愉悦，如坐计程车时，公里数的提醒声会在消费者消费的过程中带来支付的痛苦，消费者在消费时想到支付会削弱购买的喜悦，同时会想到购买的收益也会缓解支付的痛苦，这种支付和消费的双通道互动是"双通道心理账户"的基础，"双通道心理账户"给研究消费者行为提供了传统经济学模型之外的视角。"双通道心理账户"认为，每次消费者进行消费时，都会在免费消费产品或服务得到正效应 u_b 的基础上，减去支付这种成本（imputed cost）p_b 带来的负效应而得到净效应，消费者是在净效应 $u_b - \lambda p_b$ 的基础上作出消费决策，λ 表示支付效应转换参数，当净效应大于等于 0 时消费者选择购买，当净效应小于 0 时消费者拒绝购买行为。参数 λ 代表的是货币的边际效应，当消费者手上可支配金额相对较高时，参数会比较小，就是说财富水平相对较高时相同金额支付带来的负效应会较小，当可支配金额降低时参数 λ 会相对升高，消费净效应会降低。但实际上，将支付的负效应 100% 地抵消消费的正效应是不符合现实的，于是双通道心理账户理论引进了一个非常核心的概念："联结（coupling）"，用来描述支付和消费的紧密程度，即两者影响对方的程度。具体说，模型引入了两个联结系数，α（attenuation，衰减）和β（buffering，缓冲），分别用来描述支付减弱消费带来正效应的程度和消费缓解支付带来负效应的程度。在不同消费情形下，对于不同的消费者使用不同的支付方式，联结的情况不同，两个系数的大小往往会发生改变。如对不太在意花费成本的个体来说α水平会较低，支付负效应抵消消费正效应程度会较低，而对支付感受很敏感的人来说β水平则往往较高，这代表他们很难从消费正效应中找到安慰。影响联结的种种因素中最重要的是支付手段，支付手段的变化改变了支付情景，对联结的情况有很大的影响。而在各种支付手段中，现金支付的联结是最紧密的。当消费者使用现金购买商品或者服务时，他们即时与交易者面对面地拿出货币进行交易，并且哪项商品对应支付多少货币都能在现金支付过程中很明显地体现出来，这种特点将消费和支付紧紧联系在一起。即时面对面使用现金支付使消费者支付痛苦感升高，购买物品和支付金额的一一对应进一步加深了消费者支付的印象，使消费减弱支付带来负效应的程度加大，支付削弱消费带来正效应的程度更大，α系数和β系数均更高。当消费者使用记购卡或者信用卡时，消费者不直接使用现金，并且在一次消费中购买多个商品或服务，各项商品消耗的金额生成一张账单让消费者一次或者多次付清，这使消费者对各项商品具体花费的金额感觉不明确，这种情况使支付和消费之间的联结变得松散（decoupling）。他们还总结了一种支出带来多项消费收益和多种支付方式，支持同一次消费都是松散联结的途径。现在，在流行的网上支付方式下，人们不用直接接触现金，同时可以运用在近程支付和远程支付场景下，多种商品的购买直接从电子账户中划转出去，扫二维码支付的方式甚至免去了借记卡、信用卡需要的 POS 机和亲笔签字，互联网分期付款还能使支付时间和消费时间错开，如此种种特征均符合书中描述的"去联结"（decoupling）的途径，使消费和支付之间的关系变得更加松散，支付的痛苦感大大降低，在一定程度上将支付从消费过程中剥离出去，只剩下消费的正效应，支付的负效应变小很多，削弱了双通道的作用渠道。

还有许多国外学者从理论上和实验方法上探究了不同支付方式对消费行为的影响。一些学者发现信用卡、借记卡、礼品卡等非现金支付方式有影响消费者消费行为的作用（Fagerstrom and Hantula，2013；

Helion and Gilovich，2014；Runnemark，Hedman and Xiao，2015；Halim，Adiwijaya，Haryanto and Firmanzah，2016）。

赫施曼（Hirshman，1979）强调了对各种可选择的支付体系和支付环境以及消费者消费行为之间关系的概念化的重要性。他发现拥有银行卡和商店发行的商品卡主要有助于增加消费者在店内的消费金额，对提高消费者消费概率的影响相对没那么大。他还发现男女性别对支付手段有影响，男人更多地拥有旅游娱乐卡（T&E）和银行发行的信用卡，而女人更多拥有零售商店发行的信用卡。他将此现象解释为男性和女性在家庭中的分工不同造成的。

费波格（Feinberg，1986）认为，信用卡刺激是消费者在整个消费过程中一个明显而独特的暗示，对消费者的消费行为有导向作用，因此，在各种各样的支付场景中，信用卡的出现会刺激和强化消费。费波格（1986）通过四个实验证明了由于信用卡刺激与花费联系紧密，从而激活了消费者的一系列行为，增加了消费者的消费动机和每次消费的金额、消费的概率，并且减少了决定消费前的思考犹豫时间。

梭曼（Soman，2001）总结了一个理论框架，他认为，过去花费支付方式的作用机制，通过改变消费者对过去花费的记忆路径和对花费的厌恶程度，来使消费者对过去消费的回顾性评价产生影响。对过去消费的回顾性影响自然在一定程度上决定了消费者对未来相似商品的消费行为。通过实验的方式，他证实了使用信用卡支付方式的消费者和使用支票的消费者相比有更多随意消费的行为。同时，他还证明了需要对过去金额进行"排演"，如写下消费金额这样的支付方式有助于让消费者更好地回忆消费，支票就是一个很好的例子，一次性付清费用的方式会加深消费者对过去消费的厌恶感，分期付款或者延后付款的支付方式则会减轻厌恶感。

威尔科特斯、布洛克和爱森斯坦（Wilcox，Block and Eisenstein，2011）研究了信用卡债和信用余额对消费的影响。他们发现了自制力较高的人，在欠下信用卡债时花费比没有欠下信用卡债时更高，在欠下信用卡债后，自制力较高的人后续的花费会更大。这是因为失败降临后，在这之前避免失败的努力会对之后的行为有相反的作用。

近年来，国内有些学者就移动支付、第三方支付等支付方式对消费者消费行为的影响进行了研究。

杨晨和王海忠（2015）在将人们动机目标分为促进动机和预防动机的基础上分析，由于使用新兴支付手段带给消费者金钱损失感相对较低，将使他们倾向于产生促进动机，而使用现金支付由于带给消费者金钱损失感加重，将偏向于使消费者产生预防动机。这导致了使用新兴支付手段会主要促进特定的一些消费，如推广期的新产品、中小额的产品、体验性和享乐性的产品。

崔海燕（2016）基于互联网支付的互联网金融对居民消费的影响效应进行了理论分析。首先，互联网金融通过减少设立实体网点降低成本，提高效率，使互联网理财产品能给投资者提供较高利率，提高了消费者的收入预期，增加了收入效应；其次，互联网支付和互联网金融的发展，使消费者的资金在各个银行、金融机构等的储蓄以及在各个项目的投资和消费之间转换的障碍、约束大大缓解，消费者可以很便利地将储蓄用于投资，将投资收益和储蓄利息用于消费，改善了消费条件，提高了消费倾向；最后，第三方支付平台的迅猛发展和成熟为我国一直不完善的网络消费提供了平台基础支持，网络消费的广泛性、便利性和低成本很大程度上刺激了消费者的消费欲望，释放了消费者的消费空间。

王晓彦和胡德宝（2017）用实验的方法研究了不同支付方式对消费者消费金额的影响，实证研究表明，支付宝和微信支付等移动支付方式刺激了消费者的消费欲望，显著提高了他们的消费金额，而具体支付软件的选择则对消费金额没有显著影响，分析其原因，主要是移动支付的便利性和"心理账户"效应造成的结果。

华歆柔等（2018）对移动支付对手机和互联网影响最大的典型群体——大学生的消费行为影响进行了分析，通过对使用移动支付前后对比，他们发现，第三方支付工具的普及使大学生有更多的选择，刺激了大学生的消费需求，从而导致攀比效应增强；同时第三方支付普及后大学生的消费结构发生了变化，大学生在化妆品、休闲娱乐和游戏产品等方面的消费均有上升。

张美萱等（2018）使用计算机程序对114名被试者进行了模拟购物实验，通过将被试者分为实验组和控制组，来检验消费者使用手机支付增加消费的现象和心理账号效应。他们发现，一是使用手机支付的被试者消费频率和消费金额均高于使用现金支付的被试者，他们将此现象归因于使用不接触现金的手机支付，使抑制消费的支付痛感降低，手机支付的日常性帮助了消费的增多。二是与现金支付会倾向于维持大额钱币的完整不同，手机支付对大钱、小钱支付的花费不具有显著差异，因为，手机支付更难感受大金额、小金额的区别，不利于对大金额的消费进行控制。三是手机红包非劳动所得和不可预期的特点使消费者具有"意外之财"的心理账户，被试者抢红包的意外之财减轻了他们消费的内疚感，使被试者消费增多，这种消费更多的是增多了享乐型消费。

综合以上研究发现，国内外学者们普遍支持支付方式能对消费者的消费、储蓄行为产生影响的观点。信用卡、电子支付、网上支付和第三方支付等新兴支付方式由于便捷性和不用直接接触现金等原因，对消费者的购买行为有刺激作用，对消费者消费的可能性、消费金额和决定消费之前的考虑时间等均有一定程度的影响。同时，支付方式对不同类型商品消费的作用效果不一样，支付方式对消费偏好也会产生影响。如普雷莱茨和路文思丁（1998）指出，由于消费和支付联系更加松散的原因，人们使用信用卡更多用于耐用品的消费，而较少用于非耐用品的消费。杨晨等（2014）认为，由于使用新兴支付手段会让消费者金钱损失感相对较低，使他们倾向于产生促进动机，导致了使用新兴支付手段会主要促进特定的一些消费，并且消费者的性别等个体特征可能对支付方式产生影响。但是，国外学者主要是基于信用卡这一支付方式进行研究，而国内近年来更多的是对电子支付等新兴支付方式对消费行为的影响进行了研究，如杨晨等（2014）认为，微信支付、声控支付等移动支付比起银行卡支付更加方便、快捷，并且支付和消费之间的联系进一步变得松散，使消费者感受到的支付痛苦感减小，更多地感受消费的愉悦感，从而促进了消费。但是，这部分研究还只停留在观点的提出阶段，分析和实证研究很有限，还需要进一步研究和探索。

2.4　我国居民高储蓄率

我国的高储蓄问题受到了世界学者的关注，学者们基于各个理论，从不同角度试图作出解释，本书通过对既有文献的梳理总结，认为主要有以下六种观点：

第一种观点，从宏观经济环境角度对我国储蓄率进行了研究。经典的凯恩斯模型中边际消费倾向递减的规律使居民储蓄率随着收入的增高而增高。莫迪里阿尼和曹（Modigliani and Cao, 2004）指出，在经济增长稳定、人口结构稳定的时候产出以恒速增长，因而国民财富增值与产出形成稳定比例，导致储蓄率与长期产出增速成正比，并使用了我国1953 ~ 2000年的数据进行验证，其结果表明，20世纪70年代，我国改革开放和发展市场经济带来了前所未有的长期收入高速增长率导致的高储蓄率，而传统的常识性的人均产出值的高低对储蓄率的影响较小。博纳姆和维摩尔（Bonham and Wiemer, 2013）使用我国1978 ~ 2008年的数据构建结构VARX模型，验证了经济增长速度对国民储蓄率的影响，验证发现，2000年以来，我国储蓄率的上升很大程度被当时我国极快的经济增速所解释。崛岗和万（Horioka and Wan, 2007）使用更新的数据和更新的技术，基于1995 ~ 2004年我国不同省份的家庭调查数据构建动态面板数据模型，研究了我国储蓄率的影响因素发现，在大多数省份收入增长率均能正向刺激储蓄率的增长。与上述相反的理论是，当人们能预期到经济高速增长时，年轻人会以未来财富做抵押，进行借贷以更均匀地将消费进行跨期平滑。卡罗尔（Carroll, 1994）提出，当这种"财富效应"超过"加总效应"时，经济高增速不会导致高储蓄率，相反会导致低储蓄率。克雷（Kraay, 2000）基于卡罗尔（1994）提出的标准前瞻性居民消费储蓄行为模型，使用我国农村居民和城市居民面板数据，把经济增长率对储蓄率的影响效应进行了验证发现，未来经济收入增长率显著降低了农村居民储蓄率，但对城市居民储蓄率没有显著影响效应。

第二种观点，基于莫迪里阿尼和布伦伯格（Modigliani and Brumberg, 1954）生命周期假说（LCH），试图从年龄结构和预期寿命等角度来解释我国的高储蓄问题。生命周期假说认为，个体会通过把一辈子所有的资源，在现期消费和未来消费进行分配以最大化自身效用。理性的个体会在工作时期将一部分收入储蓄起来，留到老年时候消费，因此，不工作的人群和工作的人群的比重是影响储蓄率的重要因素。

学者们使用跨国截面或面板数据分析了老年人口负担对国民储蓄率和居民储蓄率的负效应（Modigliani, 1970；Modigliani and Sterling, 1983；Horioka, 1989；Loayza et al., 2000；Schultz, 2005；Schrooten and Stephan, 2005）；有的学者使用时间序列数据验证了老年人口负担

的负储蓄效应（Hayashi，1986；1989；Horioka，1989；Koga，2006；Katayama，2006；Horioka，2010；Modigliani and Cao，2004；Kuijs，2006；Campbell，2008）；有一些微观数据研究者支持人口老龄化对储蓄率的抑制效应（Wakabayashi，2007；Hurd，1990；Horioka，2006），其中，部分使用我国的数据针对我国储蓄率进行了研究，如莫迪里阿尼和曹（2004）使用 1953～2000 年我国相关数据进行实证分析发现，我国不断攀升的劳动人口比例是造成我国高储蓄率的重要原因。克缇斯等（Curtis et al.，2015）研究了我国 1955～2009 年人口年龄结构对储蓄率的影响发现，人口年龄结构的变化能解释 50% 以上我国的储蓄率变化。有的学者使用国际数据得出了类似的结论，如布劳恩等（Braun et al.，2009）认为，日本的老龄化是 20 世纪 90 年代日本储蓄率下降的重要原因，并且老龄化会更大程度地影响 21 世纪储蓄率。洛艾萨等（Loayza et al.，2000）使用印度 1960～1995 年的数据研究了影响储蓄率的因素发现，抚养比会显著抑制储蓄率的上升。

　　第三种观点，基于流动性约束理论从金融市场和信贷市场不够发达的角度来解释我国的高储蓄问题。坎佩尔和曼昆（Compell and Mankiw，1989）发现，不是所有消费者的消费行为都符合随机游走，永久性收入假说有成立的条件，他们认为，应该将消费者分为两类人群：一类是不会受到流动性约束的群体，他们消费的是他们的永久性收入。另一类是会受到流动性约束的群体，他们没有平滑各期消费的条件而只能消费当期收入。之后一些学者进一步发现"随机游走"假说在经验分析中并不能成立（Compell，Mankiw，1990；1991；Deaton，1994；Attanasio，1993），此现象最为广泛的解释方式是消费者可能会面临流动性约束，流动性约束是指居民不能及时从个人、金融机构或非金融机构取得贷款来满足消费。国外学者对消费信贷、流动性约束和消费之间的关系进行了研究（Jappelli，Pagano，1989；Zeleds，1989；Cochrane，1991；Carroll，1997；Ludvigson，1999；Beaton，2009）。

　　国内学者认为，由于我国金融市场的不完善造成的流动性约束是消费者面临的普遍问题，流动性约束阻碍了消费者及时顺利地借到钱进行消费，消费者只能通过储蓄的办法来满足消费需求，很多学者使用宏观数据（万广华等，2001；杜海韬和邓翔，2005；朱波和杭斌，2015）和微观数据（甘犁等，2018）进行了验证。

第四种观点，基于预防性储蓄理论试图从我国社会保障体系不完善造成高不确定性的角度，来解释我国的储蓄问题。利兰（Leland，1968）将预防性储蓄解释为未来收入不确定和未来收入确定两种情况下的储蓄差，即个体为了防范未来的不确定性而进行的额外储蓄，通过构建一个两期的消费模型，发现不确定性越高消费者的预防性储蓄越高。龙志和和周浩明（2000）、施建淮和朱海婷（2004）、杭斌和申春兰（2005）、易行健等（2008）、李燕桥和臧旭恒（2011）等使用广义矩模型、向量自回归模型、固定效应—工具变量法等方法，对我国城乡居民的预防性储蓄是否存在和强度进行研究及测度，均得出预防性储蓄现象在我国居民中普遍存在的结论。

国外学者研究了保险政策的改变给预防性储蓄带来的影响（Gruber and Yelowitz，1999；Engen and Gruber，2001；Chou et al.，2003）。

国内许多学者分别从教育、住房、医疗、养老保障等方面进行了研究。杨汝岱和陈斌开（2009）发现我国高等教育改革有增长预防性储蓄的作用。白重恩等（2012）、朱波和杭斌（2015）等研究了医疗保险与预防性储蓄的关系，发现医疗支出的不确定性显著地增加了居民的预防性储蓄动机，而医疗保险体系的完善有助于降低居民的预防性储蓄。王策等（2016）、周博（2016）研究了房价上涨对居民预防性储蓄的影响，发现房价的上涨显著地推高了居民预防性储蓄。马光荣和周广肃（2014）使用我国家庭追踪调查数据，证实了我国农村养老保险对降低居民储蓄有一定的作用。

第五种观点，试图从我国特殊的二元经济下劳动力结构和收入差距的角度来解释我国的高储蓄问题。路易斯（Lewis，1954）构建的经典二元经济模型，描述了随着劳动力从农业部门向非农业部门转移，储蓄率会升高。张勋等（2014）和冯虹等（2018）根据数据统计显示，在目前我国形成的城镇居民—在城市工作的农民工—在农村工作的农民这个特别的三部门劳动结构中，农民工的储蓄率在很长时间里在三个群体中最高，他们认为，农民工的高流动性导致的高转移成本是造成农民工高储蓄率的原因，农民工的低教育水平使其一般只能接受非正规、非稳定的工作，使农民工对工作的搜寻成本和工作间的试错成本很高，而城市中的高生活成本、子女教育成本和家乡与务工地的交通成本等共同给农民工带来了高转移成本。他们使用了国家卫健委全国流动人口动态监

测结果的数据，证实了转移成本与农民工储蓄率之间的正向关系。冯明
（2017）指出，农民工在劳动力市场上弱势地位使其的工资水平较低而
刺激了储蓄率的上升。张勋等（2014）认为，农民工没有被社会医疗
保险覆盖或者享受的保障水平不够，导致农民工保持着较高的预防性储
蓄水平。有的学者将我国的高储蓄率归因于企业和政府的收入占比过高
造成的收入不平等（Kuijs，2005；Aziz，Cui，2007）。

第六种观点，试图探究住房体制改革和房价波动与我国储蓄率的关
系。国外学者利用各国房地产相关数据验证了房价上涨对不同类型家庭
储蓄率的增长效应（Skinner，1989；Hoynes and Mcfadden，1994；
Sheiner，1995；Moriizumi，2003）。斯金尼（Skinner，1989）在生命周
期理论模型框架下，分析了住房财富与总储蓄率之间的关系，其模拟结
果显示，如果居民具有遗赠动机，为了帮助子女购买昂贵的住房，居民
储蓄可能会增加。他利用美国收入动态面板数据（PSID）进行实证分
析发现，有房家庭不会消费掉其住房财富增值，而会增加居民储蓄。颤
莫和普拉萨德（2010）指出，在中国消费金融体系尚不发达的背景下，
居民为了进行耐用品消费只能进行储蓄，而住房则是最重要的耐用品
消费。

国内学者的研究，钟宁桦等（2018）研究了 20 世纪 90 年代取消福
利住房的改革对居民储蓄率的影响，证实了居民"为买房而储蓄"的
动机，住房改革显著增长了居民储蓄率。近年来，住房价格激增被认为
是造成我国高储蓄的原因（陈彦斌和邱哲圣，2011；李雪松和王彦彦，
2015；王策和周博，2016）。高房价一方面会通过财富效应提高居民消
费，降低储蓄率（Gan，2010），另一方面使居民产生"为买房而储蓄"
的动机，从而提高储蓄率。范子英和刘甲炎（2015）将 2011 年房地税
试点政策作为自然试验，研究了房价变化对储蓄率的影响，他们利用
2010 年和 2012 年 CFPS 数据做实证研究发现，在控制了收入之后，房
价上涨对居民储蓄率仍然有显著提高的作用，通过引入交叉项发现对低
收入家庭的影响尤其大。陈斌开和杨汝岱（2013）用国家统计局城镇
住户调查（UHS）2011~2017 年的数据，考察了高房价对我国城镇居
民储蓄率的影响，其结果表明，住房价格上升使居民不得不为买房而储
蓄，通过引入交叉项发现住房价格上涨主要影响收入水平较低、没有住
房和住房面积较小的居民；同时，房价的上升不仅影响了年轻人，还影

响了存钱为子女买房的老年人。

有国内外的学者从近年来我国男女比例失衡（Wei and Zhang，2011）、文化习惯（黄少安和孙涛，2005）、受教育程度和认知能力（孟昕，2001；施建淮和朱海婷，2004；易行健等，2017；李雅娴和张川川，2018）等角度，对我国的储蓄问题进行了研究。魏和张（Wei and Zhang，2011）认为，日渐升高的男女比例增加了男人之间的竞争和男人结婚的难度，有儿子的家庭为了增加儿子顺利找到妻子的概率会增加他们的储蓄，而有女儿的家庭为了保持以后在家庭中的地位也不会降低储蓄率。黄少安和孙涛（2005）指出了儒家文化背景和对后代的赠予遗赠对高储蓄率有贡献。孟昕（2001）和易行健等（2017）指出了高教育程度通过减少个体收入不确定性、降低个体失业可能性以及拓宽融资渠道等机制降低了个体的储蓄率。

综上所述，学者们基于多种理论，从多个角度对我国高储蓄的问题进行了研究，但对储蓄率的研究在一定程度上还不完全符合我国的事实，人口老龄化抑制储蓄率的效应存在争议，部分学者的研究发现了反生命周期的行为，如颤莫和普拉萨德使用 1995～2005 年我国数据，探究了我国城市居民储蓄率上升的原因，他们通过引入年龄分组虚拟变量，发现储蓄率随着年龄的上升呈现出倒"U"形变化趋势，即年轻群体和老年群体拥有着最高的储蓄水平。自从 2000 年我国进入老龄化以来（汪伟，2015），我国的储蓄率并没有像预期一样下降反而上涨，国内很多学者将总抚养比拆分为少儿抚养比与老年抚养比，分别与储蓄率的关系进行研究发现，少儿抚养比符合假说对储蓄率有抑制的作用（孟令国等，2013；刘铠豪等，2015；王树等，2018），而老年抚养比对储蓄率有促进作用，从而使我国获得第二次人口红利（李超等，2018；王树等，2018；朱宇等，2019），此外，在我国人口老龄化背景下，将要施行的延迟退休政策被学者们证实会对储蓄率产生积极的影响（耿志祥；刘渝琳和李宜航，2017）。但是，随着我国金融体系的不断发展，信贷条件、流动性约束不断放松，长时间内储蓄率仍然有上升的趋势，这与金和利维尔（King ang Levine，1993）等的金融发展与储蓄率之间存在负相关关系的论证不符合。同时，十几年来，我国医疗保险、失业保险和养老保险等覆盖面在不断加大，保险体系在不断完善，居民储蓄率却没有如预期呈现下降的趋势。

基于上述对既有的文献研究来看，从互联网支付角度研究储蓄率的文献还有待丰富。能够提供借鉴的一部分文献，研究了主观因素或者非市场因素同样也会影响个体消费倾向（Keynes，1936；Cole，Mailath and Postlewaite，1992）。凯恩斯（Keynes，1936）在《通论》中强调了考虑消费者的人性心理特征、社会实践和制度等主观因素对消费倾向影响的必要性。寇依等（Cole et al.，1992）指出，有些交易不是完全由市场决定，地位、社会形态等因素会影响居民的消费、储蓄行为，从而影响经济增长情况，当消费某个商品不仅能给消费者带来直接消费效应还能带来间接效应时，可以预想，这将影响消费者的消费和储蓄行为。另外，有文献研究了不同支付方式使消费者产生不同的心理效应，从而影响了消费储蓄行为（Feinberg R，1986；Prelec and Loewenstein，1998；Mishra H，Mishra A，Nayakankuppam D，2006；Thomas M，Desai K and Seenivasan S，2011）。影响包括消费金额的高低、消费概率的高低和决定消费花费的时间。托马斯等（Tomas et al.，2011）指出，信用卡、借贷卡支付相比现金支付没有那么痛苦，因此，更难控制冲动消费。不同支付方式对不同消费类型的影响有异质性，相比决定性消费，支付手段更加影响冲动消费，并且信用卡的无痛苦性还不会被购买商品的高价格限制。范伯格等（Feinberg R，1986）通过实验证实了现金消费带来的痛苦和负效应。普雷莱茨和路文思丁（1998）指出，当个体消费时会经历一种即时支付的痛苦，这种痛苦会抵消消费带来的愉悦感，对一个购买机会的合理评估，应该同时考虑产品或服务带来的正效应和支付带来的负效应，他们觉得应该建立一个心理账户对特定消费行为和特殊支付行为之间做出"联结"。米舍尔等（Mishra et al.，2006）证实了一种偏差，即与传统经济学解释不同的是，消费者作出的消费决策不仅与购买商品的消费效应和价格有关，还与货币的面值有关，消费者倾向于留住大面值的整钱而花掉小面值的零钱，当面对同样金额不同面值的货币时，拥有大面值货币的消费者有更强烈的抑制消费的趋势。

2.5　国内外研究的简要评述

通过以上文献综述可以看出，无论是从理论分析还是实证研究上，国内外学者基本都认同，支付方式对居民消费储蓄行为的影响是广泛存在的结论。目前，国外学者主要是对信用卡这一支付方式进行了研究，国内学者近年来针对网上支付等新兴支付方式对消费行为的影响进行了研究。国内学者认为，微信支付、声控支付等移动支付比起银行卡支付更加方便、快捷，并且支付和消费之间的联系进一步变得松散，使消费者感受到支付的痛苦感减小，更多地感受到消费的愉悦感，从而促进了消费。但是，这部分研究还只停留在观点的提出阶段，深入的分析和研究暂时还很有限，需要进一步地加强这方面的探究。

同时，学者们基于多种理论，从多个角度对我国高储蓄的问题进行了研究，但是，对储蓄率的研究在一定程度上还不完全符合我国的事实。1992～2010年，即使在我国老龄化程度加重、信贷金融市场和保险体制完善等因素的影响下，我国的储蓄率增长趋势也没有如预期一样改变，而是在互联网支付迅速发展的2011年以来，我国的储蓄率却经历了持续的下降，网上支付是否有抑制我国居民储蓄率增长的效应，目前还很少有文献特别是实证文献讨论，因此有待进一步研究。

2.6　本章小结

本章对网上支付对居民储蓄率影响的文献进行了梳理和回顾。分别从网上支付发展的影响因素、网上支付的经济社会影响、网上支付与居民消费储蓄行为和我国居民高储蓄率的各个方面进行了综述，分析了目前研究的不足，为后面的研究奠定了理论基础。

第3章 网上支付与居民消费行为的发展现状分析

3.1 网上支付的概念与范畴

国内外学者对"网上支付"这一概念进行研究时，出现了"电子支付""电子货币""网上支付""互联网支付""第三方支付""移动支付""第三方移动支付""第三方互联网支付"等多种表述，本书按照包含关系对各个概念的解释作出归纳总结。

电子支付和电子货币是一对类似的概念，但两者存在差别。电子货币是信用货币的一种，是由商品货币、贵金属货币、代用货币慢慢演化过来的一种至今使用普及的货币，而电子支付则是一种支付方式，支付方式会随着货币形态的演变而演变。电子货币是电子支付的基础，电子支付是电子货币的表现形式，就如同使用金银作为贵金属货币进行支付一样的关系。

国内对电子支付的定义分为广义定义和狭义定义。广义定义是由2005年10月26日，中国人民银行公布的《电子支付指引（第一号）》定义的，《指引》将电子支付定义为单位、个人直接或授权他人通过电子终端发出支付指令，实现货币支付与资金转移的行为。表现形式为网上支付、电话支付、移动支付、销售点终端交易、自动柜员机交易和其他电子支付。不难看出，电子支付是各个支付概念中包括范围最广的概念，从提供服务主体来看，包括银行提供的银行卡支付、信用卡支付、网上银行等支付手段，也包括非银行机构提供的第三方支付手段，从载体来看，既包括银行卡等卡基支付手段，也包括基于账户的支付手段，还包括移动支付和电脑终端支付手段。而狭义定义的电子支付则只包括网上支付，而卡基支付、电话支付等支付形式不包含在内。

关于电子货币，较早、较权威的是巴塞尔委员会于1998年提出的定义，电子货币是指在零售支付机制中，通过销售终端、不同的电子设备之间以及在公开网络（如互联网）执行的"储值"和预付支付机制（BIS，1998）。帅青红（2007）认为，电子货币是货币形态演化的最新形态，是以商业电子机具和各类交易卡为媒介，以电子计算机技术和现代通信技术为手段，以电子脉冲进行资金传输和存储的信用货币。学者们对电子货币进行了分类，有的学者根据电子货币的形态和载体将电子货币分为卡基和数基电子货币。谢平等（2013）根据电子货币是否和传统银行相关分为基于银行卡和基于虚拟账户的电子货币。帅青红（2007）将电子货币分为三类：第一类是存款货币，即储存在银行账户的货币，支付的时候只需要在账户之间进行资金划转，网上银行、手机银行和电话银行业务就是这一类型电子货币的实现形式；第二类是电子货币，这类货币有它自己的发行主体，发行主体负责整个电子货币的设计、发行和赎回，发行主体通常会在银行账户设立一个临时账户，客户通过使用现金或者从银行账户中的存款去购买一部分电子货币以便后续的消费使用，这种类型的电子货币典型的表现是电话卡、公交卡和学校饭卡等，这种电子货币只能在发行主体设计货币时囊括进行的商家处使用，如学校饭卡只能在学校的食堂使用，不能在校外使用；第三类是网络货币或者约定货币，这类货币的发行主体不仅负责货币的设计、发行和赎回，还负责提供使用货币相关的商品或者服务，典型的表现是Q币，这类货币只能花费在发行主体提供的确切的商品或者服务上，如这个游戏的游戏币不能在其他游戏和现实生活中使用。

网上支付是狭义定义中的电子支付，是广义电子支付中的一种（金卡工程，2007）。从网上支付的供给者来看，除了商业银行和中央银行下属机构（如银行卡信息交换中心）外，许多非银行金融机构也参与到网上支付服务的提供者当中。网上支付包括两种形式，一种是传统的网银支付，直接通过登录网上银行进行支付的方式。要求开通网上银行之后才能进行网银支付，可实现银联在线支付，信用卡网上支付等，这种支付方式是直接从银行卡支付，2005年被媒体称为我国网上支付的元年，届时起网银支付开始为网络消费提供服务；另一种是第三方支付，第三方支付本身集成了多种支付方式，如将网银中的钱充值到第三方，在用户支付的时候，通过第三方中的存款进行支付，花手续费进行提现等，第三方支付方式本身是很难和传统网银支付剥离开来，只能说第三方支付是一种在网银支付基础上衍生出来的更加方便、快捷的支付方式。最常用的第三方支付平台有支付宝、财付通、环迅支付、易宝支付、快钱、网银在线，其中作为独立网商或者有支付业务的网站而言，最常选择的不外乎支付宝、环迅支付、易宝支付、快钱这四家。互联网支付和网上支付是类似的概念，但有些学者认为网上支付和互联网支付是从电脑端进行的支付，是一个与移动支付相对比的概念，是网上支付和互联网支付的狭义定义。

移动支付是指通过移动通信设备、利用无线通信技术来转移货币价值以清偿债权、债务关系（帅青红，2015；谢平等，2013）。由于通信技术的发展和移动终端的普及，近年来，移动支付成为电子货币的一种主要表现形式（谢平，2013），有很好的发展前景，学者（刘海二，2014）认为，移动支付将会取代现金和银行卡成为未来的主要支付方式。狭义的移动支付是第三方支付的衍生概念，是"第三方移动支付"的简称。

第三方支付是网上支付的一种，是在网上支付这一概念中除去直接使用网上银行的这一部分支付。中国人民银行制定的《非金融机构支付服务管理办法》，允许非金融机构在收付款人中间作为中介提供支付服务。中国人民银行《支付清算组织管理办法》将第三方支付定义为，在银行和用户之外第三方机构提供相关的交易支付服务。郭俊华（2007）认为，第三方支付是具有信誉保障，采用与相应各银行签订的方式，提供与银行支付结算系统接口和通道服务，能实现资金转移和网上支付结算服务的机构。邵美琳（2006）认为，第三方支付平台就是非银行的第三方机构投资运营的网上支付平台，他们通过通信、计算机和信息安全技术，在商家和银行之间建立连接，有着信用担保和技术保障的职能，从而实现了一个从消费者到金融机构以及商家之间货币支付、现金流转、资金清算和查询统计的平台。他还指出，第三方支付平台是在我国各个不同银行提供的网上银行业务、相互之间存在较大的准入壁垒的背景下发展起来的，由于规模较小的电子商务网站无法承担与多家银行接口所必需的复杂技术和昂贵的建设维护费用，几家权威的第三方支付平台发展起来之后就能解决这个问题。方艳杰（2012）指出，第三方支付不仅是一个支付中介，同时还是一种第三方认证的方式。

"第三方互联网支付"是与"第三方移动支付"相对的概念，两者共同构成了"第三方支付"这一概念。两者的区分是由承载两个支付方式的设备决定的，第三方移动支付是指使用手机、平板电脑等移动通信设备进行的第三方支付，相应的第三方互联网支付是指使用电脑等设备进行的第三方支付。

综上所述，各个支付方式的概念如图3-1所示。

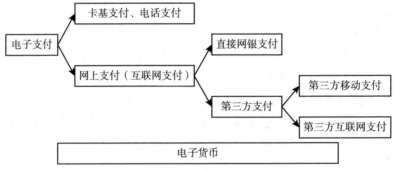

图3-1 网上支付与相关概念界定

3.2 第三方支付概述

3.2.1 第三方支付的定义

第三方支付平台是买卖双方在交易过程中的资金"中间平台"，是在银行监管下保障交易双方利益的独立机构。在通过第三方支付平台的交易中，买方选购商品后，使用第三方平台提供的账户进行货款支付，由第三方通知卖家货款到达、进行发货；买方检验物品后，通知付款给卖家，第三方再将款项转至卖家账户。

3.2.2 第三方网上支付的种类

目前，我国国内第三方网上支付分为两种主要模式：第一种是支付网关模式，第二种是平台账户模式（如图3－2所示）。第一种支付网关模式，亦称简单支付通道模式，这种模式仅仅是一个非常简单的通道，也就是把银行与用户连接起来，让买家通过第三方支付平台付款给卖家，从而实现网上在线支付。相对来说这种方式能够提供的实际应用价值非常有限，并且也不是很方便。第二种平台账户模式，还可分为两种主要模式：一是监管型账户支付模式，二是非监管型账户支付模式，即纯账户支付模式。监管型账户支付模式，是指买卖双方达成付款的意向后，由买方将款项划至其在支付平台上的账户，等待卖家发货给买家之后，买家收货后就通知第三方支付平台，接着第三方支付平台就将买方划来的款项从买家的账户中划至卖家的账户里。所以监管型账户支付模式的本质就是以支付公司作为信用中介，在买家确认收到商品之前，代替买卖双方暂时保管货款，阿里巴巴的"支付宝"就是非常典型的案例。非监管型账户支付模式，是指买卖双方皆在第三方支付平台内部开立账号，第三方支付公司负责按照付款方指令将款项从其账户中划付给收款方账户，以虚拟资金为介质，也就是付款人的账户资金需要从银行账户充值，从而完成网上款项支付，使支付交易只在支付平台系统内循环，第三方支付平台99Bill（快钱）是非监管型账户支付模式最有代表性案例。

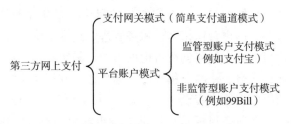

第三方网上支付
　支付网关模式（简单支付通道模式）
　平台账户模式
　　监管型账户支付模式（例如支付宝）
　　非监管型账户支付模式（例如99Bill）

图3－2 我国第三方网上支付的主要模式

基于第三方支付服务商的市场定位角度，网上支付还可分为两种：一种为专一型，即专注于某一细分市场，另一种为综合型，即构建综合支付平台。现在诸多支付商都非常重视选择专于细分市场这一种类型，如云网专注于网游领域，快钱专注于电话支付。可以明显地看到是选择专于细分市场这一种类型，但是，云网和快钱的选择是不相同的维度，究竟选择怎样的维度，关键是依据自己的资源优势来确定。而腾讯财付通和支付宝选择了构建综合化的电子支付平台这一综合类型，主要是为不同类型的用户提供定制化的解决方案，达成全面满足人们在线生活对支付的多元化需求的目标。

3.2.3　国内第三方支付平台比较

目前，我国国内的第三方支付服务商已达几十家，拥有较高品牌度的第三方服务支付商，如支付宝、快钱、苏宁支付、易宝支付等也有十几家。本书主要基于 2020 年的数据情况，参考艾瑞咨询《2021 年中国第三方支付行业研究报告》，从中选出具有代表性的 8 家典型支付平台进行梳理对比它们的特点。

第一梯队是以支付宝和财付通为代表，支付宝和财付通是凭借遥遥领先的优势占据着市场头部地位。

第二梯队主要以壹钱包、联动优势、快钱、银联商务、易宝支付和苏宁支付等为代表，它们在各自的细分领域发挥作用。壹钱包位居第三位，其主要是凭借着其场景、技术和资源等优势，来提高 C 端服务体验以及推动 B 端合作赋能。联动优势位居第四位，其主要业务是提供面向行业的支付＋供应链金融综合服务，加大推进交易规模稳步发展。快钱位居第五位，其主要业务是向保险和航空领域提供金融科技能力输出服务，达成实现商户综合解决方案定制化的目标。银联商务位居第六位，其主要业务是基于商户营销拓客、账务管理、终端运维和资金服务等方面的需求，达成为合作伙伴创造价值的目的。易宝支付位居第七位，其主要业务是连接航空、铁路、租车全交通生态，并涉及旅游以及酒店到景区的全旅游服务，达成实现这一生态下的完全布局的目标。苏宁支付位居第八位，主要业务目标是积极助力城市绿色出行，深耕场景服务，重点挖掘出行领域，打通线上线下多渠道，提高用户参与度。根据艾瑞咨询公司分析可知①，虽然，移动支付市场的格局凸显稳定的态势，但是，从更广阔的视野来看，目前移动支付业务主要是服务于 C 端用户和与 C 端消费场景直接关联的近 C 端行业内企业，而仍有大量的远 C 端企业，需要通过创新的支付体验和完整的行业解决方案来提升自身的效

---

①　艾瑞咨询：《2021 年中国第三方支付行业研究报告》，https：//report.iresearch.cn/report/202105/3785.shtml。

率。因此，对于诸多的支付机构来说，另一个角度的第三方支付才刚刚开始进入新的竞争阶段。

1. 支付宝

支付宝是阿里巴巴公司创办的开放平台，支付宝已成为目前我国国内最大的网上交易平台。支付宝开放平台主要是基于支付宝海量用户，将支付、营销和数据能力通过接口等形式开放给第三方合作伙伴，扶持第三方合作伙伴创建更加具有竞争力的应用。第三方合作伙伴通过接入支付宝开放平台就可以获取更多的流量以及用户和收益，并且第三方合作伙伴提供的服务也能使用户获得更加丰富的体验，同时使平台生态更加繁荣兴旺，最终实现多方共赢。支付宝开放平台能力如表 3 - 1 所示。

表 3 - 1　　　　　　　　　支付宝开放平台能力

支付能力	资金能力	营销能力	会员能力	行业能力
当面付 App 支付 手机网站支付 电脑网站支付 刷脸付 互联网平台直付通	周期扣款 支付宝预授权 当面资金授权 转账到支付宝账户 商家分账	营销活动送红包 无资金商户优惠券 现金红包 现金抵价券 直发集分宝 支付宝广告投放	获取会员信息 商户会员卡 支付宝卡包 App 支付宝登录 网站支付宝登录 身份验证	地铁线上购票 生活缴费 车主平台停车在线缴费 电子发票 中小学教育缴费 同城配送
支付扩展	口碑能力	理财能力	基础能力	
花呗分期 收款到银行账户的异步通知消息	口碑开店 营销活动 扫码点菜	余利宝	图片资料上传 分享到支付宝 蚂蚁门店管理 CCM 插件化能力 服务商代运营基础 商家账单	

资料来源：《艾瑞咨询：2021 年中国第三方支付行业研究报告》。

2. 快钱

2004 年快钱在上海宣告成立，公司总部设在上海，并在北京、天津、南京、深圳、广州等 30 多个地区设有分公司，在南京还设立了金融科技服务研发中心。

　　快钱平台主要是基于各类支付场景，充分利用互联网技术和大数据等最新技术塑造创新型金融科技平台，为企业、客户与个人用户提供诸如支付与定制化行业解决方案，以及金融云与增值业务等多元化高品质的金融科技服务，且持续将金融科技辐射到更多产业和场景中，为企业和用户赋予智能、高效及个性化的金融科技新体验的能力和能量。

　　快钱公司"以科技为企业加速"作为使命与担当，不断深入拓展客户，基于自身的科技创新能力和通过场景搭建开放共享的数字化服务平台以及一整套数字新基建，为国际国内的各类企业加速并实现数字化升级，特别是加大支持我国的实体经济发展。目前，快钱公司的客户已覆盖国内保险、商旅、零售、金融和物流等现代服务业以及全国 330 余家万达广场的线下场景，而且，还为中小微商户构筑从智能收单、智能账户、智能营销等多种增值服务的全链条普惠金融解决方案，确实有效地帮扶了中小微企业降本增效，提升了中小微企业生产力和竞争力。快钱的一站式解决方案是通过数字化服务和普惠金融可持续发展，对每一个微小的个体企业进行实打实的帮扶，对拉动内需有着重要的意义。尤其在疫情期间，快钱对受疫情影响最大的湖北的零售、物流、餐饮等商户出台了一系列的帮扶措施，为他们开启了战"疫"地的绿色通道，确实帮助湖北的不少中小微企业解了燃眉之急，充分体现了快钱平台"以科技为企业加速"的使命与责任，彰显了快钱平台与关联企业共渡疫情难关的情怀。

　　快钱的主要竞争优势如下：一是具有丰富的历史经验。经历接近二十年的快钱资深第三方支付公司，目前已拥有与时俱进的支付产品体系和丰富的市场洞察力以及把控市场的能力，能随时依据行业内对支付需求的变化，为行业内的客户提供创新定制化综合支付解决方案。二是拥有创新的支付产品体系。快钱自成立以来，专注于诸如保险、航空客票、零售、餐饮、网络购物等 B 端的第三方支付业务，在线上和线下积累了大量客户，特别是在与万达达成战略控股协议后发展再次提速，并且，借助万达海量自有场景使快钱发展成为"实体商业＋互联网"企业。三是构建了多元化金融科技生态。快钱致力于提供金融云、增值业务等多元化高品质的金融科技服务，融合创新的多种支付产品来赋能企业和用户，为其带来智能、高效和个性化的金融科技新体验。

3. 苏宁支付

2011 年 1 月，南京苏宁易付宝网络科技有限公司成立。苏宁支付平台专注以客户需求为核心，聚焦核心支付流程优化和安全问题，主要为个人客户和企业客户提供 B2C 购物、B2B 结算、投资理财、生活服务、航旅机票、跨境业务等支付服务业务，为个人客户和企业客户打造"安全、简单、便捷"的服务体验。相对于其他支付平台，苏宁支付的优势与特点主要表现为以下几点：一是苏宁重视提升支付技术。苏宁支付在各个支付模块上都不断利用最新的技术，优化核心流程，确保用户便捷、快速地完成支付过程，苏宁支付利用自身领先的技术能力，开发了人脸识别实名认证，最大限度地保证了账户的安全性。特别是针对支付行业出现的问题，如支付不成功、支付受限等情况，苏宁支付都能提供高效的解决方案。二是苏宁支付重视打造合作平台。苏宁支付以苏宁易购线上智慧零售场景为突破口，与国内多家大型银行合作，联合打造分期平台，推出信用卡至高 24 期分期免息、叠加满减等优惠活动，实现交易量稳步提升。在业内率先推出"一键付""一键绑卡"等安全高效的支付产品，提升了用户体验。苏宁支付线下通过与银联强强联合，主动连接外部零售生态，实现线上线下的无缝对接。连接了全国超过2700 万家银联受理商户，受理范围从苏宁广场、苏宁易购广场、家乐福、苏宁小店、零售云店、红孩子、苏宁影城等走向全国。三是苏宁支付聚焦于 B 端市场发展。积极开拓对商家运营的赋能功能，并以支付为切入口，为商家提供衍生金融服务。同时，苏宁支付持续扩展智慧出行布局，已经实现了对公交、地铁、铁路、高速、出租车、航空等领域应用的全覆盖。市场版图已覆盖上海、南京、苏州、无锡、常州、扬州、镇江、徐州、泰州、盐城、连云港 11 个城市，实现了长三角主要城市公共出行平台的广泛接入。四是苏宁跨境支付业务已拥有成熟丰富的服务经验。苏宁支付早在 2015 年便着力布局跨境支付业务，至今跨境支付业务已拥有成熟丰富的服务经验。针对跨境电商在进出口业务中遭遇的痛难点，苏宁跨境支付围绕着"收单 + 跨境 + 金融"深入做文章，打造三位一体的一站式综合金融解决方案，服务于跨境电商产业链的多重环节。苏宁跨境支付根据 B 端用户在账户体系搭建、境内收单、国际卡收单、跨境支付、全球分发、供应链融资等方面的需求，打造出跨境购付汇和收结汇（支持 API、企业门户）国际卡收单、本外币收付、微信聚合支付、海关推单等工具，同时，也提供基础支付支持服务、身份信息鉴权服务、"三单合一"的海关推单服务，以及跨境物流、仓储等其他增值服务。苏宁支付业务生态如表 3−2 所示。

表 3−2 苏宁支付业务生态

账户	转账	支付	科技
苏宁支付通过流程优化，将开户耗时由原先的 10 分钟缩短至 5 分钟，并且加大安全审核力度，通过"人脸识别""易购前置实名认证"等措施保护用户的账户安全	苏宁支付积极同银行开展合作，已支持 70 家银行直连快捷通道，数量位居同行业第二；苏宁支付全面放开转账限额，为客户之间的业务往来提供便捷，并降低支付成本至 0.11%	随着交易金额增大、交易频次增多，苏宁支付全面提升性能以面对越来越复杂的业务。一是提升扫码速度、付款码的打开速度；二是提升每日支付限额至 2 万～5 万元；三是提升网关支付成功率，目前已达88%	人脸识别高级实名认证是苏宁支付的核心技术。用户照片上传至服务器，苏宁支付利用活体检测技术捕捉图像数据，并进行人脸识别，如果识别成功，则开始办理业务；如果出现可疑对象，服务器则将照片上传人脸识别云，云中包含了识别算法以及公安部数据源，从而判定可疑身份

资料来源：《艾瑞咨询：2021 年中国第三方支付行业研究报告》。

4. 易宝支付

易宝支付于 2003 年成立，2006 年率先创立 B 端行业支付模式，是中国领先的第三方支付公司，2011 年首批获得中国人民银行颁发的《支付业务许可证》。公司先后为航空旅游、行政教育、通信、零售、跨境、电力、产业电商等众多行业提供定制化支付解决方案，帮助客户提效降本，创造价值，推进企业数字化转型和普惠金融发展。易宝支付通过支付科技渗透至产业链上下游各个环节，与平台合作的同时，深入到平台上下游的厂商、经销商、品牌商等各个环节，通过支付服务、账户服务、供应链服务，并联合物流服务平台、金融服务机构帮助企业疏通产业链的各个堵塞环节，帮助整个产业链实现效能提升，从而达到对交易量、交易效率的改善效果，成功促成交易，赋能产业联网转型升级。截至 2021 年，易宝支付服务商家累计超千万，服务用户累计超过60 亿人次。

易宝支付于 2006 年成立航旅部门,为满足航旅企业电子商务发展需要,深入了解航空公司、机票代理、OTA、旅行社、酒店、租车、汽车、邮轮、TMC、机场等行业特性,基于行业特性、场景输出多元化产品解决方案及风控措施。先后推出分账系统、信用卡无卡支付、电话支付、信用支付、集团账户、UATP 差旅支付、空地互联云支付、移动指间付、机场收单、旅游 E 账通、Apple Pay 等 20 多个系列产品及解决方案,在航旅业实现多个历史性突破。作为国内第一家深耕航空旅游行业的第三方支付企业,易宝支付已实现航旅行业主流客户全覆盖,提供专业可定制化的服务,并拥有行业尖端专业人才储备力量,助力航空旅游行业移动化快速发展。易宝支付是实现国内航空公司全覆盖的支付机构,同时,覆盖了所有主流 OTA 平台,打通了涵盖航空公司、OTA、票务代理的航空生态,连接航空、铁路、租车的全交通生态,并涉及旅游、酒店到景区的全旅游生态,实现在这一生态中的完全布局。易宝支付打通产业链各环节,搭建账户体系,实现收付一体化、资金闭环,在此基础上,联合其他机构提供如会员、营销等增值服务,解决企业管理、获客、运营等一系列问题,提高了企业用户黏性。

5. 随行付

随行付支付有限公司成立于 2011 年。作为国内领先的线下场景智慧支付平台,随行付致力于以技术创新为小微企业提供多元化的综合金融服务。截至 2019 年底,随行付已为超过 600 万小微商户提供了综合的支付和金融相关服务。在支付领域,随行付涵盖了互联网支付、移动支付、线下收单、聚合支付和跨境支付服务等各主流支付场景,年交易额突破 1.76 万亿元。通过持续技术创新与科研投入,随行付在人工智能、区块链、大数据、云计算等前沿科技领域取得了新突破,助力支付业务创新发展。

随行付不仅在硬件上提升支付性能,同时也搭建系统的开放平台,接入各类服务提供商并共建生态系统,一站式解决各细分行业商户的各类支付需求。目前,随行付通过技术输出及合作,已为航旅行业、酒店行业、零售行业、物流行业、医疗行业、跨境电商、智慧校园等细分行业提供了一站式支付解决方案,助力各产业实现数字化升级。在跨境支付领域,随行付多年来致力于为小微企业和商户提供综合性的跨境金融服务，伴随小微企业与商户出海需求的变化而变化，通过技术创新和金融创新，利用独有的自主研发跨境交易系统，极大地缩短了交易时间；同时综合多种跨境交易场景，为行业企业提供了定制化的一站式跨境金融服务。

6. 和包支付

作为中国移动通信集团旗下唯一的支付公司，和包支付现已获得中国人民银行颁发的互联网支付、预付卡发行和受理、移动电话支付、银行卡收单等支付业务许可证，并获得中国证券监督管理委员会批准开展基金销售支付结算业务。中移金科是中国移动集团"CHBN"在新四轮战略中新兴市场金融领域的领航者，以"让号码更有价值"为企业愿景，以"做最值得信赖的金融科技公司"为企业目标，以和包支付为业务品牌，依托中国移动 9.4 亿个人客户、1.7 亿家庭客户、超千万政企客户和以号码为中心的智能支付能力，布局融合支付、特色电商和金融科技三大业务板块，积极打造推动金融产业链创新发展。中移金科为拓展中国移动 5G 超级 SIM 卡应用价值，提出了以数字钱包为基础的开放 SIM 应用生态体系，孵化或已经落地推出了数字钱包、数字资产、身份认证、数字货币等金融科技应用。截至 2019 年 9 月，和包 NFC 用户达到 4733.83 万户，累计上线应用 231 个，覆盖公交城市 100 + 个，校园及企业约 200 家。在移动互联网时代，通过支付建立的连接，能够将数据流、信息流叠加资金流，从而使连接更有价值。因此，中移电商以和包支付为业务品牌，不断发掘自身发展潜力，积极进行移动支付、互联网营销和互联网金融三大领域的布局。现在已成为中国移动最大的话费充值平台、国内领先的公共事业缴费平台，拥有 1800 多万的 NFC 用户；在营销板块上，商户的年交易额达到 200 多亿元。从 2017 年开始，和包支付将主动衔接集团"大连接"战略，持续提升连接价值，为客户创造独特价值，从而获得了长远的持续发展。和包支付依托 5G 能力的产业金融服务如表 3 - 3 所示。

表 3 - 3　　　　　和包支付依托 5G 能力的产业金融服务

商渠一体，构建 5G +泛渠道生态	区块链 +供应链金融	B2B2C 分期购商城	信用购万物，构建 5G +金融生态圈	打造 5G 新权益
通过"商户变客户""商户变渠道"，为商户提供通信 + 支付 + 营销等多种能力，构建 5G + 泛渠道生态圈	中移金科区块链、供应链金融解决方案，实现了基于核心企业信用的应收账款凭证在供应链上的多级拆分流转，有效惠及除一级供应商外的多级供应商，通过引入外部金融机构，为应收账款提供低成本融资利率	依托金科自有产品能力（积分 + 金融 + 支付）为商户（B 端）搭建面向用户（C 端）自主运营的具备金融分期能力以及积分消费营销的电商平台	消费分期与通信业务场景融合的全能型消费金融产品。覆盖全国 31 个省份，日办理业务超 4 万件，年累计突破 600 万件。通过教育、医疗、交通、饮食、民生等多场景异业合作，搭建 5G + 金融生态圈	以支付能力为切入点，联合合作伙伴丰富消费场景，为客户提供衣、食、住、行和娱乐购等一站式权益服务

资料来源：《艾瑞咨询：2021 年中国第三方支付行业研究报告》。

7. 宝付

宝付支付成立于 2011 年，同年成为中国人民银行许可的第三方支付机构，在国内监管部门的认可下，先后获得跨境人民币批复和跨境外汇名录登记。拥有国内全面的跨境牌照资质，并同步搭建成熟的海外牌照资质。为了适应全球发展变化，宝付支付帮助跨境企业营造良好的环境提高竞争力，积极为国内跨境电商企业搭建了成熟的跨境收款和外卡收单以及出海电商企业线上经营工具虚拟信用卡等全方位的跨境服务，结合数字化综合金融服务，构建中国电商企业国际支付业务闭环。

通过支付 + 金融科技的形式，把产业链的资金、资产、科技服务商、流量平台等上下游交易联系在一起，帮助银行、信托、持牌消金、金融租赁、融资租赁等持牌金融机构，解决扣款、放款、分账、资金归集、资金调拨等资金管理方面的难题。同时，通过多渠道支付、多级账户体系、智能分账、银企云等丰富的产品矩阵，为物流、电商、保险等行业用户输出匹配的解决方案，帮助行业用户打通线上、线下交易，大额支付、跨屏交易，以及帮助物流、电商客户有效规避"二清"难题，一站式解决行业困难，帮助企业提质增效。

随着支付技术能力的不断提升和产品的持续创新，提高了宝付核心竞争力。一方面，宝付在支付技术能力上的不断提高，为客户提供了更加强大的运营能力。随着第三方支付运营服务不断升级，细分市场业务的下沉，宝付通过多年的宏观业务技术架构积累，结合基础支付工具架构和领域驱动的设计思路，形成了支付服务大中台，高效承接前端市场服务变革。在底层技术上，围绕着全方位的运营服务，实现了业务监控、系统监控，结合人工智能，立足客户业务提升了全量运营能力，为客户提供了业务运营预警和系统预警机制，并通过自研、自有私有云，高效支撑了客户业务量激增和削峰填谷等多种复杂情景下的运作，不断优化和提升了解决问题的能力。同时，公司持续研发区块链技术，并积极参与国内开放技术研究，配合商户落地区块链体系商用。另一方面，打造了基于云原生技术的企业级 PaaS 平台产品漫道云，结合企业自身业务特点提供匹配的服务，降低企业运营成本，提高业务效能。漫道云是宝付基于云原生技术的企业级 PaaS 平台，覆盖企业应用的全生命周期管理，提供多云管理、持续集成、流水线、权限控制、镜像管理、镜像商店、日志检索，自动监控告警，自动化伸缩等全覆盖的能力，结合企业特点打造出对应的金融云、行业云，帮助企业节约运营成本，提高工作效率，提供持续创新的核心竞争力。

宝付以支付和账户为基础，面向不同的行业，解决商户收款、分账、账务管理等核心问题。同时，宝付持续优化布局，深入垂直细分领域，以大金融行业支付＋整体解决方案与消费金融、银行、信托等头部客户持续进行深入合作，并大力拓展互联网保险、物流、SaaS、电商、航旅等细分领域，为企业降本增效助力。在 2020 年疫情期间，宝付针对数字经济大趋势下，中小微企业和商户的数字化升级的需求，协同合作机构打造 SaaS 解决方案，为加油、教育、出行、买菜、租房等行业提供一站式资金收付及账务管理解决方案，从支付服务、营销助力、金融赋能等方面支持商户实现数字化升级，在数字化建设中发挥出更多的"链接"与"赋能"作用。宝付支付产品能力如表 3 - 4 所示。

表 3 − 4　　　　　　　宝付支付产品能力

聚合支付	账户管理	营销服务	分期支付	行业 SaaS	金融服务
集支付宝、微信、云闪付、协议支付等主流支付产品，降低商户接入成本，打通收款核心链路	通过合作银行账户，完善了收款分账，从而使企业收款更合规，降低企业财务管理成本	通过数字化运营手段，打造集企业发券、聚合广告、私域流量管理、大数据分析等能力，吸引新客户，提高复率，增加客户黏性	整合主流分期支付产品，打造下单即分期、购买即分期产品体验，降低分期支付门槛，提高商户成单率	整合各行业拳头 SaaS 企业，打造教育、大健康、智慧城市等行业解决方案，提升商户、行业及运营效率	根据商户支付流量，商户、客户情况，联合持牌金融机构对优质商户进行经营贷、余额增值等综合金融服务

资料来源：《艾瑞咨询：2021 年中国第三方支付行业研究报告》。

8. 拉卡拉

作为国内领先的第三方支付公司，拉卡拉支付首批获得了中国人民银行颁发的第三方支付牌照。通过"线上＋线下""硬件＋软件"的形式，拉卡拉支付为客户提供收单及支付服务。同时，依托强大的金融科技能力，拉卡拉支付还可以提供场景综合解决方案及衍生服务。拉卡拉支付在中国智能 POS 市场覆盖率、支付手环全国开通率和社区金融自助终端网点量上均长期保持行业第一。2019 年 8 月，拉卡拉支付发布进入 4.0 战略时代，大力进军产业互联网，结合成熟的分销云、新零售云 SaaS 服务，通过支付科技、信息科技、金融科技、电商科技等服务，为商户的新零售赋能，深入提供"全支付"服务，保险、金融科技系统及解决方案输出、积分消费运营、广告营销、会员订阅等服务，以及商品上架、分销、进销存、线上开店等服务的快速部署和灵活配置，帮助线下中小微企业提升在移动互联网时代的获客及服务能力，全维度为中小微商户的经营赋能。

3.3 网上支付的发展历程

3.3.1 支付方式的演变

在漫长的历史长河中，随着科技水平、经济发展程度和居民需求等因素的变化，支付方式经过了种种演变，整体来说，从实物支付时代演变成信用支付时代，近年来又跨入了网上支付时代，具体的变迁过程如图3-3所示。

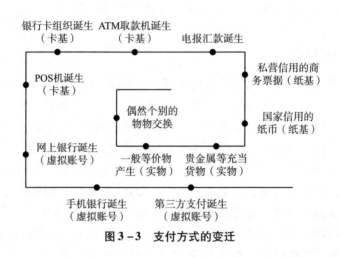

图3-3 支付方式的变迁

支付方式经过了种种演变，起初是以物易物的方式。在原始社会，人们进行交易的需求不大，交易范围小，交易货品类型少，人们使用以物易物的方式把自己不需要的物资交换出去，得到自己需要的物资，比如用自己的一头牛去换取别人的一把斧头。这种以物易物的方式，需要达到双方需求和时间、地点的双重匹配才能实现，如想成功使用自己一头牛换取对方的一把斧头的前提是，在同一时间、同一地点对方也想要用自己的一把斧头来换取一头牛。可想而知，这种以物易物的交易方式效率低下，受到的限制很多，要耗费很多人力、物力和时间去匹配，严重阻碍了商品生产的发展。而后是一般等价物方式。随着社会的发展，在交易范围扩大、货品类型增多时，人们不得不寻找一种交换双方都能接受的物品来辅助交换的进行，从商品界分离出来的，能表现其他一切商品价值的一般等价物就应运而生。一般等价物是社会公认的等价形态，牛、羊、谷物、海贝、玉璧等都在历史上充当过一般等价物。它的自然形态，成为一切商品的共同价值形态。它可以与其他一切商品直接相交换，其他一切商品把它当作抽象人类劳动的化身而同它发生关系。其他一切商品只有首先转化为一般等价物，耗费在它们身上的私人劳动，才能得到社会的承认，成为直接的社会劳动，从而在实际上具有交换价值，才可以随时换取别种商品。于是，一般等价物成了商品交换的媒介，起着货币的作用。一般等价物在商品交换中有着两种基本的作用：一是反映和衡量其他一切商品的价值，发挥着价值尺度的作用；二是通过它来实现各种商品的交换，发挥着交易中介的作用。再后是金属货币方式。一般等价物的出现推动了商品交换的发展，促进了以交换为目的的商品生产的出现和发展。但是，不同时间、不同地域的一般等价物可能不一样，材料的质地也可能不统一，这导致了一般等价物的低标准化程度，也是造成一般等价物虽然充当货币的角色，但不是真正货币的原因。普及性不足、便携性低等原因也都是一般等价物的缺陷，只有当一般等价物的职能稳定在贵金属身上时它才发展成为真正的货币。金属货币的普及促进了物品交换，促进了商品经济的繁荣。最后是纸币方式。金属货币存在容易磨损变得不足值的问题，更重要的是随着商品经济的发展，商品流通中的货币需求量大大增加，贵金属的供给有限，不能满足流通中的需求，大额交易中贵金属的携带和运输也造成了阻碍。在此背景下，中国北宋时期开始出现了国家强制使用，代表国家信用的纸币。纸币制作成本低，更易于保管、携带和运输，能避免铸币在流通中的磨损，也不会受到贵金属供给的限制，能更好地满足商品经济的需求。私营信用商业票据的出现也能使支付脱离真正的实物，手续简单，促进商品流通。

进入 20 世纪 70 年代，科学技术的飞速发展，特别是电子计算机的运用，使银行卡（bank card）的使用范围不断扩大，这不仅减少了现金和支票的流通，而且使银行业务由于突破了时间和空间的限制而发生了根本性变化。从各银行大中城市分行独立发展银行卡业务，到联网通用阶段的实现，银行卡自动结算系统的运用，使一个"无支票、无现金

53

社会"不久将成为现实。同时,随着科技水平的不断提高,ATM 机和 POS 机得到大大普及,更大程度地促进了银行卡业务的上升,使交易突破时间和空间的限制,改变了居民支付的习惯,也提高了交易效率,促进了消费。21 世纪信息时代的到来,互联网发展迅猛,通信技术日渐发达,世界日新月异,信息容量爆炸性增长,在此背景下,网络经济市场开始得到发展,市场规模不断增大,电商平台聚集信息,配合发达的物流服务,在居民足不出户的情况下提供交易消费的机会。网络经济市场的发展对支付方式提出了新的要求,对交易流畅性和效率提出了更高的要求,网上支付的出现使交易方式的信息流动更加顺畅,大大增加了支付的效率。

3.3.2　网上支付的产生背景

20 世纪 80 年代计算机和信息技术发生了革命性的飞跃发展,电子计算机经过多个阶段的进化,性能变得越来越好,运行速度越来越快,生产成本也变得越来越低,这使电子计算机的应用得到了很大程度的普及。同时,计算机软件得到不断的开发和升级,得到商业化应用。同时灵活的资本市场和有助于冒险的经济环境、电子商务自身的交易优势和对经济增长的拉动作用、发达的信用制度和健全的法治环境、政府的经济政策和科技政策以及经济全球化等因素的叠加下,电子商务在欧美发达国家兴起和逐渐发展了起来。1997 年,在全球电子商务热潮下,出现了以"金桥工程""金卡工程""金贸工程"三金工程实施为代表的我国第一批新经济创业者,借助互联网平台交流和传播传统贸易信息,电子商务在我国初步发展起来。1998 年阿里巴巴正式在开曼群岛注册成立,1999 年中国电子商务企业的旗舰——8848 公司成立,国内首家 C2C 电子商务平台易趣网成立,2000 年我国早期 B2C 网站之一卓越网成立,至此,我国第一批电子商务网站成立,我国电子商务进入了萌芽发展期,不同类型的电子商务初具雏形。电子商务的最终目的是实现网上物流、信息流和货币流的三位一体,伴随着计算机和信息技术的发展与普及而产生的新型贸易方式,从而实现了增加交易机会、提高交易效率、降低交易成本、简化交易程序的目的。我国电子商务的发展热潮对支付方式提出了新的要求,传统的现金支付和刷银行卡支付都不再适应电子商务这一新型贸易方式，网上支付就此应运而生。

3.3.3　网上支付的发展阶段

在我国号召拉动内需的政策导向、通信技术发展迅速、移动终端大大普及以及网络经济市场规模不断壮大等因素的影响下，网上支付自产生以来就得到了极大的关注和快速的发展。根据我国网上支付自身的发展规律、相应的技术支持水平和国家调控政策的基调变化，本书将网上支付的发展历程分为三个阶段。

第一阶段，20 世纪 90 年代至 2010 年，网上支付的起步成长阶段。

1995 年 10 月，全球首家网络银行——美国安全第一网络银行（Security First Network Bank）诞生，从此一种新的银行经营模式诞生了。1996 年 2 月，中国银行在互联网建立和发布了自己的主页，成为我国第一家在互联网上发布信息的银行。1997 年 4 月，招商银行开通了自己的网站，招商银行的金融电子服务从此进入了"一网通"时代。1998 年 4 月，"一网通"推出"网上企业银行"，为互联网时代银企关系进一步向纵深发展构筑了全新的高科技平台。至此工商银行、建设银行、交通银行、光大银行和农业银行等也陆续推出网上银行业务。1998 年 3 月，中国银行办理了国内第一笔网上支付业务（李德，2001）。目前，招商银行的"一网通"已形成了网上企业银行、网上个人银行、网上商城、网上投资理财和网上支付等在内的较为完善的网上金融服务体系。根据 CNNIC 历年调查数据显示，截至 2007 年底，我国超过 85％的网民选择网上支付作为付款选择，网上支付已经成为最为普及和最受欢迎的网上购物付款方式。

第二阶段，2011～2017 年，网上支付的飞速发展阶段。

2010 年 3G 网络的普及带动了移动支付的增长，网络购物市场的快速扩张拓展了人们使用网上支付的场景，网上支付市场进入快速发展阶段，其中，第三方支付也开始占据了一定规模的市场。庞大的网民基础和日益普及的移动终端都为网上支付市场的发展奠定了基础。2013 年4G 的发展使移动终端支付得到普及，更大程度地提高了网上支付效率和网上支付渗透率，给网上支付市场带来新的增长点，网上支付慢慢成为人们不可或缺的支付方式。二维码支付、指纹支付、声波支付、摇一摇支付等不断涌现的网上支付市场的新技术进一步提高了支付的效率和便捷度。在网上支付基础上，互联网消费信贷抓住了发展机遇，凭借其方便、快捷和高效的优势为更多的人特别是年轻人提供服务。网上支付得到飞速发展，在短短几年的时间里，取代了银行卡成为人们首要的选择支付方式，2013～2016年，第三方支付复合增长率达到了110.9%。中央监管部门从费率改革到规范二维码再到备付金集中存管，对网上支付市场的乱象进行了大力整顿，为网上支付市场长期的良性发展提供了根本保证。通过银行卡收单费率改革统一了各行业的银行卡收单费率标准，淘汰了能力弱的中小型网上支付机构，提高了行业的市场化程度和行业集中度，提升了整个网上支付行业的水平，大大降低了商户经营成本，使网上支付得到稳健的长久发展；通过《条码支付业务规范》明确规定了支付机构展开业务需要遵循的安全标准，正式确认了二维码支付的地位，构建了良好的风险控制机制，为消费者使用网上支付提供了安全稳定的环境；通过备付金集中存管限制了网上支付账户内沉淀大额资金，有效防止了支付机构挪用客户资金，保护客户资金安全，引导支付机构回归支付业务本源。根据易观统计的数据显示，第三方移动支付的整体交易规模已经从2013年的1.3万亿元快速增长到了2018年的190万亿元，2013～2017年连续四年的增长率均超过了100%。① 网上支付对支付场景不断地开拓，餐饮、外卖、坐车、教育和医疗等场景都使用了网上支付，支付场景呈现出很强的多元化特点。同时，网上支付在地域方面覆盖的范围越来越广，网上支付不再只是一、二线城市的专利，而是向着欠发达地区快速地下沉。网上支付为各个地域的人群提供服务，覆盖了消费的各个领域，为广大居民提供了方便、快捷的支付方式，提高了支付效率。到2017年，网上支付已经深入生活中的各个环节，衣、食、住、行和民生各个领域的线上支付环节逐步打通，同时网上支付覆盖面不断扩大。

第三阶段，2018年至今，网上支付的调整发展阶段。

到2017年为止，网上支付渗透到居民生活中的各个环节，获得了极其广的覆盖面，成为现阶段居民主要的支付方式。2013年监管层建立了支付机构客户备付金存管基本框架，在网上支付飞速发展的阶段，

① 易观统计：《中国网上支付行业专题研究2018》，https：//www.sohu.com/a/256693786_99923020。

随着银行卡套现、洗钱等风险提高，2015 年底监管层开始对备付金存管活动和支付机构业务联结系统出台了规范意见，监管方向逐渐明朗，2017 年连续发布的《关于实施支付机构客户备付金集中存管有关事项的通知》和《关于将非银行支付机构网络支付业务由直连模式迁移至网联平台处理的通知》明确要求，支付机构必须将备付金按照一定比例，交存至指定机构专用存款账户，同时，支付机构受理的涉及银行账户的网络支付业务全部通过网联平台处理。2018 年 6 月，最终将备付金集中交存比例提高至 100%。总之，2017 ~ 2018 年连续出台的政策，加强了对第三方支付平台的监管，改变了原有的第三方支付机构备付金账户设在银行，直联银行处理交易信息进行资金划转的业务模式，统一将支付机构备付金账户设在央行，全部交易信息通过银联或网联平台进行处理。监管政策的出台减少其至杜绝了支付平台的资金沉淀，切断了支付平台备付金利息收入这一主要收入来源；同时，要求所有支付机构间联银联或网联，大型收单机构的通道收入消失，使联银联的支付机构通道成本升高，导致原有的通道营收模式难以为继。

在快速发展第三方支付带动下的网上支付经过近十年的高速发展，服务领域覆盖面和服务人群渗透率都达到比较高的水平，网上支付业务逐渐成熟，增长率也开始下降，未来的网上支付会在规范和调控中持续发展。

3.3.4　网上支付政策演进

通过对 2013 ~ 2021 年我国网上支付行业的相关政策（如表 3 - 5 所示）进行梳理，总结出两大特点：

表 3 - 5　　　　2013 ~ 2021 年我国网上支付行业相关政策梳理

实施时间	文件名称	主要内容
2013. 6. 9（已废止）	《支付机构客户备付金存管办法》	（1）要求备付金全额缴存至支付机构，在备付金银行开立的备付金专用存款账户；（2）备付金银行包括备付金存管银行和备付金合作银行，支付机构应当并且只能选择一家备付金存管银行，可以根据业务需要选择备付金合作银行

实施时间	文件名称	主要内容
2016.4.12	《国务院办公厅关于印发互联网金融风险专项整治工作实施方案的通知》	（1）非银行支付机构不得挪用、占用客户备付金，客户备付金账户应开立在人民银行或符合要求的商业银行。人民银行或商业银行不向非银行支付机构备付金账户计付利息；（2）非银行支付机构不得连接多家银行系统，变相开展跨行清算业务；（3）开展支付业务的机构应依法取得相应业务资质，不得无证经营支付业务
2016.4.13	《非银行支付机构风险专项整治工作实施方案》	（1）开展支付机构客户备付金风险和跨机构清算业务整治，包括加大对客户备付金问题的专项整治和整改监督力度，建立支付机构客户备付金集中存管制度，逐步取消对支付机构客户备付金的利息支出，规范支付机构开展跨行清算行为，按照总量控制、结构优化、提高质量、有序发展的原则，严格把握支付机构市场准入和监管工作；（2）开展无证经营支付业务整治
2016.7.1	《非银行支付机构网络支付业务管理办法》	第三方账户实名制及个人支付账户分Ⅰ、Ⅱ、Ⅲ类。保证账户安全，维护正常经济秩序，有效防止洗钱、恐怖融资等行为
2017.4.17	《中国人民银行办公厅关于实施支付机构客户备付金集中存管有关事项的通知》	（1）支付机构应将客户备付金按照一定比例交存至指定机构专用存款账户，该账户资金暂不计付利息；（2）人民银行根据支付机构的业务类型和最近一次分类评级结果，确定支付机构交存客户备付金的比例，并根据管理需要进行调整；（3）获得多项支付业务许可的支付机构，从高适用交存比例
2018.6.30	《关于将非银行支付机构网络支付业务由直联模式迁移至网联平台处理的通知》	自2018年6月30日起，支付机构受理的涉及银行账户的网络支付业务全部通过网联平台处理
2018.7.9至2019.1.4	《中国人民银行办公厅关于支付机构客户备付金全部集中交存有关事宜的通知》	自2018年7月9日起，按月逐步提高支付机构客户备付金集中交存比例，到2019年1月14日实现100%集中交存。交存时间为每月第二个星期一（遇节假日顺延），交存基数为上一个月客户备付金日均余额。支付机构"备付金集中存管账户"的资金划转应当通过中国银联股份有限公司或网联清算有限公司办理

实施时间	文件名称	主要内容
2021.3.1	《非银行支付机构客户备付金存管办法》	规范了备付金集中交存后的客户备付金集中存管业务：（1）规定备付金全额集中交存至人民银行或符合规定的商业银行；（2）规定客户备付金的划转应当通过符合规定的清算机构办理；（3）详细规定了备付金出金、入金以及自有资金划转的范围和方式，明确了支付机构间开展合规合作产生的备付金划转应当通过符合规定的清算机构办理；（4）明确了中国人民银行及其分支机构、清算机构、备付金银行各方对于客户备付金的监督管理职责；（5）增加备付金违规行为处罚条款
未正式实施2020 年 10 月 13 日起开始公开征求意见	《非银行支付机构行业保障基金管理办法（征求意见稿）》	支付机构行业保障基金是指按照该办法规定筹集形成的，用于化解和处置因支付机构客户备付金缺口，导致的行业风险的非政府性行业互助资金。支付机构将全部客户备付金作为其清算保证金。中国人民银行按季度计提支付机构清算保证金利息划入基金。计提比例按照支付机构分类评级结果确定
未正式实施2021 年 1 月 20 日起开始公开征求意见	《非银行支付机构条例（征求意见稿)》	强化综合监管，系统性提出支付机构在从事支付业务时必须遵守的原则与规定：（1）根据从事储值账户运营业务的支付机构和从事支付交易处理业务的支付机构风险程度的不同，分类确定业务监管要求；（2）明确支付机构发起的跨机构支付业务，应通过具有相应合法资质的清算机构处理；（3）强化备付金管理要求，强调备付金不属于支付机构自有财产，要求支付机构将备付金存放在人民银行或符合要求的商业银行，并明确与之配套的审慎监管措施；（4）非银行支付机构收集、使用用户信息，应当遵循合法、正当、必要的原则，公开收集、使用用户信息的规则，明示收集、使用用户信息的目的、方式和范围，并经用户明示同意；（5）强化支付领域反垄断监管措施，明确界定相关市场范围以及市场支配地位认定标准，维护公平竞争市场秩序；（6）规范人民银行的检查权和检查措施，保障人民银行执法权的有效行使；（7）明确支付机构股权质押、开展创新业务、重大事项变更等情况须向人民银行备案等监管要求；（8）明确成为支付机构股东、实际控制人和最终受益人的条件及禁止情形，加强对股东资质、实际控制人和最终受益人的监管

资料来源：《艾瑞咨询：2021 年中国第三方支付行业研究报告》。

第一，明确支付机构间备付金划转亦需经过清算机构。2021 年 1 月 22 日，中国人民银行发布《非银行支付机构客户备付金存管办法》（以下简称《办法》），该《办法》在 2021 年 3 月 1 日起正式施行。《办法》明确提出了支付机构间开展合规合作产生的备付金划转应当通过符合规定的清算机构办理。至此，断直连和备付金集中存管致使机构间的所有合规资金划转都呈透明化，这将能够有效防控风险。从资金划转链路上，假设付款方与收款方都是银行卡，那么一笔交易将要经过三次清算机构，而每经过一次清算支付机构都会需要给清算机构一定的费用。然而，假设付款方与收款方都经过账户余额付款与收款，不涉及支付机构和银行之间的清算，那么，首和尾两次清算就不再需要了。从而，当收款与付款双方皆使用账户余额，且支付机构同时承担付款方支付钱包与收款方收单通道时，基于不再牵涉不同支付机构或银行间的资金划转，那么，该笔支付将不涉及清算机构。因此，除去特定业务流程上的监管措施之外，针对支付机构整体业务的机构监管措施具有重大意义。未来也不排除监管将针对此类交易模式出台更具针对性管理办法的可能性。

第二，严控非银行支付账户向对公领域扩张，提高交易透明度。2021 年 4 月 29 日，中国人民银行、中国银保监会、中国证监会和国家外汇局等金融管理部门，联合对部分从事金融业务的网络平台企业进行监管约谈。腾讯、度小满金融、京东金融、字节跳动、美团金融、滴滴金融、陆金所、天星数科、360 数科、新浪金融、苏宁金融、国美金融、携程金融共 13 家网络平台企业实际控制人大代表参加了约谈。金融管理部门依据当前网络平台企业从事金融业务中共同存在的难题提出了整改要求，特别是对于"回归支付本源，断开支付工具和其他金融产品的不当连接，严控非银行支付账户向对公领域扩张，提高交易透明度，纠正不正当竞争行为"的要求值得重点关注和深入思考。艾瑞咨询分析认为，对于"严控非银行支付账户向对公领域扩张"重点在于管控对公、非银支付账户的开立，而不是限制约束面向 B 端的非银产业支付服务。所以，支付账户的开立固然可以为用户提供更多便捷的服务内容，却在支付双方皆使用同一机构的支付账户时，清算机构将无法直接得到相关交易信息。当非银行支付机构为企业间提供支付服务的时候，交易金额远远比 C 端用户间交易要高，提升交易透明度、保证支付安全的要求会相应提高。为此，企业双方使用银行账户，可使交易经过清算机构网络，从而提高交易透明度。

3.3.5　网上支付发展呈现出的特色

近年来我国网上支付呈现出以下特色：

（1）我国网上增长迅速，交易额不断上升，但增速不稳定。图 3 – 4 给出了从 2011 年第一季度至 2017 年第四季度我国网上支付交易额和季度增速的走向。从图 3 – 4 中可以看出，截至 2017 年第四季度，我国电子支付交易总额达到了 660 万亿元，与 2011 年第一季度的 170 万亿元相比，增长了近 3 倍，证实了这七年来我国网上支付迅猛发展态势，从增速角度来看，我国网上支付交易额季度增速平均达到了 7.23%，从增速曲线来看，网上支付的增速在 2014 年达到了顶峰，这很有可能是由于 2014 年 4G 通信信号的普及等原因所致。同时，从图 3 – 4 中还可以看出，我国网上支付的季度增速波动大，表现出很强的季度波动性。网上支付的交易额第一季度往往较高，是季度增速一年中的最高峰，其原因可能是居民过春节购买年货所致；第三季度较低，是季度增速一年中的低谷。

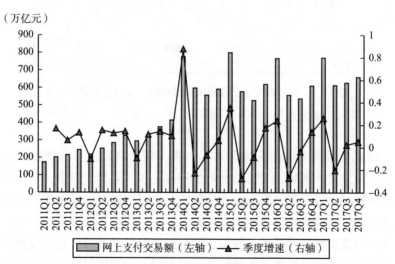

图 3 – 4　2011 年第一季度至 2017 年第四季度网上支付交易额和季度增速
资料来源：2011 年第一季度至 2017 年第四季度《支付体系运行总体情况》。

（2）网上支付中的第三方网上支付和传统银行网上支付发展情况

存在差异。前面对网上支付概念的界定过程中提到，网上支付是由第三方支付和传统银行网上支付两部分组成，图 3 - 5 给出了第三方支付和传统银行网上支付交易额以及两者发展速度率的对比，从图 3 - 5 中可以看出，网上支付中的第三方支付作为新兴发展的支付方式，成熟度相对较低，除了个别时间点增速以外，整体大于传统银行网上支付交易额的增长率。但从基数来看，第三方支付网上支付交易额则远低于传统银行网上支付交易额。在 2011 年初，传统银行网上支付已有多年的发展历史，而第三方支付还是一种新兴的支付方式刚刚开始发展，因而有着不同的特点。

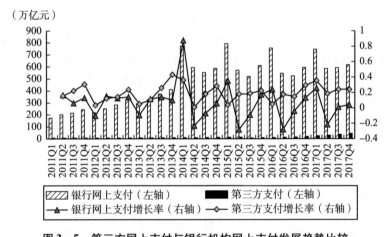

图 3 - 5　第三方网上支付与银行机构网上支付发展趋势比较

资料来源：《支付体系运行总体情况》和易观《第三方支付市场季度监测报告》。

（3）地区间发展存在较大差异。我国国土辽阔，不同地区的自然条件、经济发展水平、居民消费习惯等存在较大差异，网上支付在不同地区间的需求程度和接受程度存在较大的差异。同时，网上支付业务在我国发展还未成熟，自 2011 年至今一直处于高速发展扩张的状态，互联网公司往往选择经济条件较好、人们观念较开放的地区优先发展网上支付。需求端和供给端两方面因素的叠加导致网上支付在我国各省份区域发展不平衡。

（4）与我国典型的二元经济特征相对应，我国网上支付的发展也呈现出"二元"特征。正如谢平等（2013）提出的网上支付的发展情况很大程度上受到网络规模效应的影响，在初期，由于网上支付没有足够的使用者，供给者也就不愿意提供相关服务，消费者也不愿意使用，这就需要政府发挥重要的作用。但是，政府发挥的作用有一个过程，政府先在城市推动网上支付相关基础设施的建设，激励消费者参与到网上支付中。因此，网上支付必要的宽带和 3G、4G 信号等互联网基础设施在城乡的发展存在较大差异，城市的互联网基础设施远远好于农村。同时，网上支付具有正的网络外部性（谢平，2013），消费者从网上支付中得到的效应依赖于其他消费者对网上支付的使用情况，使用网上支付的人群越多，规模效应就越大，进而能进一步促进网上支付的发展，城市的网上支付规模效应大于乡村的规模效应，使城市使用网上支付的人群多、消费的金额高。中国家庭金融调查数据（CHFS，2017）显示的样本中，城市使用网上支付手段的家庭占 37.22% 的比重，乡村使用网上支付手段的家庭仅占 10.97% 的比重。图 3 - 6 进一步直观展示了网上支付的城市和乡村居民发展的对比情况，并分别展示了在 CHFS（2017）和 CFPS（2016）数据的样本中，城市和乡村家庭使用网上支付的均值，由此可见，两个数据库均表示网上支付在城市的发展深度更大，城市居民使用网上支付进行支付和消费的金额更高。

63

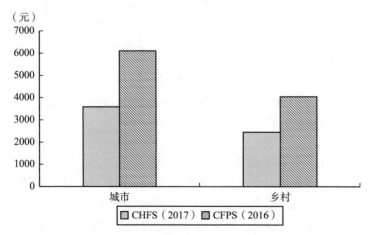

图 3 - 6　网上支付的城市和乡村居民网上支付均值对比

资料来源：2016 年中国家庭追踪调查（CFPS）和 2017 年中国家庭金融调查数据（CHFS）。

（5）移动支付成为网上支付的发展方向。互联网基础设施的改善和通信技术的发展，特别是 4G 信号的普及以及移动设备价格的下降，带动了移动用户规模的大幅上升。与互联网支付相比，移动支付更加方便、快捷和节约时间，在互联网时代，用户生活趋于生活化，带来了各种支付场景的随机性交易，移动支付受益于移动设备快捷、便携的特性，能更大程度上覆盖居民的各种各样支付场景中的支付需求，这使移动支付更加受到居民的青睐，图 3-7 中展示了在 2011~2017 年网上支付中，互联网支付和移动支付的规模占比，从图 3-7 中不难看出，随着时间推移，移动支付在网上支付总规模中的占比逐渐升高，目前，移动支付已经成为网上支付的主要组成部分，并且，可以推测移动支付可能是未来网上支付发展的主力军。

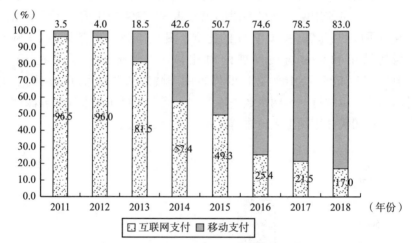

图 3-7 2011~2018 年我国互联网支付和移动支付规模占比
资料来源：艾瑞咨询《2017 年第三方支付市场监测报告》。

（6）网上支付的覆盖面积广。从 2000 年左右，我国掀起了电子商务浪潮对电子商务的起步孕育了商户线上收款的需求，从而为网上支付创造了发展的契机。随后数十年在互联网热潮的推动下，航空、旅游、教育、保险、零售、金融、物流等众多企业也开始了互联网转型，促使了各行业支付方式向线上转变，这为网上支付提供了巨大的发展空间。目前，网上支付不论是在业务层面，还是使用人群层面上，覆盖面积都已经非常广，成为广大居民各类消费时的首选方式之一。以最大的第三方支付平台支付宝为例，支付宝依托蚂蚁金服构造了强大的生态资源圈，蚂蚁金服已在全球服务超过 10 亿人，图 3-8 给出了支付的覆盖场景，从图 3-8 中可以看出，以支付宝为例的网上支付覆盖了购物娱乐、旅游出行、教育公益、充值缴费、资金往来和金融等居民各种各样的支付场景。

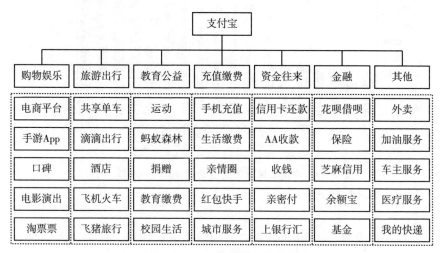

图 3-8　支付宝的覆盖支付场景

资料来源：艾瑞咨询《2020 年中国第三方支付行业典型案例研究》。

65

3.4　居民消费行为现状

3.4.1　总体消费现状

我国持续的经济高增长和低消费、高储蓄现象受到了广泛的关注，在分析迅猛发展的网上支付手段对我国居民储蓄率产生的影响之前，有必要对我国居民消费行为进行分析，这能对解释网上支付的影响效应奠定基础。在我国特定的社会、文化和时代背景下，我国居民消费长期呈现出不足的现象。从图 3-9 可以看出，我国居民消费倾向和最终消费倾向不断下降，到 2011 年左右消费倾向才有所上升，造成这种现象的主要原因如下：

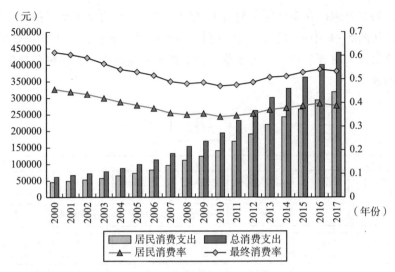

（元）

图 3 – 9　中国居民消费支出变化（2000～2017 年）

资料来源：《中国统计年鉴》。

第一，改革开放 40 年以来，我国的就业、住房、社会保障和收入分配等体制改革在不断进行，以后必然还有许多方面的改革。长期处于改革期的我国经济面临着很多不确定性，这直接导致了居民对未来收入和消费产生了不稳定的预期。如就业体制改革彻底改变了计划经济时代"统包统配"的就业制度，相应的市场化导向的就业机制逐渐建立且不断完善，"铁饭碗"的打破导致居民没办法有一份像以前那样稳定的工作和收入，可想而知，由此造成存在的失业风险和收入的不确定性对我国居民的消费倾向会产生负面影响。在我国经济社会体制改革不断推进的形势下，在未来较长的时间里仍将增大居民对未来收入和消费的不确定性预期，从而导致居民消费不足。

第二，以住房为代表的大额支出负担过大，挤压了居民日常消费支出，对消费倾向产生负向影响。近年来，我国住房、车和家用设备等大额消费商品价格不断攀升，而这类消费大部分是刚性需求，在中国传统文化以及婚嫁压力下，此类型商品即使价格再高，消费者也不得不进行消费，需求过热进一步刺激了价格的上涨，这样使消费者不得不自行储蓄或者贷款进行大额商品消费，从而对他们日常的消费产生了挤压。

第三，居民消费水平的提高与完善的消费市场有着密切的关系，如今我国消费市场在城乡间和区域间呈现出不均衡的发展状况。城市、发达区域具有较为完善的消费市场，这使相应地区居民的消费需求得到了满足，但是，农村和欠发达区域的消费市场发展滞后，市场无法做到针对性地供给相应地区居民需要的商品，同时，欠发达地区商品生产力较为落后，以及保存、运输等成本过高等因素，都提高了欠发达地区商品价格，价格的提高进一步降低了欠发达地区消费者的消费欲望，降低了他们的消费倾向。

第四，长期以来，我国没有形成一个完善的消费信贷体系。居民消费呈现出明显的周期性和阶段性特点，生命周期假说表示，消费者在不同生命阶段的收入和消费需求不同，在理性状况下，消费者为了达到效应最大化会将一生的总收入和总资产合理地分配到各个阶段，而实现这个效果的前提是有较为发达的消费信贷体系。但实际上，金融机构网点大多分布在城市和经济较发达的区域，在现行的信用评估体系下，中低收入人群也较难从传统消费信贷中贷到款，这对农村、欠发达地区和中低收入人们产生了金融抑制，在这种背景下，我国居民不得不进行自我储蓄来满足消费需求。

67

综上所述，处于改革时期的经济社会造成我国居民收入的不确定性、以住房为代表高昂的耐用品消费价格、不完善的消费市场以及不发达的消费信贷市场等因素造成了我国居民的较低消费倾向。

3.4.2　传统支付方式消费和网上支付方式消费比重现状

网上支付的产生和崛起，使网上支付成为居民各类型消费常被选用的支付方式，可以将居民所有的消费性支出分为两类，一类是以现金为主的传统支付方式消费支出，另一类是网上支付方式消费支出，这是对网上支付与居民储蓄率关系研究的基础，并且有必要对这两类支付方式的消费所占比重做比较分析。使用 CHFS（2018）的数据对相关数据缺失和出现极端数据的样本进行剔除后得出 10893 个家庭，其中，在过去一年中使用网上支付的家庭有 5973 个，占所有家庭样本 54.83% 的比重。从全国范围来看，家庭使用网上支付金额与消费性支出占比均值为 11.5%，也就是说平均来看，我国家庭每花 1 元，有 0.115 元是通过网上支付的方式消费。图 3 - 10 对全国以及 31 个省份的网上支付占比进行了分析，从图 3 – 10 中可以看出，如上海市、江苏省和浙江省东部沿海省份的家庭网上支付消费占比相对比较高，这也与前面分析的情况相符。

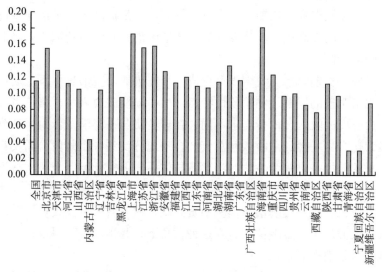

图 3 – 10　全国及各省份网上支付消费在全部消费支出占比

资料来源：2018 年中国家庭追踪调查（CFPS）。

3.4.3　网上支付在不同消费类型的比重现状

前面对我国居民整体消费行为与使用传统支付方式和网上支付方式的消费行为进行了比较分析。网上支付的发展经历了不同的阶段，从网银支付到第三方支付，从第三方线上支付到第三方线下支付，由于不同消费类型自身的特点和在不同发展阶段网上支付的特点契合程度不同，以及网上支付在不同行业发展的先后导致渗透率的不同等原因，使居民在不同消费类型使用网上支付的情况有所不同。现将对不同消费类型使用网上支付的情况进行分析比较，为后续网上支付对不同消费类型的影响奠定基础。

图 3 – 11 展示了 2014 年不同消费类型的我国网民与整体网民使用网上支付的占比。从图 3 – 11 中可以看出，2014 年各网上支付场景使用网上支付的网民占比分布在 41% ~ 94.30% 之间，其中，网上支付覆

盖率最高的三项支付场景为网购支付、话费充值和转账，有九成以上的
网民在这三项支付场景使用过网上支付，按照网上支付在不同支付场景
的覆盖程度，将以上支付场景分为三类，分别是较成熟且广泛使用的支
付场景、发展中期的支付场景和新兴的支付场景。同时从图 3 – 11 中也
可以看出，网上支付在不同消费类型和支付场景的覆盖程度差异较大。

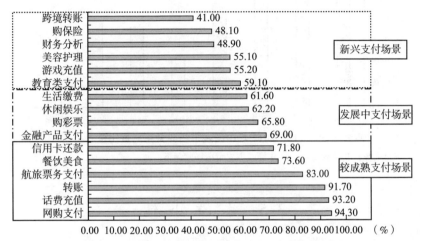

图 3 – 11　2014 年我国网民使用网上支付场景的占比

资料来源：艾瑞咨询《2015 年中国电子支付行业研究报告简报》。

　　随着 4G 等移动通信技术的发展和移动终端的普及，移动支付成为
网上支付的主要组成部分，而线下扫码支付的迅速发展又成为移动支付
行业的一大亮点，随着用户线下移动支付习惯的进一步培养，线下扫码
支付规模可能将迎来进一步的暴发，从而成为推动我国网上支付进程的
主力军。

　　图 3 – 12 展示了我国居民在 2017 年线下扫码的常用场景，从图 3 – 12
中不难看出，餐饮、商超和零售是我国居民使用网上支付最常用的场
景，而这些场景的平均支付金额一般不高，属于高频率小额的日常消费
场景，据统计，2017 年中国线下扫码金额在 500 元以下，占扫码支付
91.8% 的比重，这些行业是线下扫码支付最先开始渗透的行业，截至目
前实现了较高的渗透率。移动商贩等也实现了扫码支付，并且不断地向
年龄偏高人群、地区偏欠发达的地区拓展。

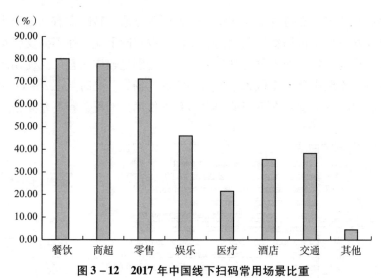

（%）

图 3 – 12　2017 年中国线下扫码常用场景比重

资料来源：艾瑞咨询《2017 年第三方支付市场监测报告》。

3.5　本　章　小　结

　　首先，本章厘清了网上支付和第三方支付的相关概念。其次，通过对网上支付产生的背景和发展流程的分析，总结出我国网上支付发展呈现的特点。再次，通过对居民总体消费、传统支付方式消费和网上支付方式消费的比重以及网上支付在不同消费类型的比重等情况进行了分析，分析发现，处于改革时期的经济造成我国居民收入的不确定性、以住房为代表的高昂耐用品消费价格和不完善的消费市场以及不发达的消费信贷市场等因素，造成了我国居民的较低消费倾向和高储蓄现状；网上支付方式消费相对于传统支付方式消费所占的比重不大，但上海市、江苏省和浙江省等东部沿海省份的家庭网上支付消费占比相对较高；网上支付经历了不同的发展阶段，从网银支付到第三方支付，从第三方线上支付到第三方线下支付，由于不同消费类型自身的特点和在不同发展阶段网上支付的特点契合程度不同，以及网上支付在不同行业发展的时间不同，导致渗透率的不同等原因，使居民在不同消费类型使用网上支付的情况有所不同。

　　本章对网上支付与居民消费行为发展的现状进行了分析，这将对进一步系统地对网上支付能否影响以及如何影响居民消费、网上支付将如何对不同消费类型产生不同程度的影响从而影响消费结构、网上支付如何通过影响居民消费和居民收入最终影响储蓄；以及针对我国居民的消费不足与高储蓄现状，网上支付如何克服促使我国居民高储蓄的影响因素来影响储蓄率等问题的研究提供现实的依据。

第4章 理论基础

4.1 居民消费理论的演进

自从凯恩斯（1936）《通论》问世创立了宏观消费理论以后，居民消费理论经过了三个主要发展阶段。

第一个阶段，是基于静态的即期消费的角度研究确定性条件下的居民消费理论，主要有凯恩斯（1936）的绝对收入假说和杜森贝里（Duesenberry，1948）的相对收入假说。基于20世纪70年代产生的理性预期假说，将居民消费推入不确定状态下开展的研究。

第二个阶段，是基于动态的跨期消费的角度研究不确定性条件下的居民消费理论，主要以不确定性下的生命周期假说为轴心并由此衍生出的随机游走假说、流动性约束假说、预防性储蓄假说和缓冲存货假说等一系列新的消费理论。第二阶段相对第一阶段来说有明显的变化，其研究对象从静态的即期消费转变为动态的跨期消费，研究约束条件也由预算约束转向流动性约束。

第三个阶段，是基于心理特征的角度研究推出新的基于非完全理性行为的居民消费理论。从20世纪80年代开始的行为经济学的飞速发展，使居民消费理论的研究也进入迅速发展的第三个阶段，诸多经济学者开始着手研究消费者个性的心理特征如何作用于消费决策以及社会形态如何影响消费决策。目前，居民消费理论发展主要有两大主流方向，一个是基于持久收入/生命周期消费理论为代表的主流居民消费理论，另一个是基于心理特征为基础的行为居民消费理论。

4.1.1　确定性条件下的居民消费理论

居民消费理论来源于凯恩斯的消费理论。1936 年凯恩斯在其《通论》著作中研究了消费与收入间的关系，将这两者之间的关系表示为：

$$C = C(Y - T) = \alpha + \beta(Y - T)$$

其中，居民消费或者支出用 C 表示，居民收入用 Y 表示，对居民收入的征税用 T 表示，自发消费用 α 表示，边际消费倾向用 β 表示。凯恩斯提出，居民消费主要是基于可支配收入或当前收入来决定，且伴随居民收入的提升其平均消费倾向以及边际消费倾向均是递减的发展规律，凯恩斯的消费理论或函数理论后人亦称为绝对收入假说。

杜森贝里在 1948 年对凯恩斯的绝对收入假说发表了不同的观点。杜森贝里提出，居民消费不完全由其可支配收入或当前收入来决定，因为，居民消费存在着极其强烈的攀比效应，也就是说，消费者的消费水平取决于消费者形成的消费习惯以及相关群体的消费水平。

综上可以看出，凯恩斯的绝对收入假说和杜森贝里相对收入假说，都是基于静态的即期消费的角度研究确定性条件下的居民消费理论，而忽略了不确定性对居民消费或居民需求的影响情况。

弗里德曼在 1957 年发布了持久收入假说，与杜森贝里的观点极为不同。弗里德曼认为，居民消费是受到个人的持久收入支配，而与消费者可支配收入或当前的绝收收入以及与相关群体相比较的相对收入都无关。弗里德曼的持久收入假说对应的数学表达式为：

$$C_t = \frac{1}{T}\left(A_0 + \sum_{\tau=1}^{T} Y_\tau\right)$$

其中，初始财富用 A_0 表示，τ 期的劳动收入用 Y_τ 表示，第 t 期的消费用 C_t 表示。

莫迪里阿尼在 1954 年发表了居民消费不仅取决于消费者当前可支配的收入，而且更与消费者个人的持久收入相关联，由于消费者更注重从长远的时期来打算安排消费开支，从而降低消费波动，以期能在整个生命周期内的消费实现最优配置的目标。弗里德曼的持久收入假说和莫迪利安尼的生命周期假说冲击了凯恩斯的绝对收入假说和杜森贝里的相对收入假说。然而，弗里德曼的持久收入假说和莫迪利安尼的生命周期假说，仍然是将其研究置于确定性的前提条件下来进行，因此，这两种理论常常难以被经验验证的关键缘由。

4.1.2　不确定性条件下的居民消费理论

20世纪70年代产生了理性预期假说并普遍应用于宏观经济学领域，特别是国外经济学者转入专注研究其不确定性条件下的居民消费，使居民消费理论研究进入了一个崭新的时代。不确定性条件下的居民消费理论的支撑依据主要源于两点：一是家庭的未来收入存在着不确定性，家庭劳动力的供给与劳动生产率水平，以及国家退休与养老金制度的规定等要素都很容易导致家庭未来收入的强大震荡。二是家庭消费嗜好以及消费理念与习惯等要素，在将来都可能会有极大的变化，由此导致居民的消费行为与之产生相应的极大变化，从而决定居民消费的不确定性形成的规律性趋势。

基于不确定性影响的持久收入假说和生命周期假说的观点，若干消费特征往往脱离了经验事实的轨道，为此，诸多学者努力探究更科学合理的消费理论以诠释当前客观存在的消费现象，如最有影响力和说服力的当属霍尔（Hall）在1978年提出的随机游走假说、利兰在1968年和威尔（Weil）在1993年提出的预防性储蓄假说、泽尔德斯（Zeldes）在1989年与格罗斯和索莱莱斯（Gross and Souleles）在2002年提出的流动性约束假说以及迪顿（Deaton）在1991年提出的缓冲存货假说。

霍尔是在不确定性条件下，采用欧拉方程方法，基于弗里德曼（1957）持久收入假说之上，把理性预期方法论应用并且厘定了生命周期假说和永久收入假说，从而创建了随机游走假说。

霍尔假设利率是一个固定的常数，即期效用（瞬时效用）函数是二次型，那么消费者面临的效用最大化问题变成：

$$\max E[U] = E\Big[\sum_{\tau=1}^{T}\Big(C_\tau - \frac{a}{2}C_\tau^2\Big)\Big], \ a > 0$$

$$\text{s.t.} \ \sum_{\tau=1}^{T} C_\tau \leq A_0 + \sum_{\tau=1}^{T} Y_\tau$$

其中，初始财富用 A_0 表示。采用欧拉方程求解得到 $C_1 = E_1[C_t]$，（t = 2，3，…，T）。$E[\cdot]$ 表明是在第1期能够取得信息的条件下的期望。当消费者最大化实现一生效用时，预算约束必取等号，所以，对预算约束两边取期望相等，进一步得到：

$$C_1 = \frac{1}{T}\left(A_0 + \sum_{\tau=1}^{T} E_1[Y_t]\right)$$

$C_1 = E_1[C_t]$ 表示如果第一期的信息能够取得，那么 C_2 的期望等于 C_1。一般对各期来说，下一期的预期消费等于当期消费。这表明消费变化是不可预测的。根据这种定义可以得到：

$$C_t = E_{t-1}[C_t] + e_t$$

其中，变量 e_t 在 $t-1$ 期形成的期望值等于 0。由于 $E_{t-1}[C_t] = C_{t-1}$，于是有：

$$C_t = C_{t-1} + e_t$$

上式便是霍尔（1978）随机游走假说最核心的结论，它表明居民消费是一个 AR(1) 过程，即消费服从随机游走。

随后，霍尔以美国家庭 1948～1977 年的非耐用品和服务消费的季度数据为基础，分四步骤对持久收入假说以及随机游走假说进行实证检验。

第一步，霍尔首先以 $C_t = \beta C_{t-1} + \varepsilon_t$ 模型考察消费是否真的服从随机游走过程。如果模型中证实 $\beta = 1$，则意味着消费服从随机游走。霍尔的实证结果显示，β 确实接近于 1，这表明无法拒绝消费服从随机游走的原假设。

第二步，持久收入假说假设只有滞后一期的消费值的影响是显著的。霍尔通过模型 $C_t = A + \alpha_1 C_{t-1} + \alpha_2 C_{t-2} + \alpha_3 C_{t-3} + \alpha_4 C_{t-4}$ 考察当前消费与滞后 4 期消费的关系，从实证角度证实了持久收入假说这一假设的合理性。上式中如果 $\alpha_2 = \alpha_3 = \alpha_4 = 0$，则表明当前消费只与上一期消费有关而不与其他滞后期相关，也就是说服从持久收入假说。霍尔得出接受 α_2，α_3，σ_4 全为 0 的原假设的结论，意味着消费仍然服从持久收入假说的假定。

第三步，持久收入假说假设在影响当前消费的外生变量中，当前消费只受滞后一期的可支配收入影响，而与滞后多期的可支配收入无关。因此，他进一步分别选取可支配收入的滞后期为 1 期、4 期和 12 期建立三个不同的回归方程，来验证持久收入假说的上述假设。具体表达式如下：

$$C_t = A + \alpha C_{t-1} + \beta_1 y_{t-1}$$
$$C_t = A + \alpha C_{t-1} + \beta_1 y_{t-1} + \beta_2 y_{t-2} + \beta_3 y_{t-3} + \beta_4 y_{t-4}$$

$$C_t = A + \alpha C_{t-1} + \sum_{i=1}^{12} \beta_i y_{t-i}$$

霍尔的回归得到了和持久收入假说不完全相同的结果，不是只有滞后一期的可支配收入才能预测当前消费，滞后多期的可支配收入也能够预测当前的消费，但是，相对来说，滞后多期这种预测能力相比滞后一期的可支配收入更弱。

第四步，持久收入假说假定居民财富并非影响居民消费的外生变量。霍尔使用经过平减指数处理后的标普 500 股票指数来衡量财富，对上述假定进行了再次验证。具体回归方程设定如下：

$$C_t = A + \alpha C_{t-1} + \varphi_1 S_{t-1} + \varphi_2 S_{t-2} + \varphi_3 S_{t-3} + \varphi_4 S_{t-4}$$

其中，S 表示财富。持久收入假说预言，当前消费只与上一期消费有关，其他所有的经济变量和信息都已包含在上一期的消费数据中，因而，所有财富变量前面的回归系数应当全部为零。霍尔所做的实证结果表明，φ_1，φ_2，φ_3，φ_4 全部为 0 的 F 值为 6.5，大于 5% 水平下的临界值 2.4，因而拒绝 φ_1，φ_2，φ_3，φ_4 全部为 0 的原假设。

鉴于霍尔选取的回归方程式以及变量不一样，从而，导致最后的研究结论也不一样。然而，霍尔的随机游走假说最大的贡献是与以前的确定性条件下的消费理论全然不一样，因此，霍尔的随机游走假说成为不确定性条件下消费理论研究的鼻祖。传统的在确定性条件下的消费理论观点是，如果产出或收入减少的时候，消费也会跟随减少，所以，意味着消费变动是能够预先测定的。但是，霍尔的观点是，假如产出或收入始料不及地出现减少的时候，消费的减少只是等于持久收入的减少，所以意味着消费变动是不能展望预料的，也就是说，不能准确推测消费能够恢复。另外，霍尔的随机游走假说的重要价值还在于，启动了后继学者们对收入的可预测变化能否导致消费的可预测变化进行深入的研究。

坎贝尔（Beehr）和曼昆（Mankiw）在 1989 年运用宏观的总量数据以及谢伊（Shea）在 1995 年运用微观的家庭调查数据，对随机游走假说开展实证检验。坎贝尔和曼丘采取工具变量的方法，选取 1953 ~ 1986 年美国家庭非耐用品消费与服务的人均实际购买量，以及人均实际可支配收入的季度数据作为实证样本。研究结果表明，随机游走模型与实证资料存在明显的背离，当收入提升 1 美元时，消费提升大约 50 美分，这意味着，消费对可预测的收入变化反应过于强烈，亦被称为消费的"过度敏感性"，研究结果都拒绝随机游走假说。

谢伊利用密歇根大学发表的美国家庭收入动态面板数据，构建了647户家庭的观测值样本，样本期为1981～1987年。谢伊选取的这些家庭皆拥有长期工会合同，并且还能够供给相关家庭未来收入变化的详尽信息，所以，能够比较准确地预测未来预期收入变化。研究显示，家庭的可预期收入提升会显著带动消费提升，回归估计系数为0.89，标准差为0.46。谢伊的研究结论也明显地颠覆了霍尔的随机游走假说。

在霍尔1978年研究的基础上，许多经济学家进一步考察了未来收入的不确定性对当前消费的影响。霍尔1978年假定效用函数是二次型，意味着边际效用在消费达到一定水平时将变为0，然后变为负数。消费的边际效用递减伴随着绝对风险厌恶系数的递增。在这种情况下，当家庭收入财富变高时，为了避免未来消费的波动性和不确定性，他们会选择放弃更多的当前消费。事实上，霍尔使用欧拉方程式就已经得出结论：当效用函数是二次型时，边际效用函数是线性的。此时，消费的边际效用的预期值就与预期消费的边际效用相等，即 $Et[u'(Ct+1)] = u'(Et[Ct+1])$，而且 $Ct = Et[Ct+1]$。但是，当二次型效用函数的三阶导数为正时，就会得到 $Et[u'(Ct+1)] > U'(Et[Ct+1])$。进一步，若 $Ct = Et[Ct+1]$，则 $Et[u'(Ct+1)] > u'(Ct+1)$，从而 Ct 的边际下降会增加家庭的期望效用。这意味着，当家庭未来收入面临不确定性和瞬时效用，函数具有正的三阶导数同时成立时，家庭会做出减少当期消费，增加储蓄的行为，这就是利兰德（1968）命名的"预防性储蓄动机"（Precautionary Saving Motivation）。

当居民消费存在不确定性时，意味着消费明显受到劳动收入风险的影响，在这种情况下，就存在着明显的预防性储蓄动机。总的来看，预防性储蓄假说预言，由于人们预期到未来的收入具有明显的不确定性，理性的个体为了平滑终生的消费水平，在当前会倾向于增加预防性储蓄和减少消费，以此来对抗未来的收入不确定性风险给当前消费造成的负面冲击。

同时，持久收入假说也假定，当家庭收入较低时，可以通过贷款来维持原有的消费水平。只要家庭能够最终偿还其所有的贷款，就可以按照与储蓄利率相等的利率进行任何借款。然而，这种情况成立的条件非常严厉：一是完善的金融市场是必要的，从家庭的角度，必须拥有良好的信用记录来帮助他们在金融市场上自由借款。二是必须规定家庭借款的利率不能高于储蓄利率。但实际上，这些条件在现实中几乎不可能同时满足。家庭房贷、车贷甚至消费贷的借款利率都超出储蓄利率，而且，少数信用等级低或者没有固定收入的人群面临着不同程度的金融抑制情况，不论以什么利率都无法在金融市场上得到借款。以上情况使消费者往往不能顺利通过金融市场得到借款来应对收入水平的暂时性下滑，而只能选择降低当前消费、增加储蓄的情况，这就意味着，家庭在消费过程中存在着明显的流动性约束（liquidity constraint）。

一般而言，流动性约束的存在，往往会增加家庭预防性储蓄的动机，从而作出增加当前储蓄、减少消费的决定。一方面，如果流动性约束是束紧的（binding），在家庭当期收入低于持久收入时，他们并不能通过借贷来增加当期收入。此时，当前消费完全取决于当期收入。与没有流动性约束的情形相比，家庭此时的消费水平将明显下滑。另一方面，即使某些家庭在当前不受到流动性约束的限制，但是人们预期未来流动性束紧的事实也会降低当前的消费（Zeldes，1989）。

4.1.3　基于心理特征的行为消费理论

主流消费理论主要是在持久收入假说和生命周期假说基础上，兴起并发展起来的新古典消费决策理论，它的重要前提是，假设代表性消费者（代表性家庭）是理性的，它的核心思想是消费者（家庭）在跨期决策中实现个人终生效用最大化。这种动态的跨期消费决策的核心，就是在预期的终生资源总量的约束下，消费者对整个生命周期中每一时期的消费数量进行决策，最终使长期折现效用之和最大化。消费者终生效用最大化，意味着在给定一个固定的贴现率，消费者平滑其终生的消费水平，也就是说，消费者在收入较高时选择储蓄，而在收入较低或者没有收入之后选择消费。笔者深入研究发现，主流消费理论所预言的终生效用最大化需要满足以下两个条件：一是代表性消费者必须是完全理性的，也就是说，他们一方面能够基于当前的信息和预期的未来信息作出合理的决策，另一方面决策失误的可能性还要非常低。二是贴现率必须是一个固定的常数，这导致代表性消费者对当前消费的贴现与下一期消费的贴现是一样的，因此，不会因消费期限的不同而产生显著差异。

但实际上，满足上述两个条件对于现实中的消费者而言过于严格，消费者往往是具有不完全的计算能力、不完全的自我控制力（self-control）以及对财富消费的不完全替代性（fungibility）。事实上，就连最简单的动态规划问题求解对于消费者来说都是非常困难的，即便具有相关的计算能力，消费者也往往缺乏足够的控制力或者耐心去执行这种最优消费决策。因而，消费者具有明显的非完全理性和自控力不足的特征。同时，对于不同的财富持有形式，消费者对于它们的边际消费倾向和消费偏好也并不如理论上那样毫无差别，因此，没办法实现不同财富之间的完全替代性。上述问题都被主流的消费理论忽略了，因而造成在近20 年中，现实世界中的居民消费行为与主流消费理论预言的理性模式产生重大偏离，甚至完全背离。"退休消费之谜"（Retirement Consumption Puzzle）、"（中国）高储蓄之谜"（The Chinese Saving Puzzle）和"炫耀性消费之谜"（Conspicuous Consumption Puzzle）等异常现象就是有力的佐证。

在上述背景下，主流经济学家开始以行为分析为基础，关注个人心理对自身消费的影响，建立起一套能够更加接近现实的消费理论，构成了行为消费理论产生和形成的现实背景。行为消费理论的不同之处，在于行为消费理论对消费决策中的消费者心理和社会特征给予更多的关注，并放松了以往的代表性消费者具有完全理性的无限决策能力和时间一致性条件，提出了消费者是非完全理性的，而且对时间偏好也不一致。行为消费理论中具有代表性的理论模型有四种：行为生命周期模型（Behavioral Life-cycle Hypothesis）、双曲线贴现消费模型（Hyperbolic Discount）、动态自控偏好消费模型（Dynamic Self-control Preference）和估测偏见消费模型（Projection Bias）。

1. 行为生命周期模型

谢福瑞和泰勒（Shefrin and Thaler，1988）基于行为经济学的理论构架与生命周期消费理论的结合，首次提出了行为生命周期消费假说。行为生命周期消费假说的核心假设是，即使在不存在信贷配给（credit rationing）情况下，不同财富类型对于消费者来说也是不可完全替代的（nonfungible）。其中，谢福瑞和泰勒将财富划分成三种不同的心理账户（mental accounts）：当前可支配收入、当前资产和未来收入。当前可支配收入对消费者诱惑最大，其次是当前资产获得的消费，最后是未来收入得到的消费。谢福瑞和泰勒进一步指出，行为生命周期消费假说的基本框架主要包括三方面内容：自我控制、心理核算和心理构建。其中，自我控制又由三个子部分组成，分别是内在冲突、诱惑和意志力。并指出，计划者要想实现最优化目标，必须要借助心理核算。这一点与主流的持久收入假说或者生命周期假说完全不同。

2. 双曲线贴现消费模型

针对主流消费理论假设贴现率是一个固定不变的常数现象，经济学家们提出了双曲线贴现消费模型。早在20世纪60年代就有学者对贴现效用模型中假定的贴现率逐期不变性提出了质疑，他们认为，消费者在制定动态的消费决策时，对于不同的时间偏好并不是完全一致。泰勒（1981）通过实验研究的方法，证实了时间偏好的不一致性在消费者的实际消费决策中是很常见的。泰勒设计了这样一个实验：若想让实验参与者认为，当前的 y 美元和 t 期的 x 美元是没有区别的，需要向参与者补偿多少钱，其中数额 x 和 t 期都是可变变量。这种方法可直接求解出实验参与者对不同时期的贴现率，泰勒最终研究得出，贴现率随着时间 t 递增而递减，证明了参与者对于时间的偏好不再具有一致性特征。

3. 动态自控偏好消费模型

针对消费者自我控制不足造成的时间偏好不一致性问题，高和盘森道夫（Gui and Pesendorfer，2004）采取一种新的理论模型来尝试解释，这就是动态自控偏好消费模型。该模型的核心思想是，消费决策者的偏好等于消费获得的效用加上抵制立即消费诱惑的负效用（disutility）。在这种思路下，消费决策者偏好就变成当期消费和当期可行消费的联合函数。

高和盘森道夫将动态自控偏好消费模型中的偏好命名为"承诺的偏好"（Preference for Commitment），从而将双曲线贴现消费模型中的偏好称为"可逆转的偏好"（Preference Reversal）。"承诺的偏好"形式规避了偏好的动态变化，很大程度上降低了计算的复杂性，提高了运算效率，而且，相应增加了偏好中的选择决策因素。经过简单的处理就可以使建立在承诺偏好之上的效用函数与消费计划直接相关，从而，有助于求解出动态规划问题下的最优解。这正是动态自控偏好消费模型的优势所在。基于承诺的偏好形式，消费者在抵制当期消费的诱惑和长期利益之间进行权衡取舍，从而决策出最优的消费路径。

4. 估测偏见消费模型

受习惯养成（Habit Formation）、情绪浮动、社会和环境变化等因素的影响，消费者的未来偏好可能比起当前偏好发生偏差。然而，人们总是倾向于高估未来偏好与当前偏好的相似性，也就是所谓的估测偏见（Projection Bias）。估测偏见的存在，会导致高估当前消费对未来效用的影响，从而，选择在整个生命周期中过早消费和延迟储蓄。估测偏见消费模型是以习惯形成的消费理论为基础建立的。习惯形成的消费理论指出，当个人在过去消费越多时，现期消费越多就越能够获得效用，这样就会不可避免地导致消费者愿意在当前消费。

路文思丁等（2003）首次研究了估测偏见对消费者的跨期消费决策的影响。不失一般性，他们假设代表消费者的消费习惯存量是上一期的习惯存量和当期消费的加权，用方程式表明为 $s_t = y s_t + (1 + \gamma) c_t$，其中 s_t 代表 t 期的习惯存量，c_t 即 t 期的消费，$\gamma \in (0, 1]$。从方程式不难看出，当期消费的增加会带动习惯存量增加，并且习惯存量变大会导致消费的边际效用增加，在这种分析下，对于消费者而言最优的消费决策就是增加当前消费。估测偏见的存在表明，改变了的未来状态是不能被完全预期到的，消费者对未来状态的预期常常整体地受到当前状态的影响。因此，从某种意义上说，估测偏见消费模型实际上是上述状态依存偏好的一种特殊形式。

4.2　理性行为理论

从 20 世纪 50 年代以来，学术界纷纷关注态度与行为之间的关系研究，并研究出许多理论，如学习理论、平衡理论以及归因理论等一系列有关的理论，然而，学者们在对态度和行为之间的关系的阐释有着不同的认识和看法。

菲什拜因和阿耶兹（1975）在其《信念、态度、意向和行为：理论与研究导论》（*Belief*，*Attitude*，*Intention*，*Behavior*：*An Introduction to Theory and Research*）一书中，构建了一个系统比较完善、适合使用在诸多领域的行为预测和解释框架，从概念变量、理论的类型和操作变量三个方面，梳理了既有对态度行为有关理论的文献后指出，信念、态度、意向和行为是四个独立的、需要区分的变量，并且厘清了四个变量的内涵与外延，以及这些变量之间关系的假设与研究结果不一致的地方，系统解析其测量技术方法与形成的过程以及相互之间的关系，提出了理性行为理论（theory of reasoned action，TRA）。菲什拜因和阿耶兹（1975）的理性行为理论中，构建了由信念因素、行为态度、主观规范、行为意向和实际行为组成的概念框架，如图 4 – 1 所示。其中，行为信念是个人对从事某项特定行为可能出现结果的预先期待；结果评价指个人对从事某项特定行为产生结果的价值评判和审核决定；规范信念是指个人对某项特定行为，能否接受和是否正确的个体认知，是个人对其重要的他人或团体行动的期待和希望；依从动机是指个人在他人或者团体的请求下，并按照其要求去做事的倾向大小，是对他人或者团体对其提出建议的遵照并依从程度；行为态度是个体对某项特定行为正面或负面的感觉评价，也可以说是指个体对某项特定行为所形成的一种态度，个人所感知的对某项特定行为结果的明显突出信念的函数；主观规范是指个人对能否从事某项特定行为所感知到的社会压力的大小，是个体的规范信念和遵从规范信念倾向的函数；行为意向是指个体甘愿采取某项特定行为的意愿。

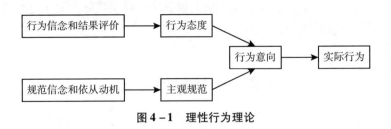

图 4 –1　理性行为理论

　　菲什拜因和阿耶兹的理性行为理论，最大的贡献是诠释了两个基本原理：一是行为态度和主观规范为其他变量对行为意向产生影响的中间变量；二是行为意向是行为态度和主观规范对个人的实际行为产生影响的中间变量。理性行为理论言简意赅地诠释了信念、态度、意向和行为之间的关系，并且能够预先推测或测定多个领域的客户行为。理性行为理论成为探究认知行为的最基本、最有影响力的一种理论。但理性行为理论也存在一定的缺陷，具体如下：一是理性行为理论假设人都是理性的，觉得行为的发生都是受个体的意志力来支配，这与实际当中的金钱、时间、信息和能力等很多要素，常常影响个人对行为意志的控制力度的现象相背离，所以，对那些需要特殊规定技能及资源等才能进行的且不完全任凭个人意志所能够控制的行为，理性行为理论难以有效发挥其预先推测或测定能力。二是理性行为理论中的行为信念及规范信念等因素是一个模糊抽象的概念，所以理性行为理论应用到特定的领域时必须依据具体情况进行细分，将会在理论应用的过程中出现繁杂琐碎的重复性工作。三是理性行为理论忽视了个体之间的差异和所处的情境等要素对个人行为的影响。

学术界的许多学者，对理性行为理论的不足或缺陷非常关注并具有极大的兴趣，在 TRA 理论模型基础上对其修正、深化、拓展与完善，试图追求理性行为理论的准确预测力以及适合使用的范围。

第一，探究拓展了 TRA 更适合使用的范围。由于在现实中的金钱、时间、信息和能力等诸多因素，都会影响到个体对行为意志的控制，是不完全以个人意志所控制，为了让理性行为理论，能更适合使用在这些不受个人意志控制且较为烦琐的行为，阿耶兹（1988）在 TRA 基础上，创建提出了一个新的感知行为控制的行为预测变量，从而产生了闻名于世的计划行为理论（theory of planned behavior，TPB）。

第二，探究深化了 TRA 理论。一方面，对 TRA 理论模型自身变量进行更加深度的探究，如把行为信念因素进一步地进行细分为感知有用性和感知易用性两个维度，并在此基础上创建了（technology acceptance model，TAM）即技术接受模型；另一方面，在 TRA 理论模型当中归入适合的新变量，如纳入行为习惯、性别、年龄和促销因素等调节变量，试图探索个体差异和情境因素等对行为的影响。戴维斯 1989 年在 TRA 理论的基础上，兼收期望理论、投入产出理论和自我效能理论以及变革采纳理论等理论，提出了技术接受模型。技术接受模型是关于新技术接受最具代表性的理论模型，是运用理性行为理论解释信息技术中用户接受新信息系统的行为，分析影响用户接受的各项因素，并指出感知的有用性和感知的易用性两个因素是主要的决定因素。TAM 理论模型摒弃了 TRA 理论模型中的主观准则、规范信念和依从动机等构念，TRA 理论模型认为，态度对行为起着根本性的作用，态度由信念决定。戴维斯从期望理论模型中提炼出感知有用性，从自我效能理论中凝练出感知易用性，且把 TRA 理论模型中抽象的信念具体形象为 PU（感知有用性）与 PEOU（感知易用性），并指出 PU（感知有用性）与 PEOU（感知易用性）二者可替代主观准则，由此，TRA 理论模型发展演进为 TAM 理论模型。TAM 理论模型认为，系统使用是由行为意向决定，而行为意向由想用的态度和感知的有用性共同决定，想用的态度由感知的有用性和易用性共同决定，而感知的有用性由感知的易用性和外部变量共同决定，感知的易用性是由外部变量决定。外部变量包括系统设计特征、用户特征即包括感知形式和其他个性特征、任务特征、开发或执行过程的本质、政策影响、组织结构等，是技术接受模型中存在的因素，内部信念、态度、意向和不同的个人之间的差异、环境约束、可控制的干扰因素之间建立起一种联系。TAM 理论模型提供了一个理论基础，用以了解外部因素对使用者内部的信念、态度及意向的影响，从而影响科技使用的情形，TAM 理论模型能够普遍应用于解释或预测信息技术使用的影响因素。

第三，探究 TRA 与相关理论模型的整合完善。许多学者在厘清 TRA 和诸多常用的技术接受理论以及模型的优劣势的基础上，试图探究优化整合出一个预测准确性高和解释力度强的联合模型，并对其进行实证检验。如在 2003 年维斯瓦纳特·文卡塔斯（Viswanath. Venkatesh）等在对 TRA、TAM、TPB、动机理论等八种主要的技术接受理论进行梳理、比较和分析的基础上，构建了一个联合信息安全政策模型，并对模型进行了实证检验。穆迪（Moody）等在梳理和厘清先前信息安全行为领域常用的 TRA、健康信念模型、计划行为理论、人际行为理论等 11 种理论的基础上，构建了一个联合信息安全政策模型，并对模型进行了实证检验。

4.3 居民网上支付的使用意愿

网上支付对居民储蓄率产生影响效应的前提是，居民能接受和使用网上支付这一新兴技术。以互联网为代表的信息技术经过了多年的发展，我国电脑宽带、手机信号等互联网基础设施整体较为完善，网上支付这项新技术基本上不存在供给障碍，在这种背景下，居民对网上支付这项新兴技术的使用意愿成为推动网上支付普及的关键。因此，在分析网上支付对居民储蓄率的影响之前，很有必要对居民网上支付的使用意愿进行分析。

现在戴维斯于 1989 年第一次提出的科技接受模型 TAM 基础上，对网上支付方式的普及情况进一步分析。为了分析居民对网上支付的使用意愿，将使用网上支付消费 x 数量的商品或服务带来的净效应表达式如式（4.1）所示：

$$u = \alpha PU(x) + \beta PE(x) \tag{4.1}$$

净效应表示消费相同商品或服务形式时，使用网上支付手段与使用传统支付手段给消费者带来的效应差。在式（4.1）中，PU 表示消费者对使用网上支付新技术的认知有用性（Perceived Usefulness），是指当一项新技术出现时，消费者对采用这项新技术带来正效应进行的价值评估，即与不使用网上支付相比，使用网上支付给消费者带来的效应提升。公式具体包括，使用网上支付节省的时间、精力、享受的价格折扣以及更为重要的是消费者应得到比使用传统支付方式时更宽广的选择范围。随着信息和物流基础设施的完善，消费者足不出户就能进行商品和服务的消费，这使消费者消费更加方便、快捷，也能改善消费者的消费体验，如水电费、物业费等生活用费都可以使用网上缴费，大大节省了消费者特别是上班族的时间，网上支付的便利性提高了消费效率，更能适应快节奏的现代生活。同时，在网上支付的支持下，网络消费市场蓬勃发展，互联网店铺不用门面费和人工费能降低成本，网上购物使消费者可以突破传统支付手段时空的限制，接触到全国各地甚至世界各地的商品，供给方成本的降低和数量的增加，从供给—需求曲线来看，无疑都能降低商品的价格，让消费者享受到优惠。更重要的是，网上支付的开放性、共享性能突破传统支付方式和购物形式时空的障碍，提供给消费者更加广泛的选择范畴，让消费者能购买到传统支付不能提供的商品和服务。PU 与网上支付金额呈正比，随着网上支付金额上升而上升。

在式（4.1）中，PE 表示网上支付新技术使用的认知易用性（perceived easiness），是对消费者学习使用新技术花费金钱、时间和精力的评估，这意味着，即使采用新技术能带来帮助，但如果学习使用新技术太难，带来的负向效应超过了采用新技术带来的正向效应，消费者也不会选择采用新技术。式（4.1）具体包括，进行网上支付时通信信号和设备的准备，学习进行网上支付所需要的时间、精力和相关信息的搜索。消费者使用网上支付时，需要通信信号和如电脑、手机支付设备作为物质基础，这属于使用网上支付的货币成本。在花费货币成本基础上，消费者还需要花时间、精力摸索和学习网上支付的使用，即需要支付非货币成本。另外，与传统购物相比，网上购物是一种全新的模式，电商平台的兴起和通畅的互联网信息渠道，给消费者带来了更丰富的物品和服务种类供其选择的同时，因为信息太繁杂的原因，会使消费者眼花缭乱不知道如何选择。电商平台不断壮大的同时，管理不够完善使同样的商品在不同的平台、不同的店家价格差别很大，以男装品牌七匹狼为例，淘宝网上有七匹狼官方旗舰店、品牌专卖店、官方进出口店、华南专卖店、立淘专卖店等，选择繁多，不同店的商品真假难辨，质量水平参差不齐，价格也存在差异，在没有进行一定信息搜索之前，想要完成一次满意的网上支付可能有一定难度，更有部分商家巧立名目，打出优惠口号，其实是明升暗降价格。网上支付需要的通信信号和设备以及摸索和学习网上支付所需要的精力与时间，可以说是一劳永逸，类似于固定成本，但是信息搜索对认知易用性带来的障碍却可能会使用户望而却步，类似于变动成本。这里的认知易用性越高，式（4.1）中的 PE 越大，PE 是非正数，在理想情况下，消费者以零精力时间接受新技术时认知易用性为零，一般情况下 PE 为负，同样，PE 与网上支付金额成反比，随着网上支付金额的上升而下降。

在式（4.1）中的系数 α 和 β 分别表示"认知有用性"和"认知易用性"对居民效应的影响程度，因人而异，简单来说，对新生事物具有更开放态度的居民 β 值更加小。图 4-2 描述了基于技术接受模型中的"认知有用性"和"认知易用性"对居民使用网上支付意愿的影响因素。

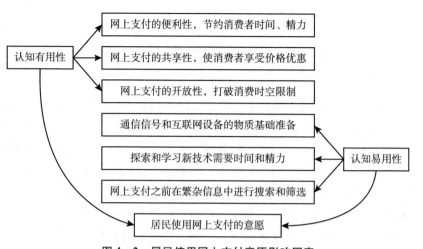

图 4-2 居民使用网上支付意愿影响因素

　　一般来说，理性的消费者会在净效应大于 0 时选择使用网上支付，在净效应导数为 0 时取得网上支付金额均衡值。可想而知，不同的消费者在不同消费类型拥有的效应模型不同，感知有用性和感知易用性不一样，系数也不一样，为了达到效应最大化会得到不同的网上支付金额均衡解。理性的消费者在每一次消费某一种商品或服务之前，衡量自己的净效应公式，在净效应大于 0 时选择使用网上支付，并进行均衡值的网上支付金额，在特定时间段内，将所有商品和服务的网上支付进行加总，得到消费者使用网上支付总额。综合以上分析得知，互联网基础设施、物流配套服务等外部环境是居民使用网上支付的前提，会影响居民使用网上支付的意愿；具有不同个体特征（收入水平、受教育程度、户籍、性别、婚姻状况、年龄等）的居民对网上支付的认知有用性和认知易用性存在差异，从而具有不同程度地使用网上支付意愿。笔者由此提出以下两个假说，并将在第 5 章对这两个假说进行理论分析和实证检验。

　　假说4.1：居民使用网上支付的意愿会受到外部环境的影响；

　　假说4.2：具有不同个体特征（收入水平、受教育程度、户籍、性别、婚姻状况、年龄等）的居民具有不同程度的使用网上支付意愿。

4.4 网上支付对居民消费的影响

我国经济发展进入新常态，投资、出口对经济增长的拉动力日渐衰微，如何有效地扩大内需，让居民消费为经济增长提供动力，成为各方关注的重点。在互联网时代，随着网上支付的迅速普及，居民消费变得更加简单方便，支付时间大大缩短。本书第2章文献综述，把不同的支付方式对居民消费行为产生的不同影响进行了梳理，现将网上支付对居民消费影响进行理论分析，为实证检验打好理论基础。首先，从理论上梳理网上支付对居民消费整体影响机制，将影响机制分为心理账户直接刺激效应、完善互联网消费信贷、构建消费市场和畅通互联网信息渠道四个方面，并对其进行详细的论述；其次，通过将消费分为小额日常消费和大额非日常消费两种不同类型的消费，梳理网上支付对不同消费类型的影响机制，从而揭示网上支付对消费结构的影响。

4.4.1 网上支付对居民消费的整体影响

前面构建的我国居民对网上支付技术接受模型（TAM）将消费者划分为使用网上支付和不使用网上支付的两部分消费者，对于使用网上支付的消费者来说，网上支付的便利性使消费者将部分原先使用传统支付方式的消费，改变成使用网上支付，这种对传统支付方式消费的替代效应使传统支付消费降低，而网上支付消费使数量得到增长，同时，网上支付的普及还能节约一部分使用传统支付方式时的消费。网上支付的价格优势还会使在消费同数量的商品或服务时消费金额下降，从而网上支付的使用对消费产生抑制的作用。但是，结合已有的理论文献和实际情况分析，网上支付的发展，主要从心理账户直接刺激效应、完善互联网消费信贷、构建消费市场和畅通互联网信息渠道四个方面，对居民消费产生正向影响。

第一，心理账户直接刺激效应渠道。网上支付对消费者原本的消费产生的刺激起码表现在三个方面：一是网上支付快捷、方便。互联网时代人人出门都带手机，网上支付的普及基本上消除了人们忘记带钱需要找 ATM 机取钱或者钱不够不能消费的情况，并且交易时间很短，也不需要找换零钱等动作，提高了交易效率，使消费变得更简单。二是网上支付和现金消费不同，消费者不需要直接拿出现金做出支付动作，这使消费者对支付的印象变浅，痛苦减小。在心理账户理论下，当购买同样的商品要花费同样金额货币时，使用货币支付和网上支付不同的支付方式，相当于在货币和网上支付两个不同的心理账户中取钱，即使在现实生活中货币金额相同，但在心理账户体系中，两个账户里的钱不是等值的，货币账户里的钱并不是网上支付心理账户里的钱的完美替代品，这就导致不同支付手段将会影响到消费者的消费决策。如普雷莱茨和路文思丁（1998）所述，消费者消费的同时想到支付的花费，会削弱消费购买得到的喜悦，支付的同时想到购买的收益，也会缓解支付的痛苦，这种支付和消费的双通道互动就是双通道心理账户的基础，"双通道心理账户"理论中的核心概念是"联结（coupling）"，联结是用来描述支付和消费的紧密程度，即两者影响对方的程度，而影响联结最深刻的因素是支付手段，支付手段的变化改变了支付情景，对联结的情况有很大的影响。从心理账户的角度来说，购买同样的商品在消费的正效应不变的情况下，网上支付手段带来的支付负效应相对减小，如范伯格（1986）所说，这将不利于消费者进行消费控制。网上支付不需要消费者直接接触货币，也就免去了消费者面对大额整钱被找零的痛苦，而是让人们在每次消费时只是默默地从账户中把钱划出去，因此，大面额整钱所带来的抑制消费效应被消除。三是网上红包带来意外之财能促进消费者的消费。麦格劳（Mcgraw，2009）认为，消费者在心理账户体系中，将钱分成意外之财（windfall）和正常收入（ordinary income），网上红包被划分为意外之财，相比于正常收入，使用意外之财时消费者的失去感减小，这在一定程度上促进了消费。

第二，完善互联网消费信贷渠道。在网上支付普及的基础上，互联网消费信贷慢慢发展起来，在这之前，由于传统金融机构的消费信贷覆盖面相对有限，只提供如买房、买车、上学等的定向贷款，资金短缺时人们通常只能求助于亲戚朋友，但往往能够找到有能力并且愿意借钱的亲戚朋友比较难，就算是借到了钱，亲戚朋友之间也难免由此会变得尴尬，这大大阻碍了消费者平滑消费以获得效应最大化。从服务人群的角度来说，互联网消费信贷以其方便快捷和低门槛等优势，在一定程度上缓解了以往欠发达地区和中低收入人群面临的金融抑制问题,消费者要获取传统消费信贷时,需要去金融机构网点办理,通常欠发达地区金融机构网点比较少,去网点对消费者而言比较麻烦,传统消费信贷的信用评估体系,以消费者的资产和收入为主要衡量标准,这对于中低收入群体来说,能得到传统消费信贷的服务有一定的困难。然而,互联网消费信贷的普及解决了居民资金短缺的困境,人们随时随地可以从手机软件上借到非定向的资金,使用用途也不限,方便的互联网信贷免去了居民的后顾之忧,降低了居民的预防性储蓄动机,居民针对不确定状况的储蓄欲望也因此减弱,大大刺激了居民的消费欲望。

第三,构建消费市场渠道。互联网的迅速发展将生产者、消费者和其他市场主体以信息网络为平台连为一体,农村地区和欠发达地区的消费者即使身边的消费市场不完善,商品种类不齐全、价格高,在网上支付普及的情况下,也能从电脑和手机上接触到一个完善的消费市场,这有助于刺激居民产生更高、更新的消费需求。

第四,通畅信息渠道。在信息时代,互联网使信息渠道更加畅通,信息流爆的现象常常会发生在很多人身上,微信公众号、微信朋友圈、微博、小红书、淘宝直播等社交和电商平台,使信息从一些人那里以极快的速度传播到另外一些人那里,以致对部分商品和消费特别是新商品和消费,许多人不是靠自己实际所知,而是靠别人提供的信息和观点,甚至是没有切身消费新型商品和服务的人,可能会在别人消费的印象上,进一步把这些信息传播给下一拨人。这就催生了很多网红商品、网红店铺等,吸引大家纷纷去消费和打卡,而即使消费者实际消费完商品或服务以后并没有达到他们的心理预期,下一次再出现网红商品、网红店铺时部分消费者仍然会选择消费,这种现象的出现与网上支付的普及有着密不可分的联系。

综合以上网上支付对整体消费的影响效应进行的分析,提出假说4.3:网上支付的发展会刺激消费的增长。此假说将在第6章进行研究。

4.4.2 网上支付对居民消费结构的影响

居民消费行为会呈现出明显的周期性和阶段性特征(尉高师,2003),结婚、装修新房、买车、子女教育、养老、购置家用设备等,居民每隔一段时间就会面临所谓的"大额刚性支出"，根据本章将居民所有的消费分为大额的非日常刚性消费和小额的日常消费进行对比来看，网上支付可能更加有助于刺激小额的日常消费。

对于消费者来说，大额的非日常消费次数比较少，往往很长时间消费一次，即使支付不方便，这种消费毕竟次数少也是可以容忍的，日常生活中频繁接触的支付活动需要支付的便利性，如居民每天都要面对购买食品、乘车、超市购物等行为，使用互联网支付确实能大大提高效率、节省时间，如果每天面对的消费支付不方便，难免会影响消费者的消费热情，因此，网上支付的特性更适用于小额日常消费。同时，小额日常的支付不需要进行太过于慎重的考虑，当网上支付主要聚焦在日常小额消费时，日常小额消费的这种特性会使网上支付刺激消费的效应更好地发挥出来，因此，网上支付在提高交易效率的同时也会提高交易频率，刺激消费。总的来说，网上支付能使日常消费更方便从而促进日常消费，而日常消费又为网上支付发挥出优势，两者的特性互为对方发挥作用提供了条件，共同使刺激消费达到更大的程度。

综合以上网上支付对整体消费的影响效应分析，提出假说4.4：网上支付的发展对小额非耐用品消费的刺激效应相对比较大。此假说将在第6章进行研究。

4.5　网上支付对居民储蓄率的影响

在我国过去的十年宏观经济运行中，网上支付两个值得关注的现象，一个是网上支付发展迅猛，一个是居民储蓄率下降。网上支付作为互联网金融的基础，从诞生之初就得到了广泛的关注和高速的发展。根据中国人民银行发布的各年《支付体系运行总体情况》，2018年银行业金融机构电子支付交易额达到2539.7万亿元，2015年的增长率更是达到78.4%；根据艾瑞网统计的数据显示，2018年第三方移动支付交易规模金额达到190.5万亿元，2014~2018年每年的增长率分别为391.3%、103.5%、381.9%、104.7%、58.4%，增长势头强劲。同时我国的储蓄率长期处于较高的水平。如图1-1所示，展示了自1992年以来我国储蓄率的走势，从图1-1中可以看到，国民储蓄率和居民储

91

蓄率都经历了将近 20 年的增长，2010 年国民储蓄率高达 51%，而从 2011 年左右开始，我国储蓄率显示出下降的趋势，并经历了连续几年的下降。同时，居民储蓄余额增长率近年来也在低位徘徊，在波动中下降，2014 年和 2015 年的增长率更是下降至 10% 以下。本书排除在各个储蓄率影响因素在研究期间对储蓄率的影响效应，探究网上支付是否降低了居民储蓄率。

处在不同区域、拥有不同家庭情况和具有不同个人特征的居民，由于当地互联网发展水平、居民文化习惯对新生事物接受程度和对网上支付的需求程度等因素的影响，使网上支付的情况有所不同。不同的群体整体使用网上支付概率和网上支付金额不同，不同的消费类型使用网上支付概率和金额也会不同，这将导致网上支付对不同群体储蓄率的影响效应产生异质性，最终导致网上支付对储蓄结构产生影响。

现将网上支付对居民储蓄率的影响进行理论分析，在简单的经济理论模型基础上分析网上支付的使用，对居民消费储蓄行为产生的价格折扣效应、对传统支付消费替代效应和刺激效应，明确这三个影响效应的方向和大小，从而决定网上支付对居民储蓄率的影响，并进一步分析随着网上支付的发展，网上支付对储蓄率影响效应的动态变化。在分析了网上支付对居民储蓄率整体影响的基础上，还将网上支付对储蓄差异的影响进行研究，对城乡居民储蓄率差异、男女性别储蓄率差异、不同收入阶层储蓄率差异等进行基本事实描述，论述网上支付对各个维度的储蓄差异影响，最后提出假说。

4.5.1 网上支付对居民储蓄率的整体影响

以互联网为代表的信息技术的发展，是世界范围内的第三次信息技术革命，其中网上支付的普及和应用对居民的消费和储蓄行为产生了深刻的影响。现分别构建网上支付的使用对居民储蓄率影响和网上支付金额对居民储蓄率影响的理论模型，把网上支付对居民储蓄率的影响分三方面进行论述，一是价格折扣效应，二是对传统支付手段的替代效应，三是刺激消费效应。

1. 网上支付的使用对居民储蓄率的影响

一个家庭在一段时间内（假设是一年）的储蓄率表示为 $s = 1 - \dfrac{c}{y}$，其中，y 是家庭可支配收入，c 是家庭消费性支出。将家庭消费性支出分为现金传统支付的支出 c_j 和网上支付支出 c_h，则家庭储蓄率表示为 $s = 1 - \dfrac{c_j + c_h}{y}$，对于特定的家庭来说收入是固定不变的。

本部分主要分析网上支付手段的使用对家庭储蓄率的影响，简单地将网上支付使用前后的家庭储蓄率进行对比分析，对于特定家庭来说收入是固定的，因此，只对消费的前后变化进行分析。以 $c_{tj} + c_{th}$ 表示家庭的消费总量，下标 t = 1 代表使用网上支付之前，t = 2 表示使用网上支付之后，故而 $c_{1j} + c_{1h}$ 是使用网上支付之前的消费，$c_{2j} + c_{2h}$ 是使用网上支付之后的消费总额，显然在 t = 1 时由于未使用网上支付有 $c_{1h} = 0$。

将消费总量表示为消费价格与消费数量之积 $c = p \times x$，使用不同支付手段时消费价格不一，p_j 表示使用传统支付手段时的价格，p_h 表示使用网上支付时的价格，一般来说，由于供给方门店、人工等成本的节约，以及互联网的普及使需求方接触到供给方的增多，都会使网上支付的价格更低，因此，会使 $p_j > p_h$，而网上支付这种新型支付方式，势必对传统支付消费存在一定的挤压，会使 $x_{1j} > x_{2j}$。因此，使用网上支付之前的消费总量表示为：

$$c_{前} = c_{1j} + c_{1h} = p_j \times x_{1j} + p_h \times x_{1h} = p_j \times x_{1j} \tag{4.2}$$

使用网上支付之后的消费总量表示为：

$$c_{后} = c_{2j} + c_{2h} = p_j \times x_{2j} + p_h \times x_{2h} \tag{4.3}$$

使用网上支付之后的消费变化表示为：

$$\Delta c = c_{后} - c_{前} = p_j \times (x_{2j} - x_{1j}) + p_h \times x_{2h} \tag{4.4}$$

为了更方便地分析使用网上支付手段给消费者消费带来的变化，将消费分为三部分：未转移的传统支付消费、转移的传统支付消费和新增的网上支付消费。未转移的传统支付消费是指，出现网上支付的新支付手段之后仍然保留在传统支付领域的消费，即居民仍然习惯使用货币等传统支付方式交易的消费；转移的传统支付消费是指，由于新兴支付手段的出现，居民原本使用货币等传统支付方式的一部分消费转变为使用网上支付手段，这部分消费的数量不变，单纯只是支付方式的转变；新增的网上支付消费是指，网上支付的产生和普及给居民消费带来的刺激效应，具体包括在心理账户作用下使用网上支付手段之后，对原本消费类型数量的增加、互联网信息渠道的畅通和消费市场的完善，促使居民进行了新类型以及更高级类型的消费。使用网上支付前后的消费情况对比如图 4 - 3 所示。

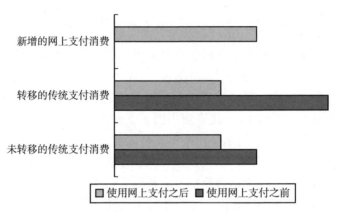

图 4 - 3　使用网上支付前后的消费情况对比

将使用网上支付之前的消费拆分为 $c_{前} = c_{1j} = c_{1pj} + c_{1qj}$，其中 c_{1pj} 表示转移的传统支付消费部分，c_{1qj} 表示未转移的传统支付消费部分。相应地将使用网上支付之后的消费拆分为 $c_{后} = c_{2j} + c_{2h} = c_{2qj} + c_{2ph} + c_{2xh}$，其中 c_{2qj} 表示网上支付出现之后未转移的消费，可知 $c_{2qj} = c_{2j}$，c_{2ph} 表示网上支付出现后从传统支付消费领域转移至网上支付消费领域的消费部分，c_{2xh} 表示网上支付的出现带来的新增消费。由此可知 $c_{2ph} + c_{2xh} = c_{2h}$，$c_{2ph} = c_{1pj}$。

在此分析的基础上，式（4.4）可以进一步地写成：

$$\Delta c = c_{后} - c_{前} = (p_h - p_j) \times x_{2ph} + p_j \times (x_{2qj} - x_{1qj}) + p_h \times x_{2xh}$$

$$(4.5)$$

从消费变化来看，网上支付的使用给消费带来的影响分为三部分。第一部分是 $(p_h - p_j) \times x_{2ph}$，符号为负。这部分表示为价格折扣效应，即新支付手段的使用对从传统支付手段中转移过来消费部分带来的价格折扣，降低了消费总额；第二部分是 $p_j \times (x_{2qj} - x_{1qj})$，符号为负。这部分表示对传统支付手段的替代效应，互联网的兴起掀起了网络消费热潮，同时也使传统消费模式受到了冲击，消费者在实体商店、集市等的一部分，在互联网时代不再被需要的消费会被取消，如去集市和实体商店的交通费等。第三部分是 $p_h \times x_{2xh}$，符号为正。这部分效应表示为刺激消费效应，即网上支付的普及由于心理账户的作用会刺激消费者进行更多的消费。从消费数量来说，不仅包括对同样商品服务类型进行更多数量的消费，还包括由于互联网的存在对使用传统支付方式时也不会消费的商品和服务类型进行消费；从消费金额上来说，不仅包括在原本收入水平下提高的消费金额，还包括了互联网消费信贷中贷款的金额。因此从总体上来说，网上支付的使用对消费带来的影响方向不确定，如果令 $\Delta c = 0$，可以得到 $x_{2h} = \dfrac{p_j}{p_h}(x_{1j} - x_{2j})$。网上支付对家庭储蓄率的影响机制图如图 4 - 4 所示。

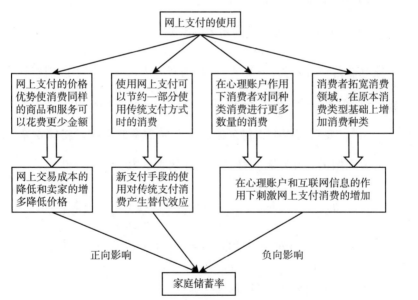

图 4 - 4　网上支付对家庭储蓄率的影响机制

因此得到以下结论：

一是使用网上支付前后如果单单只是支付方式的改变，消费数量完全不变，由于"价格折扣效应"的存在会使消费总量变低，从而使网上支付的使用对储蓄率有促进作用。

二是使用网上支付前后消费数量发生改变时，网上支付对家庭储蓄率的影响方向取决于网上支付金额的大小。当网上支付金额 x_{2h} 小于临界值 x_{2h}^* 时，即网上支付金额没有大到抵消价格折扣效应和对传统支付消费的替代效应时，网上支付的使用仍然对储蓄率有促进作用；当网上支付金额超过临界值 x_{2h}^* 时，网上支付的使用会对储蓄率产生抑制效应。

总之，对于大部分消费者来说，使用网上支付并不只是一种支付手段的改变，而是使用网上支付往往能带来价格折扣效应、对传统支付消费的替代效应和对居民消费产生刺激效应这三种效应。具体来说，在心理账户的作用下，网上支付对居民原本领域的消费量产生刺激效应，在互联网更方便、更快捷的信息渠道和更丰富的信息量影响下，往往还能使消费者拓宽消费领域，同时，互联网消费信贷帮助更多消费者特别是原本被"金融排斥"的中低收入消费者，缓解了流动性约束，为网上支付的刺激效应提供资金支持。

2. 网上支付金额对居民储蓄率的影响

家庭储蓄率表示为 $s = 1 - \dfrac{c}{y}$，将消费分为传统支付手段消费和网上支付手段消费，进一步地将储蓄率表示为 $s(c_j, c_h, y) = 1 - \dfrac{c_j(c_h) + c_h}{y}$，要探究网上支付金额对家庭储蓄率的影响，将储蓄率对网上支付金额做偏导并判断其符号，偏导数表示为：

$$\frac{\partial s}{\partial c_h} = -\frac{1 + \dfrac{\partial c_j}{\partial c_h}}{y} = \lim_{\Delta c_h \to \infty} \frac{c_j(c_h) - c_j(c_h + \Delta c_h) - \Delta c_h}{y \times \Delta c_h}$$

同样地将 $t = 1$ 表示为改变前，$t = 2$ 表示为改变后，于是：

$$c_{1j} = c_j(c_{1h}), \quad c_{2j} = c_j(c_{2h}) c_{2h} = c_{1h} + \Delta c_h$$

上面偏导数的分子改写为：

$$c_{1j} - c_{2j} - \Delta c_h$$

已知有 $c = p \times x$，如果将商品分为各种类型（衣物、食品、家居、医疗……，每一个大的消费类型继续有全麦面包、白面包等更加细的分类），价格可写成向量形式 $p = (p_1, p_2, \cdots, p_n)$，同样的商品数量也可写成 $x = (x_1, x_2, \cdots, x_n)$，消费总量则为各类消费加总 $c = \displaystyle\sum_{i=1}^{n} p_i \times x_i$。

在 1 - i 类消费中，微观个体不会对每一种类型都进行消费，一般认为网上支付消费类型比传统支付消费类型更广，因此，假设该微观个体使用传统支付方可进行 1 - k 种消费，网上支付方式消费 1 - n 中消费类型，所以，对于 1 - k 种消费，居民既可以选择传统支付也可以选择网上支付方式。

因此，偏导的分子式可写成：

$$c_{1j} - c_{2j} - \Delta c_h = \sum_{i=1}^{k} p_i(x_{1ji} - x_{2ji}) + \sum_{i=1}^{n} p_h(x_{1hi} - x_{2hi}) \quad (4.6)$$

从偏导数的表达可以看到，网上支付金额的增长对家庭储蓄率的影响符号和影响大小，取决于增加的网上支付金额对传统支付金额的影响，实际上是取决于网上支付使用在哪个消费领域。

与前面作出类似的结论，假设网上支付和传统支付时商品的价格没有变化，则有 $p_j = p_h$，这意味着网上支付金额的改变造成的影响，只是有一部分消费从使用传统支付手段转移到使用网上支付手段，消费数量没有发生任何改变，在这种情况下，网上支付金额对储蓄率没有任何影响。但一般来说，网上支付时的价格往往低于传统支付价格，因此，如果增加的网上支付金额不是用于开拓新的消费领域，而网上支付金额增量带来的消费刺激效应，低于价格折扣效应和替代传统支付效应之和时，网上支付对储蓄率的影响是正向，如果网上支付消费增量带来刺激效应，高于价格折扣效应加上替代效应的话，网上支付对储蓄率的影响是负向。如果增加的网上支付金额使用在传统支付不能进行的新消费领域，网上支付金额的上升会对储蓄率产生负向作用。

从实质上看，网上支付常常使消费者在其原本的消费类型基础上，进行消费的拓展和升级。使用传统支付方式时，居民往往只能在以住所、工作单位为圆心，一般在距离为半径的活动范围内进行购物和消费，在当地的市场、超市等提供的商品和服务范围内进行消费，如果需要超出这个活动范围进行消费，就要花费更多的时间和精力以及交通等费用，这在一定程度上压抑了居民的消费欲望。网上支付的兴起使居民在电脑上或者手机上，可以在更大范围内挑选物品，冲破时间的限制，不花费交通时间就可以在互联网终端上非常便捷地进行消费，还可以进行互联网预购、约定送货时间。冲破空间的限制，跨地域地进行以前受到地域因素限制的消费，这些都使网上支付的使用不仅仅是同样类型、同样数量商品的支付方式转移，而且在这个转移过程中是对消费数量产

97

生了一定的提升，释放了一部分原本被限制的消费。另外，互联网时代使很多人处于爆炸的信息流中，微信公众号、社交账号、电商平台和各类软件每天以各种各样的形式带给人们的信息量，与以前只通过人之间相传和传统媒体形式的信息量不属于同一个数量级。发展到今天，在众多信息中，有相当一部分背后带有营销的目的，博主软文和淘宝直播以图片、文字、声音各种形式刺激着居民的视觉、听觉，带来号称有塑造新形象、享受新折扣、新功能、带来新体验的商品，在各种各样的信息轰炸下，居民发现了更多以往不知道的新种类、新品牌、新出产地的新商品，进行了更多的消费，同时，在社交网络的攀比氛围的作用下，网上支付不仅是同一类型消费程度的加深，而且是消费类型的拓展。网上支付看上去只是一种表现形式，最终体现出来的是居民使用网上支付花费了多少金额，而事实上，网上支付的普及得力于互联网信息渠道、电商平台服务、物流服务、互联网消费信贷的不断完善而给予的大力支持，各项业务的发展共同促成了网上支付业务的兴盛。初期网上支付得到发展是因为与传统支付相比网上支付具有价格优势，因此，即使在相关法律支持、售后服务和物流服务不是很健全的情况下，居民也愿意尝试网上支付，这个阶段由于折扣效应占主导，网上支付带给储蓄率的影响可能是正向的。随着网上支付的发展，在互联网消费信贷等其他服务的条件下，网上支付覆盖的消费类型越来越广，使用的人群规模越来越大，居民使用网上支付的广度和深度都有所加大，居民使用网上支付金额不断上升，从单纯的支付方式的改变转化到同时对消费产生了刺激效应，网上支付刺激效应逐渐变大。网上支付基于以上分析的价格折扣效应、对传统支付消费的替代效应和对居民消费产生刺激效应这三种效应对家庭储蓄率产生影响，影响效应符号有待下一步验证。在此提出假说 4.5：网上支付能抑制储蓄率的增长。

4.5.2　网上支付对居民储蓄率影响效应的动态变化

网上支付作为一种新兴技术，被居民接受和普及需要一定的时间。随着网上支付业务在我国的普及，家庭网上支付金额不断上升，但增长速度却经历一个倒"U"形的趋势，即从发展前期的快速增长到发展后期的平缓增长，直到网上业务渗透率达到较高的水平，成为不同区域、不同家庭主流的支付方式之一的时候，网上支付的业务增长达到了饱和。网上支付业务具有外部经济效应和规模效应（谢平和刘海二，2012），随着网上支付业务覆盖面的扩大，支付交易体系逐步健全，网上支付更加便利和安全，居民使用网上支付的效应得到提高，这进一步刺激了更多居民更频繁地使用网上支付，从而扩大了使用人群，网上支付对消费的刺激效应得到增强，同时对家庭储蓄率的抑制效应也得到了增强，但该抑制效应不会一直保持增强的态势，而是会达到饱和点，因为，当网上支付普及程度达到较高水平之后，居民的消费习惯倾向会保持稳定，消费金额在传统支付手段和网上支付手段之间的分配会趋于稳定，这时网上支付对家庭储蓄率的抑制效应会不断减小，这也符合一切新兴技术和新生事物的发展规律。总的来看，随着网上支付的不断普及，网上支付对家庭储蓄率的抑制效应会不断上升，直到网上支付普及程度达到一定水平之后，该抑制效应才会出现下降的趋势。因此，结合文献回顾和上述理论分析，提出假说4.6：网上支付的发展对储蓄率的抑制效应随着网上支付的发展会呈现出倒"U"形变化。

4.5.3 网上支付对储蓄率差异的影响

从图4-5中可以看到，近十年来，我国城镇居民储蓄率均一直处于增长的趋势，而农村储蓄率则处于下降的趋势，并且城市和农村储蓄差异还在继续扩大。

图4-6显示了不同性别的户主储蓄率均值，从图4-6中可以看到，男性户主储蓄率高于女性户主储蓄率。表4-1显示了不同户主年龄阶段的储蓄率均值，计算储蓄率均值时均去掉了样本中的极值样本，将储蓄率控制在［-2，2］的范围内。从表中可以看出，家庭储蓄率随着户主年龄的增长呈现出两个变化阶段，户主年龄在"70后"的家庭样本中，家庭储蓄率先上升后下降，户主年龄大于"70后"的家庭样本中，家庭储蓄率一直上升。这主要是由于随着户主年龄增长收入在不断上升，而在户主50岁以前家庭支出也在不断上升，在50岁之后家庭负担逐渐减轻。

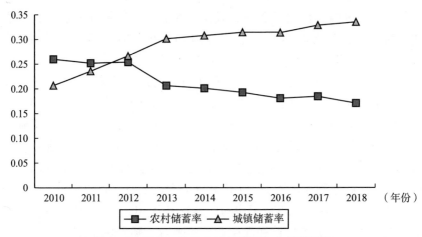

图 4 – 5　2010～2018 年我国城镇和农村储蓄率

资料来源:《中国统计年鉴》。

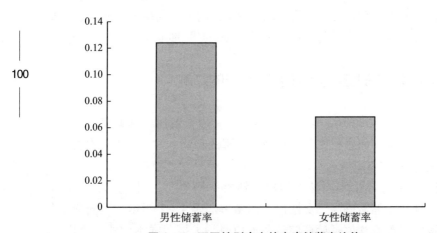

图 4 – 6　不同性别户主的家庭储蓄率均值

资料来源:2014 年、2016 年和 2018 年中国家庭追踪调查 (CFPS)。

表 4 – 1　　　　　　　　　户主各年龄段的家庭储蓄率均值

年龄段	"90 后"	"80 后"	"70 后"	"60 后"	"60 前"
储蓄率	0.059	0.084	0.053	0.148	0.167
样本量	1659	2540	3535	2884	1736

表 4 – 2 显示了不同收入阶层的收入、消费以及储蓄率均值,从

表4-2中可以看到，随着家庭收入阶层的上升，家庭收入和消费均在增长，而由于收入的增长速度快于消费的增长速度，导致了不同阶层收入的储蓄差异，收入越高的居民储蓄率越高。表4-3显示了不同教育程度的居民存在储蓄差异，整体来说，随着教育水平的上升，储蓄率会上升。

表4-2 不同收入阶层的收入、消费和储蓄率均值

收入阶层	收入最低25%	收入中低25%	收入中高25%	收入最高25%
收入（元）	30756.3	58650.6	90947.7	246093.9
消费（元）	36083.8	53404.5	73585.2	129063.0
储蓄率	-0.242	0.083	0.188	0.349
样本量	3080	3031	3138	3105

表4-3 不同教育程度的收入、消费和储蓄率均值

教育程度	文盲	小学	中学	高中	大学及以上
收入（元）	67799.2	83410.5	103530.5	109953.9	165080.7
消费（元）	49579.9	59537.3	68679.9	78535.2	107987.1
储蓄率	0.089	0.081	0.082	0.113	0.122
样本量	1358	2394	4028	2573	2001

现有对储蓄率的研究多从总量储蓄率的角度入手，本书从基本事实描述的角度呈现了各个维度（户籍、性别、收入、教育程度等）的储蓄率差异。而具有不同个体特征的微观个体对网上支付的接受程度有所不同，进一步地说，不同微观个体将网上支付分配在各个消费领域的情况也有所不同，因而网上支付对不同微观个体产生了不同的价格折扣效应、传统支付消费替代效应以及刺激效应，导致了网上支付对储蓄率差异的影响。为此提出假说4.7：网上支付对储蓄差异会产生影响。

以上提出的假说4.5将在第7章和第8章进行证明，假说4.6和假说4.7将在第8章进行详细的理论梳理和实证检验。

第 5 章　居民网上支付的
使用意愿分析

　　网上支付自诞生之初就以极快的速度发展，直到今天还保持着快速发展的态势，从发展情况来看，未来网上支付的使用范围会越来越广，使用的人数会越来越多，或有可能完全取代现金和银行卡等支付方式。尽管现在网上支付有着一定的普及程度，且未来将有广阔的发展空间，但是，目前网上支付的发展还未达到极高的水平，也没有达到取代现金和银行卡的程度。如家庭金融调查数据（CHFS，2017）的调查项问："您和您家人购物时常用的支付方式有哪些？"样本显示回答使用电脑支付的家庭仅占总样本的 10.88%，回答使用手机、平板电脑等移动终端支付的家庭占总样本的 27.85%。在我国电脑宽带、手机信号等互联网基础设施整体较为完善和网上支付这项新技术基本上不存在供给障碍的背景下，消费者对网上支付这项新兴技术的使用意愿成为推动网上支付发展的关键。上一章在宏观层面上从统计数据的角度，对网上支付使用情况进行了分析，本章将更为深入地了解和分析居民网上支付使用的影响因素，将在理论层面上构建居民对网上支付的技术接受模型，从微观层面对具有不同个体特征的居民使用网上支付情况的异质性进行数据描述，在理论和数据描述基础上，厘清影响网上支付使用意愿的各个因素及其作用机制，并将基于 CFPS（2016）和 CHFS（2017）微观数据进行实证证明。

5.1　我国居民使用网上支付现状

5.1.1　数据来源

选择中国金融动态追踪调查数据（CFPS，2016）和中国家庭金融数据（CHFS，2017）对网上支付使用的影响因素进行研究。

中国家庭追踪调查（CFPS）是通过跟踪收集个体、家庭、社区三个层次的数据，反映了中国社会、经济、人口、教育和健康的变迁，为学术研究和公共政策分析提供数据基础。CFPS 是由北京大学中国社会科学调查中心（ISSS）实施，这个项目采用计算机辅助调查技术开展访问，以满足多样化的设计需求，提高访问效率，保证数据质量，是北京大学和国家自然基金委资助的重大项目。CFPS 于 2008 年和 2009 年连续两年在北京市、上海市、广东省三地分别开展了初访与追访的测试调查，并于 2010 年正式开展访问。经 2010 年基线调查界定出来的所有基线家庭成员，和其以后的血缘/领养子女作为 CFPS 的基因成员，成为永久追踪的对象。CFPS 调查问卷共有社区问卷、家庭问卷、成人问卷和少儿问卷四种主体问卷类型，并不断发展出针对不同性质家庭成员的长问卷、短问卷、代答问卷、电访问卷等多种问卷类型，最终形成社区情况、家庭成员确定、家庭经济情况、成人个体和少儿个体五个数据库。CFPS 问卷内容包括，社区的基础设施与环境、人口、住房、交通、医疗、财务、社会保障和食品价格等信息；家庭的收入、支出和资产等信息；成人个体的基本信息、兄弟姐妹、教育、婚姻、工作、退休和养老、手机和网络使用、健康、行为和精神状态、认知能力等信息；少儿个体的基本信息、日常生活、健康、教育、父母养育观、上学、培训辅导、主观态度等信息。

中国家庭金融调查（CHFS）是由西南财经大学中国家庭金融调查与研究中心组织进行，通过科学的抽样，采取现代的调查技术和调查管理手段，在全国范围内收集关于家庭资产、负债、收入支出、社会保障和保险等方面的信息为国内外的研究学者提供研究中国问题的高质量的微观数据。CHFS 自 2009 年开展工作，每两年进行一次中国家庭金融调查，现已经在 2011 年、2013 年、2015 年和 2017 年四次成功实施全国范围内的家庭随机抽样调查。以本章使用的 2017 年数据为例，2017 年第四轮调查样本覆盖全国 29 个省份，355 个县（市、区），1428 个村（居）委会，样本规模为 40011 户。

就本章的研究主题而言，CFPS（2016）提供了以个人为单位使用网上支付的情况，并且详尽地考察了居民收入、性别、年龄、受教育程度、依赖互联网程度等个体特征，家庭收入、支出等家庭特征。CHFS（2017）则提供了以家庭为单位使用网上支付的情况，同时也提供了居民年龄、性别等个体特征，家庭离收快递点距离等家庭信息。两个微观数据库能分别从个体和家庭的层面提供了良好的数据支持。为计量方便，本书仅保留了 CHFS（2017）的户主信息，并将 CFPS（2016）中的个体网上支付情况按照家庭为单位进行加总，进行了稳健性检验。

5.1.2　现状分析

基于上一节的理论和得到的数据，对具有不同个体特征的消费者使用网上支付异质性进行分析。

1. 性别比较

通常情况下，不同性别的个体对网上支付的接受程度和需求程度不同，相比于男性，女性消费观念往往更加感性，平时进行网上购物的需求意愿也更大。现在京东、淘宝、苏宁、盒马生鲜等各大电商平台覆盖地域越来越广，提供的消费品种类也越来越多元化，进行网上购物和网上支付也需要居民付出一定的时间适应和选择，女性可能对网上支付的需求更大，使用网上支付也会更多。网上支付需要收入和资产作为基础，男性的平均收入高于女性，男性购买大额耐用品的概率可能会高于女性。由此可知，男性和女性在网上支付的使用上可能存在性别异质性。CHFS（2017）的数据显示，女性为户主的家庭网上支付的接受程度为 31.26%，比男性为户主家庭网上支付的接受程度的 27% 略高，CFPS（2016）的数据同样显示，在女性个体样本中进行网上购物的个体占据总样本的 32.02%，比男性样本中使用网上购物的个体占据总样本的30.47%也略高，从两个数据库的数据来看，网上支付对男女性别的覆盖程度相差不大，女性对网上支付的使用广度略高于男性。图5-1分别展示了户主为男性或者女性时，家庭使用电脑终端或者手机进行网上支付金额的月份均值和个体为男性或者女性时，进行网上支付金额的年份均值，从图5-1中可以看到，不管是从家庭层面还是个体层面，男性样本的均值均大于女性样本均值，男性对网上支付的使用深度大于女性。

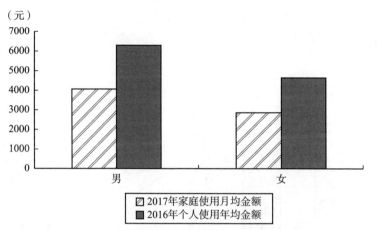

图 5-1　不同性别居民网上支付的使用金额对比

资料来源：2016 年中国家庭追踪调查（CFPS）和 2017 年中国家庭金融调查数据（CHFS）。

2. 年龄比较

作为依赖互联网技术的互联网业务，网上支付对居民的普及情况会受到年龄的影响。图5-2显示出"00后""90后""80后""70后""60后"和"60前"各个年龄阶段居民对网上支付的使用情况，其中，家庭使用月平均额是基于中国家庭金融数据（CHFS，2017），代表的是2017年不同年龄阶段居民为户主的家庭网上支付月平均交易额；家庭使用率同样基于CHFS（2017），代表的是2017年以户主年龄为基础划分样本，各不同年龄阶段样本中使用网上支付家庭占总样本的比重。个人网上支付金额年平均额是基于中国金融动态追踪数据CFPS（2016），表达的则是不同年龄阶段居民个体网上支付年平均总额，个体使用率代表的是2016年各个不同年龄阶段样本中，进行网上购物个体占据整个样本的比重。可以直观地看到，不管是家庭使用率还是个体使用率均呈现出倒"U"形的规律，"90后"的使用率最高，其次是"00后"和"80后"，自"80后"开始，随着年龄的增长大致呈现出递减的趋势。同时，可以观察到，"80后"和"90后"是进行网上购物交易金额最高的群体。受到居民观念和对互联网学习能力等因素的影响，随着年龄的增长，居民对网上支付这种新兴技术的接受程度逐渐下降；同时，网上支付的进行需要一定的收入作为基础，年轻人为了节约时间、精力以及对消费选择范围有着更高的要求。接受程度和需求程度两个因素共同影响居民对网上支付的使用情况，造成了"90后"和"80后"居民是使用网上支付的主力，整体呈现倒"U"形的局面。

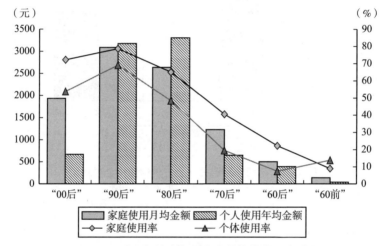

图5-2 不同年龄阶段网上支付的使用程度对比

资料来源：2016年中国家庭追踪调查（CFPS）和2017年中国家庭金融调查数据（CHFS）。

3. 教育程度比较

作为依赖互联网技术的网上支付，对居民的普及情况也会受到教育程度的影响。图5-3显示出未上过学、小学、初中、高中和中专、大专、大学本科、硕士生研究生和博士研究生等，不同的教育水平居民对网上支付的使用情况的影响，与前面一样，家庭网上支付月平均额是基于中国家庭金融数据CHFS（2017），代表的是2017年不同受教育程度居民为户主的家庭网上支付月平均交易额；家庭使用率同样基于CHFS

（2017），代表的是 2017 年以户主受教育程度为基础划分样本，各不同受教育程度样本中使用网上支付家庭占总样本的比重。个人网上支付金额年平均额是基于中国金融动态追踪数据 CFPS（2016），表达的则是不同受教育程度居民个体网上支付年平均总额，个体使用率代表的是 2016 年各个不同受教育程度样本中进行网上支付个体占据整个样本的比重。从图 5–3 可以很直观地看出，随着户主教育水平和个体教育水平的上升，家庭和个体网上支付及网上支付金额在不断升高。受教育年限越高的居民，思想意识越有前瞻性，越愿意尝试新生事物，越能接受自 2011 年来兴起的网上支付；同时受教育程度越高的居民，学习互联网相关知识的能力也越强，越能更快地使用网上支付。

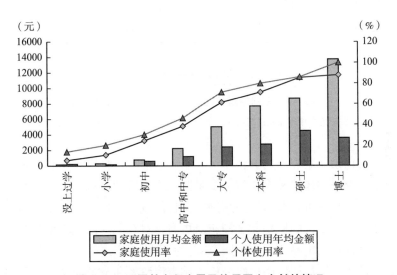

图 5–3　不同教育程度居民使用网上支付的情况

资料来源：2016 年中国家庭追踪调查（CFPS）和 2017 年中国家庭金融调查数据（CHFS）。

4. 婚姻状况比较

基于 CFPS（2016）的个体网上支付数据描绘的图 5–4 给出了不同婚姻状况的居民个体进行网上购物的数据。从图 5–4 中不难看出，未婚个体使用网上支付的比例远远高于已婚个体使用网上支付的比例，这可能是因为未婚个体的消费观念相对开放，同时可以看到，未婚个体进行网上支付的金额也高于已婚个体进行网上支付的金额。而如果分别将

107

已婚样本和未婚样本中，不使用网上支付手段的样本剔除之后再分析求均值的话，已婚样本的均值为 5478.77，未婚样本的均值则为 5075.83，已婚个体使用网上支付金额略高于未婚个体。

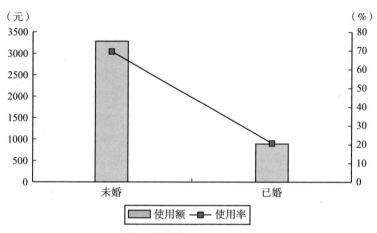

图 5 - 4　不同婚姻状况居民使用网上支付的情况

资料来源：2016 年中国家庭追踪调查（CFPS）和 2017 年中国家庭金融调查数据（CHFS）。

　　本书在第 4 章提出的假说 4.1 和 4.2 基础上，将网上支付的使用影响因素分为外部环境和个体特征变量两大类进行理论预期：一是从外部环境层面进行分析，即居民使用网上支付的成本。拥有互联网设备的消费者使用网上支付的概率和金额相对更高，对互联网依赖程度越高和快递点离家越近的消费者使用网上支付的频次和网上支付的消费金额越高。二是从个体特征层面进行分析，城市消费者和未婚消费者使用网上支付的概率和网上支付金额比农村消费者和已婚消费者高；年龄越小、收入越高和受教育水平越高的消费者使用网上支付的概率和网上支付的金额越高。其具体表现为：

　　第一，家庭拥有电脑或手机这一类型的互联网设备为个体使用网上支付提供了物质基础，拥有互联网设备有助于提高个体使用网上支付的概率和网上支付的金额。学习和接受网上支付这一新兴技术还需要花费个体时间成本，一般来说，对互联网依赖程度越深的个体，平时使用互联网越频繁，相应对互联网相关知识也越熟悉，使用网上支付的可能性就越大。另外，网上支付中的相当一部分来自网上购物，在网上购物后收到货物或者进行退、换货服务都需要后续的物流服务，快递点离家越远，收货和退、换货就越不方便，与普通购物相比，网上购物能有效节省居民的时间和精力，缩短快递点离家的距离有助于进一步提高网上支付的便捷性，降低网上支付的时间成本，提高居民使用网上支付的概率和使用金额。因此，拥有互联网设备、对互联网的依赖程度的提高和快递点离家距离的缩短均有助于提高居民使用网上支付的概率和网上支付的金额。

第二，随着城市生活节奏的加快，从网上支付的便利性角度来说，网上支付节约时间和精力对生活节奏快的城市消费者更加可贵。同时，城市消费者面对的信息量更大，相比农民，城市的个体和家庭接触新事物更多，思想更开放，对网上支付这一新生事物应当接受得更快、更好。城市居民经济条件相对较好，互联网设备更齐全，互联网基础设施更好，为他们使用网上支付提供了坚实的物质基础。结合图3-7中数据分析，城市的个体和家庭使用网上支付的概率和使用网上支付金额大于农村的个体和家庭。

第三，相比于男性，女性对网上支付的需求更大，女性消费观念更加感性，网上支付可以节约很多原本女性需要去逛商场的时间；从供给端来看，初期的电商平台主要也是以女性衣物、化妆品等为主要销售物品，目标人群是女性，这两方面的因素均会导致女性比男性使用网上支付的概率更大。但是，经过近十年的发展，电商平台和网上支付的覆盖面均在不断扩大。在网上支付发展的早期女性使用网上支付的概率明显高于男性，然而男性使用网上支付的概率正呈逐步上升的趋势。根据2017年的数据显示，女性使用网上支付的概率略高于男性，因此可以认为，女性使用网上支付的概率大于男性，男性可能是网上支付使用人群的后起之秀。很多男性初期觉得网上支付麻烦，对网上支付表现出抵触的态度，但是该群体一旦接受网上支付，便会发现网上支付方便、节约时间、优惠力度大等优势，理性的消费观会使他们选择网上支付，结合图5-1的数据描述，男性比女性花在网上支付的金额更高，综合以上分析认为性别对网上支付情况的影响方向不确定。

第四，相比于年长的个体，年轻人对新生事物的接受能力要强，对风险规避程度相对较低，愿意冒险尝试新的事物，年轻人对各类型商品的需求量也相对更大，消费观念也不像老年人那么谨慎，比较超前；另

109

一方面网上支付需要一定的收入作为基础支撑，一般来说，年龄越大的个体收入越高，两个因素的影响使不同年龄阶段个体对网上支付的接受程度呈现出倒"U"形，图 5 - 2 中显示，"80 后"和"90 后"是使用网上支付的主力军，因此可以说，不同年龄阶段居民对网上支付接受程度呈现倒"U"形，大体上呈现下降趋势。

第五，收入对居民使用网上支付情况具有重要的影响，可以说收入越高的个体和家庭使用网上支付的概率和金额就越高。受教育程度越高的居民，思想意识越具有前瞻性，越愿意接受新生事物，学习网上支付的能力也越强，结合图 5 - 3 中的情况，可以认为，学历越高的个体网上支付概率和网上支付金额就越高。

第六，一般来说，已婚个体家庭开支相对比较大，因此，花钱更加谨慎，对风险规避程度相对较高，加上已婚个体维持家庭事务繁多，缺乏充足的时间和精力去接受网上支付这一新兴技术，相反未婚个体家庭负担较小，相对有时间、精力和意愿去使用网上支付，结合图 5 - 4 中的数据描述认为，未婚个体使用网上支付的概率和支付的金额均高于已婚个体。

5.2 模型的设定和描述性统计

5.2.1 模型的设定

因变量 y "过去一年中是否会使用网上支付"为 0 ~ 1 变量，是典型的离散数据，为此，采用二值 Logistic 模型进行实证估计，以个体为例，个体对网上支付的选择只有是和否两种选择，则模型可以表示为：

$$P(y = 1 \mid x) = F(x, \beta) = \beta_0 + \beta_1 tezheng + \beta_2 chengben \quad (5.1)$$
$$P(y = 0 \mid x) = 1 - F(x, \beta) = 1 - (\beta_0 + \beta_1 tezheng + \beta_2 chengben)$$
$$(5.2)$$

其中，β_0 为常数项，β_1 和 β_2 分别为个人特征和成本变量的待估系数，$F(x, \beta)$ 为逻辑分布（Logistic distribution）的累积分布函数，在此基础上，模型可以进一步写成：

$$P(y=1 \mid x) = F(x, \beta) = \frac{\exp(\beta_0 + \beta_1 tezheng + \beta_2 chengben)}{1 + \exp(\beta_0 + \beta_1 tezheng + \beta_2 chengben)}$$
$$(5.3)$$

$$P(y=0 \mid x) = 1 - F(x, \beta) = \frac{1}{1 + \exp(\beta_0 + \beta_1 tezheng + \beta_2 chengben)}$$
$$(5.4)$$

将上面两个模型相除可以进一步得到：

$$\frac{P(y=1 \mid x)}{P(y=0 \mid x)} = \exp(\beta_0 + \beta_1 tezheng + \beta_2 chengben) \qquad (5.5)$$

将模型（5.5）两边同时取对数，并进行相应的转换，得到最终回归模型：

$$\ln\left(\frac{p_i}{1 - p_i}\right) = y_i = \beta_0 + \beta_1 tezheng_i + \beta_2 chengben_i + u_i \qquad (5.6)$$

模型（5.6）的个体是否使用网上支付的计量模型，p_i 是使用网上支付的概率，$\frac{p_i}{1 - p_i}$ 则表示使用网上支付的机会比例，取对数用 y_i 表示，为"过去一年中是否会使用网上支付"，解释变量 tezheng 为个体特征变量，包括收入、性别、年龄、年龄平方、教育程度和婚姻状况。chengben 为个体使用网上支付的成本，包括是否拥有互联网设备、对互联网依赖程度和快递点离家的距离，其中，是否拥有互联网设备为个体使用网上支付的货币成本，拥有互联网设备为个体使用网上支付提供物质上的基础和便利；对互联网依赖程度是个体使用网上支付的非货币成本，对互联网依赖程度越高的个体平时使用互联网的频率越高，对熟悉和使用新兴技术的网上支付需要花费的时间和精力就越少；变量快递点离家距离衡量的是网上支付带来方便的相关服务水平，快递点离家越近使用网上支付带来的效用越高。

为了从微观层面上考察个体网上支付使用金额的影响因素，构建计量模型如下：

$$ip_i = \beta_0 + \beta_1 tezheng_i + \beta_2 chengben_i + u_i \qquad (5.7)$$

模型（5.7）是个体使用网上支付交易金额的计量模型，因变量 ip 为"过去一年中使用网上支付手段花费金额"，解释变量和模型（5.6）中相同。

$$yf_i = \beta_0 + \beta_1 tezheng_i + \beta_2 chengben_i + u_i \qquad (5.8)$$

模型（5.8）是家庭是否使用网上支付的计量模型，因变量 yf 为"家庭成员中是否会使用网上支付"，解释变量和模型（5.6）中类似，个体特征变量由家庭户主作为代表，家庭收入替换模型（5.6）中的个体收入。

$$ipf_i = \beta_0 + \beta_1 tezheng_i + \beta_2 chengben_i + u_i \qquad (5.9)$$

模型（5.9）是家庭使用网上支付交易金额的计量模型，因变量 ipf 为"过去一个月中家庭使用网上支付手段花费金额"，解释变量和模型（5.8）中相同。

5.2.2 重要变量的说明和统计性描述

1. 被解释变量

个人层面的数据来自 CFPS（2016），其关于居民使用网上支付的调查项为："过去 12 个月中，您网上购物（含网上缴费）总共花了多少钱？"，根据该问题构建了变量 y "是否使用网上支付"，如果使用网上支付即上述问题答案不为 0 则 y 取 1，如果不使用网上支付即上述答案为 0 则 y 就取 0。由于被解释变量为二元变量，即使用 Logistic 模型进行计量研究。根据上述问题，构建了变量 ip "使用网上支付手段花费金额"，剔除 ip = 0 的样本，取对值进行 OLS 回归。

家庭层面的数据来自 CHFS（2017），该调查问卷关于家庭使用网上支付的调查项为："您和您家人在购物时（包括网购），一般会使用以下哪些支付方式？（可多选）"，通过这个问题设置变量 yf "家庭成员是否使用网上支付"，将对该问题选择"通过电脑支付（包括网银、支付宝等）"或"通过手机、Pad 等移动终端支付（包括支付宝 APP、微信支付、手机银行、Apple Pay）"的家庭设置为 1，对这两个选项均没有选择的家庭设为 0，同样使用 Logistic 模型进行研究。CHFS（2017）调查问卷中问道："上个月，您家通过电脑支付和移动中国支付消费共多少钱"，通过这个问题，本章设置变量 ipf "家庭使用网上支付花费金额"，同样提出 ipf = 0 的样本，取对值之后进行 OLS 回归。

2. 个体特征变量

模型中个体特征变量选择了年收入、户籍、性别、年龄、教育程度、婚姻程度和风险规避程度。其中，模型（5.6）和模型（5.7）中选择的是个体工作总收入，模型（5.8）和模型（5.9）中选择的是家庭总收入，包括，整体家庭经营性收入、工资性收入、转移性收入等；模型（5.6）和模型（5.7）中选择的均是个体本身的个体特征，模型（5.8）和（5.9）中选择的均是家庭户主的个体特征。CHFS（2017）中对居民户籍划分是，农村 = 1，城镇 = 0，CFPS（2016）中对居民户籍划分标准却为：城镇 = 1，农村 = 2，为了方便后续的计量分析，将两个数据库的户籍变量均统一为农村 = 1，城镇 = 0。CHFS 调查问卷中，对居民性别的统计标准是男性设置为 1，女性设置为 2，CFPS 调查问卷中对居民性别的统计标准是男性设置为 1，女性设置为 0，为了便于后续的计量分析，均将个体性别统一为：男性设置为 1，女性设置为 2。CHFS 调查问卷中，关于个体教育程度的调查项为："您的文化程度是什么？"回答选项从高到低分别为没上过学、小学、初中、高中、中专/职高、大专/高职、大学本科、硕士研究生、博士研究生；CFPS 调查问卷中，对教育程度的调查项为："您的最高学历为？"选项从高到低分别为：文盲/半文盲、小学、初中、高中/中专/技校/职高、大专、大学本科、硕士研究生、博士研究生。同样，将 CHFS 数据库中的高中学历和中专/职高学历合并在一起，与 CFPS 数据库中统一。

使用网上支付成本变量。此类变量是衡量居民使用网上支付需要付出成本大小的各个变量。对于是否拥有互联网设备的考察，CHFS（2017）对居民家庭拥有耐用品情况进行了调查，选项包括手机、电视机、洗衣机、冰箱、电子计算机/电脑、组合音响、热水器、家电等，如果个体选择了手机或者电子计算机/电脑，便认为他拥有互联网设备，即可作为进行网上支付的设备，本章将变量设置为 1，如果没有的话就设置为 0。CFPS（2016）中有一个问题，"你是否使用手机"，本章以是否使用手机作为是否有互联网设备的替代变量，同样，如果使用的话就将变量设置为 1，不使用的话设置为 0。

对居民使用互联网的依赖程度的考察，本章以两个数据库中对居民信息渠道的考察来表示。CFPS（2016）中相应的调查项为："互联网对你获取信息的重要性是？"选择选项 1~5 表示重要性的递增，1 代表非常不重要，5 代表非常重要。此变量数值越大，代表居民对互联网的依赖程度越大。CHFS（2017）中相应的调查项为："您关注财经类新闻的渠道是?"选项分别为财经类 App、互联网手机类浏览网页、电视、报纸等传统媒介和参加财经类名人讲座、课程培训或论坛等。如果居民选择了财经类 App 或互联网手机类浏览网页,则认为他比较熟悉互联网。

对于 CHFS(2017)中有对快递点离家距离的调查,网上支付中很大一部分是用来网上购物,网上购物相应的物流服务对居民网上支付得到的效用有很重要的影响,因此认为,快递点离家越近,居民进行取货和退、换货越方便,网上支付带给居民的效用就越高,个体越有可能使用网上支付。

表 5-1 分别针对两个数据样本进行了描述性统计。2016 年中国家庭追踪调查(CFPS)提供了个体居民使用网上支付的数据来源,2017 年中国家庭金融调查数据(CHFS)提供了家庭使用网上支付的数据来源。

表 5-1 变量的描述性统计

变量	定义	观测值	均值	标准差	最小值	最大值
CPFS(2016)个体数据						
y	是否使用网上支付手段	6011	0.337	0.473	0	1
ip	过去一年网上支付金额(元)	6011	1730.758	11783.66	0	719800
inc	个人年收入(元)	6011	21649.65	137440	0	10300000
ur	户籍(城镇=0,农村=1)	6011	0.512	0.499	0	1
gen	性别(男人=1,女人=2)	6011	1.468	0.499	1	2
age	年龄	6011	40.571	15.118	18	91
edu	受教育水平	6011	2.838	1.294	1	7
mar	婚姻状况	6011	1.709	0.454	1	2
shebei	互联网设备	6011	0.936	0.245	0	1
yilai	互联网依赖程度	6011	2.926	1.647	1	5
CHFS(2017)家庭数据						
yf	是否使用网上支付手段	11660	0.653	0.476	0	1
ipf	过去一个月网上支付金额	11660	2202.768	10030.8	0	500000
inc	家庭年收入(元)	11660	152628	280682.4	0	5000000

变量	定义	观测值	均值	标准差	最小值	最大值
	CHFS（2017）家庭数据					
ur	户籍	11660	0.176	0.381	0	1
gen	性别	11660	1.471	0.499	1	2
age	年龄	11660	45.658	13.415	6	95
edu	受教育水平	11660	3.931	1.413	1	8
mar	婚姻状况	11660	1.891	0.312	1	2
shebei	互联网设备	11660	0.824	0.381	0	1
yilai	互联网依赖程度	11660	0.375	0.484	0	1
kuaidi	快递点距离（米）	11660	1.045	3.535	0	80

5.3　实　证　分　析

　　表 5-2 展示了回归结果。表中模型（1）对应的模型（5.6），使用 CFPS（2016）数据考察了我国居民个人是否使用网上支付的影响因素；模型（2）对应的模型（5.7），考察了个体使用网上支付金额的影响因素；模型（3）对应的模型（5.8），使用 CHFS（2017）数据考察了家庭是否使用网上支付的影响因素；模型（4）对应的模型（5.9），考察了家庭使用网上支付金额的影响因素，将 CFPS（2016）中个体数据进行家庭加总在家庭层面上进行回归得到模型（5）和模型（6）。

115

　　表 5-2　　我国居民使用网上支付情况影响因素的计量结果

变量	(1)	(2)	(3)	(4)	(5)	(6)
	Logistic	OLS	Logistic	OLS	Logistic	OLS
家庭年收入			0.165 *** (0.019)	0.308 *** (0.016)	0.707 *** (0.030)	0.581 *** (0.026)
个人年收入	0.322 *** (0.039)	0.319 *** (0.026)				

变量	(1) Logistic	(2) OLS	(3) Logistic	(4) OLS	(5) Logistic	(6) OLS
户籍	- 0. 403 *** (0. 077)	- 0. 239 *** (0. 055)	- 0. 383 *** (0. 062)	- 0. 232 *** (0. 067)	- 0. 214 *** (0. 047)	- 0. 182 *** (0. 042)
性别	0. 815 *** (0. 078)	0. 050 (0. 052)	0. 064 (0. 044)	- 0. 055 (0. 037)	0. 225 *** (0. 045)	0. 004 (0. 040)
年龄	0. 067 *** (0. 031)	0. 081 *** (0. 024)	- 0. 040 *** (0. 002)	- 0. 025 *** (0. 009)	0. 018 * (0. 018)	- 0. 028 *** (0. 009)
年龄的平方	- 0. 002 *** (0. 001)	- 0. 001 *** (0. 001)	0. 001 (0. 001)	0. 001 (0. 001)	- 0. 001 *** (0. 001)	0. 001 *** (0. 001)
受教育程度	0. 037 ** (0. 017)	0. 034 *** (0. 011)	0. 103 *** (0. 020)	0. 087 *** (0. 016)	0. 105 *** (0. 012)	0. 041 *** (0. 009)
婚姻状况	- 0. 116 (0. 073)	- 0. 080 (0. 051)	- 0. 025 (0. 088)	- 0. 030 (0. 062)	0. 052 * (0. 030)	0. 021 (0. 029)
互联网设备	1. 548 *** (0. 077)	0. 534 *** (0. 057)	0. 808 *** (0. 058)	0. 493 *** (0. 063)	0. 833 *** (0. 066)	0. 361 *** (0. 048)
互联网依赖程度	0. 053 *** (0. 004)	0. 013 *** (0. 002)	0. 824 *** (0. 051)	0. 272 *** (0. 039)	0. 029 *** (0. 003)	0. 007 *** (0. 002)
快递点距离			- 0. 019 *** (0. 007)	- 0. 025 *** (0. 007)		
观测值	6011	2471	11660	6522	11531	4999
R^2	0. 389	0. 151	0. 155	0. 151	0. 228	0. 169

模型（1）展示的是个人层面对是否使用网上支付影响因素的回归结果，整体回归结果显著性较高，除了婚姻状况之外其他变量的回归系数均是显著，符号方向也与其他模型一致，同时，性别的回归系数为正，在1%的水平上显著，这表明女性个体使用网上支付的概率显著高于男性个体。

模型（2）展示的是个人层面上对使用网上支付金额影响因素的回归结果，除了性别回归系数不显著外，其他变量的回归系数在符号、显著性和大小方面均和模型（1）具有较高的稳健性。

　　模型（3）展示的在家庭层面上对是否使用网上支付影响因素的回归结果，显示家庭收入的估计系数为正，且在 1% 的水平上显著，这表明收入越高的家庭使用网上支付的概率越高，收入给网上支付的使用提供了物质基础；户籍的估计系数为负，且在 1% 水平上显著，这表明相比农村的家庭，城市家庭使用网上支付的概率更高；性别的估计系数为正，但不具有统计上的显著，这表明户主为女性的家庭比户主为男性的家庭使用网上支付概率更高，但户主性别对网上支付的影响程度相对较小；年龄的估计系数为负，在 1% 水平上显著，年龄平方项为负，但是，系数很小且不显著，可以认为户主年龄越大，家庭使用网上支付的概率越低；受教育程度的估计系数为正，且在 1% 的水平上显著，这表明受教育程度越高的家庭使用网上支付的概率越高；婚姻程度的估计系数为负，且不显著，这表明婚姻状况对网上支付的使用情况影响不大，未婚居民比已婚居民使用网上支付的概率略高；互联网设备的估计系数为正，在 1% 的水平上显著，说明拥有互联网设备能显著提高家庭使用网上支付的概率；互联网依赖程度的估计系数为正，在 1% 水平上显著，说明对互联网依赖程度越高的家庭使用网上支付的概率越高；快递点离家距离的估计系数为负，且在 1% 的水平上升显著，这表明离快递点越近的家庭使用网上支付的概率越高，缩短快递点离家的距离及提高使用网上支付便捷性有助于提高居民使用网上支付的可能性。

　　模型（4）展示的在家庭层面上对网上支付金额影响因素的回归结果，除了性别的回归结果之外其他的结果与模型（3）的结果不论是符号、大小还是显著性均一致。模型（4）的性别回归系数为负，表明户主为男性的家庭使用网上支付金额大于户主为女性的家庭，但是回归系数仍然不显著，表明性别对网上支付金额影响相对较小。

　　模型（5）和模型（3）得到的结果大体一致，说明计量结果有一定的稳健性。不同的是，模型（5）中性别的回归系数显著，女性使用网上支付的概率显著高于男性；年龄对网上支付使用概率的影响呈现出倒"U"形而不是单调抑制的影响；婚姻状况的回归系数在 10% 的水平上显著。

　　模型（6）和模型（1）的回归结果也大体一致，说明本章的计量结果具有较高的稳健性。

　　总之，本章分别从个人层面和家庭层面对使用网上支付概率和网上支付金额的影响因素进行了研究。综合表5－2中各个模型的回归结果得出的结论总结如下：

第一，家庭和个人收入显著提高了使用网上支付的概率和花费的金额；

第二，城市家庭和个体使用网上支付的概率和花费金额显著高于农村家庭和个体；

第三，个体年龄使用网上支付概率和花费金额呈现出倒"U"形变化趋势，在本书的年龄研究范围（16～90岁）内呈现出递减趋势，家庭户主年龄使用网上支付概率和花费金额呈现出递减趋势，整体来说，年龄越大的家庭和个体使用网上支付概率和花费金额越低；

第四，受教育程度越高的个体和家庭使用网上支付概率和花费金额越高；

第五，拥有互联网设备有助于提高个体和家庭使用网上支付概率和花费金额；

第六，提高对互联网的依赖程度有助于提高使用网上支付概率和花费金额；

第七，缩短快递点与家庭的距离有助于提高使用网上支付概率和花费金额。

以上结论均与前面论述的理论预期相符合。表5－2中的6个模型，只有模型（1）和模型（5）中性别的估计系数显著，这表明整体来说，性别对网上支付的使用情况影响不大；婚姻状况整体显著性也较低，婚姻状况对网上支付的使用情况影响较小。

5.4　本章小结

本章将年龄、性别等个体特征变量和成本变量两大类变量对消费者使用网上支付情况的影响提出了研究假说：性别对网上支付情况的影响方向不确定。并利用CFPS（2016）和CHFS（2017）数据，从个体层面和家庭层面对第4章提出的假说4.1和假说4.2进行了验证，得出以下结论：

第一，居民使用网上支付意愿会受到外部环境的影响，具体来说，对互联网依赖程度越高、快递点离家越近的消费者越有可能使用网上支付，并且网上支付的金额也越高，这表明，能接触到越完善的互联网基础设施和配套物流服务的消费者使用网上支付的意愿越高，这对第 4 章提出的假说4.1进行了证明。

第二，具有不同个体特征（收入水平、受教育程度、户籍、性别、婚姻状况、年龄等）的居民具有不同程度的使用网上支付意愿，具体来说，不管是从个体层面还是家庭层面来看，家庭（个体）收入和受教育水平越高的消费者越有可能使用网上支付，并且网上支付的金额也越高，同时，城市消费者和女性消费者使用网上支付的概率和花费的金额高于农村消费者，但是，性别对网上支付使用情况影响不显著，同样的婚姻状况对网上支付使用情况影响也不显著，消费者使用网上支付的概率和花费的金额随着年龄增长呈现倒"U"形的变化，这对第 4 章提出的假说4.2进行了证明。

网上支付对我国居民储蓄率的影响是一个比较复杂的研究课题，而居民网上支付的使用情况和意向因素的分析是研究网上支付对居民消费储蓄行为影响的基础，在本章研究的基础上，后面将在宏观和微观层面上，从不同地区、不同特征居民对网上支付与消费者消费储蓄的关系进行研究。

第6章 网上支付对我国居民消费的影响分析

在我国经济发展进入新常态背景下，迅速发展的网上支付能否真正促进居民消费，是本章要回答的核心问题。基于"北京大学互联网支付发展指数"和我国居民消费收入等相关数据，构建省际面板模型，实证检验网上支付能否真正促进居民消费。将进一步对比网上支付对小额日常消费和大额非日常消费两种不同类型消费的影响效应，从而探究网上支付对消费结构的影响。同时，还将使用时间序列模型对比迅速发展的第三方网上支付和银行业网上支付对消费影响效应的差异，并探究网上支付的发展是否是通过降低当期收入对消费的约束能力，从而对消费产生刺激效应。

6.1 理 论 分 析

结合已有的理论文献和实际情况分析，网上支付的发展对居民消费产生正向影响主要有以下四个方面：

第一，在网上支付普及的基础上，互联网消费信贷慢慢发展起来，使更多的人可以从手机软件上借到非定向的资金，从而降低了居民的预防性储蓄动机，大大刺激了居民的消费欲望。

第二，互联网的迅速发展将生产者、消费者和其他市场主体以信息网络为连接平台联系在一起，网上支付的普及能使消费市场不完善的农村地区和欠发达地区的消费者从电脑和手机上接触到完善的消费市场，这有助于刺激居民产生更高、更新的消费需求。

第三，在当今信息时代，互联网使信息渠道更加畅通，催生了很多网红商品、网红店铺等，即使消费者实际消费完商品或服务以后并没有达到他们的心理预期，但是下一次再出现网红商品、网红店铺时，有的消费者仍然会选择进行消费，这就产生了一些不理性消费，而这种现象的出现与发达的网上支付的普及有着密不可分的关系。

第四，从心理账户的角度，网上支付对消费者原本的消费产生了刺激：一是网上支付快捷、方便，交易时间短，省去找换零钱的麻烦，提高了交易效率，使消费变得更简单。二是网上支付不需要直接拿出现金做出支付动作，这带给消费者支付的印象比较浅，痛苦变小；同时，网上支付不需要消费者直接接触现金，免去了消费者面对大额整钱被找零的痛苦，取消了拥有大面额整钱所带来的抑制消费的效应。三是网上红包带来意外之财能促进消费者消费。麦格劳（2009）认为，相比于正常收入，使用意外之财时消费者的失去感减小，这在一定程度上促进了消费。

综合以上分析，结合第 4 章提出的假说 4.3，本章提出假说 6.1：网上支付能刺激居民消费。

在第三方支付得到迅速发展前，以网上银行为代表的传统银行网上支付就已经得到了普及，有些研究也证实了银行机构网上支付对消费的促进效应（黄兴海，2004；龙海明等，2016），以普雷莱茨和勒文施泰因（1998）的双通道心理账户理论为基础，与传统银行网上支付相比，使用第三方支付时居民的支付真实感降低，而痛苦感也降低。与银行网上支付相比，第三方支付不仅可以广泛运用在近程支付，在远程支付场景更是比银行电子支付方便，多种商品的购买直接从电子账户中划转出去，扫二维码支付的方式甚至免去了借记卡和信用卡需要的 POS 机和亲笔签字，互联网分期付款还能使支付时间和消费时间错开，如此种种特征均符合双通道心理账户理论中"去联结"（decoupling）的特征，使消费和支付之间的关系变得更加松散，将支付在一定程度上从消费过程中剥离出去，只剩下消费的正效应，支付的负效应变小很多，削弱了双通道的作用渠道。如今音乐、视频、阅读等包月 VIP 服务均是在第一次授权之后，再不需要任何的操作就会每个月自动从电子账户中扣钱，提高了方便度的同时降低了支付痛苦感，广泛流行的小额免密支付更是加强了这种状况。

将第三方支付与银行电子支付影响效应相比，提出假说 6.2：第三方支付比传统银行网上支付对居民消费促进效应更加强烈。

居民消费行为会呈现出明显的周期性和阶段性特征（尉高师，2003），结婚、装修新房、买车、子女教育、养老、购置家用设备等，居民每隔一段时间就会面临所谓的"大额刚性支出"，根据本章将居民所有的消费分为大额的非日常刚性消费和小额的日常消费，从两者对比来看，网上支付可能更加有助于刺激小额日常消费。对于消费者来说，大额非日常消费比较少，一般很长时间才消费一次，即使是支付不方便毕竟次数少也可以容忍，日常生活中频繁接触的支付活动则对支付的便利性有更高的要求，如居民每日都要面对的购物食品、乘车、超市购物等行为使用互联网支付确实能大大提高效率，节省很多时间，如果每天面对的消费支付不方便，难免会影响消费者的消费热情，因此，网上支付的特性更加适用于小额日常消费。反过来比较而言，小额日常的支付比较多，不需要进行太过于慎重的考虑，当网上支付主要聚焦在日常小额消费时，日常小额消费的这种特性也会使网上支付刺激消费的效应更好地发挥出来，因此，网上支付带来交易效应提升的同时，也提高了居民的交易频率，刺激了消费。总的来说，网上支付能使日常消费更方便从而促进了日常消费，而日常消费又为网上支付促进消费提供了良好的条件，两者的特性分别为对方发挥作用提供了条件，共同的刺激使消费达到了更高的程度。因此，结合第 4 章提出的假说 4.4，本章从消费类型上提出假说 6.3：网上支付对小额日常消费的刺激效应更大。

一般来说，消费会随着当期收入的增长而稳步增长，同时金融信贷市场的成熟程度（Campbell and Mankiw，1990）和储蓄水平（李燕桥，2013）等因素也会影响到消费和当期收入的关系。网上支付对消费与当期收入关系产生的影响起码有以下两点：

第一，以网上支付为基础的网络购物日渐成熟，相关的服务、物流也日渐完善，与实体购物相比，网络购物体系在保持独有优势的前提下，不断地弥补网络平台购物原本存在的缺陷，强有力的消费刺激可能使居民在没有增加收入时，使用储蓄金额进行消费，降低了消费对当期收入的依赖性。

第二，以网上支付为基础的互联网新型消费信贷迅速发展，在近几年内得到了大范围的普及，新型消费信贷和传统消费信贷的信用评估原理不一样，人们即使不提供收入凭证也能轻松地贷款消费，使大部分人

群都能简单享受到新型消费信贷服务。并且传统消费信贷的信用额度以
居民收入为主要决定因素，因此，传统消费信贷会随着居民收入的增长
而发展，而互联网新型消费信贷的信用额度以居民消费为主要决定因
素，因此，互联网新型消费信贷会随着居民消费的增长而进一步增长。
互联网消费信贷大大降低了人们的流动性约束，更加降低了消费对当期
收入的依赖性，消费在收入没有增长的情况下，也能随着当下消费的增
长而得到进一步扩张。为此提出假说 6.4：网上支付的发展能降低当期
收入对居民消费的约束。

6.2　模型设定和数据说明

凯恩斯（1936）的绝对收入假说（absolute income hypothesis，
AIH）认为，消费是取决于当期收入，当期收入是影响消费的最重要因
素，消费占据收入的比重就是消费倾向，基本公式是 $c_t = \alpha + \beta y_t$。在这
之后，弗里德曼（1956）的持久收入假说（permanent income hypothe-
sis，PIH）在较长时间内成为描述消费者跨期消费的理论标准，认为消
费不是取决于当期收入，而是取决于一辈子的总财富、总收入，消费者
会对自己未来长期的收入能力或财富水平进行预测，从而对自己的消费
进行调整。哈勒（Hall，1978）将理性预期纳入持久性收入假说中，认
为消费服从"随机游走"过程，未来消费只受到过去消费的影响，基
本公式是 $c_t = c_{t-1} + \varepsilon_t$，但是，众多经验研究的结果均不能证实"随机
游走"假说。坎贝尔和曼昆（Campbell and Mankiw，1989；1990）将绝
对收入假说和持久收入假说都纳入构建了更贴近现实的"λ 模型"：
$c_t = \lambda y_t + (1-\lambda)\varepsilon_t$，现实社会中一部分人的消费受到收入的影响，一部
分人的消费服从随机游走过程。

在此基础上构建基准时间序列计量模型：

$$c_t = \beta_0 + \beta_1 y_t + \beta_2 \, pay_{h,t} + \varepsilon_t \tag{6.1}$$

其中，c 代表居民人均消费，t 代表时间，y 代表居民人均可支配收入，
pay 代表本书的核心解释变量支付交易总规模。下标 h 表示不同类别的
支付，h = 1 代表非银行支付机构处理的第三方支付交易，h = 2 代表银
行机构的电子支付，用以第三方网上电子支付和银行网上支付对消费影

响效应进行对比验证，并对假说 6.1 和假说 6.2 进行验证，ε_t 是误差项。

从图 6 - 1 中可以看到，2011Q1 ~ 2017Q4 第三方支付交易额和传统银行网上支付交易额的变化，一是由于季度数据交易额波动较大，所以有必要对数据进行季度调整；二是银行网上支付成熟程度大于第三方网上支付，因此，银行网上交易额基数远远大于第三方支付交易额基数，但是，通过近几年的迅速发展，第三方支付交易额开始追赶传统银行电子支付交易额；三是第三方支付交易额增长速度快于银行网上支付交易额增长速度。

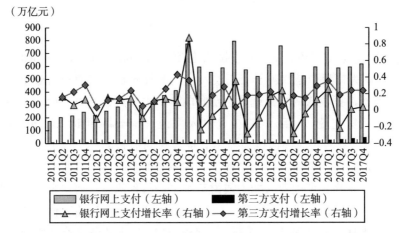

图 6 - 1 2012 ~ 2017 年银行网上支付和第三方网上支付发展情况

资料来源：2012 ~ 2017 年《支付体系运行总体情况》和易观《第三方支付市场季度监测报告》。

由于我国不同地区经济发展不平衡，不同地区居民的习惯存在差异，这将导致网上支付对不同地区居民的影响效应不同，总量时间序列不能很好地对其进行描述，本书在"互联网支付发展指数"的基础上构建了面板计量模型：

$$c_{i,t} = \beta_0 + \beta_1 y_{i,t} + \beta_2 pay_{i,t} + \theta' X_{i,t} + u_i + \varepsilon_{i,t} \qquad (6.2)$$

其中，c 代表居民人均消费，下标 i 代表省份，t 代表年份，y 代表居民人均可支配收入，pay 代表本书的核心解释变量互联网支付发展指数，X 是一系列潜在影响居民消费的控制变量，u_i 是一系列不能观测且不随时间而变化的省际个体效应（如各省份的文化习惯等），$\varepsilon_{i,t}$ 是误差项。

居民人均消费和人均可支配收入的数据均来自国家统计局建立的一体化住户调查。

互联网支付发展指数引用北京大学互联网金融研究中心，联合上海新金融研究院及其他企业，编制的"北京大学互联网金融发展指数"。该指数不仅包括互联网金融全国发展指数，还包括了分属性、分业务、分地区指数，能较好地描述我国各地区互联网金融以及互联网支付等各个业务的现状和发展走向。为了更科学更全面地构造互联网支付发展指数，同时选取了广度指标和深度指标，其中，广度指标是指反映各业务发展规模的总量指标，具体说选择的是网上支付交易渗透率指标，用某地区一定时间内使用网上支付的人数除以该地区常住人口得出，广度指标描述的是网上支付的覆盖范围；深度指标是反映各业务发展质量的平均指标，具体说选择的是网上支付在一定时间内的人均交易金额和人均交易笔数，分别用一年内使用网上支付的总金额和总交易笔数除以该地区人口数得出，深度指标描述的是网上支付渗入深度。数据来源于蚂蚁金服和铜板街、米么金服、趣分期、中国人民银行、零壹财经等具有代表性的金融机构和网上机构的公开数据。它们采用多级指标的方式来构造网上支付指数，其中，三级指标是指广度指标和深度指标的权重，具体设定为交易渗透率 50%，人均交易金额 25%，人均交易笔数 25%；二级指标是指蚂蚁金服和其他机构的权重，蚂蚁金服集团是我国最大、使用人群最广泛和市场占有率最高的机构，最具有代表性，将所有机构分为蚂蚁金服和其他机构。确定了各个指标的权重之和，指数计算过程自下而上逐级加权平均汇总，先计算各级环比指数，再基于该环比指数通过链式相乘得到该定基指数，网上支付发展指数计算公式具体表示如下：

（1）各级环比指数计算：

$$i_t = \frac{I_t}{I_{t-1}} = \sum_{j=1}^{2} P_{j,t} \frac{K_{j,t}}{K_{j,t-1}} = \sum_{j=1}^{2} P_{j,t} \sum_{k=1}^{3} m_k \frac{X_{j,k,t}}{X_{j,k,t-1}}$$

其中，$\frac{I_t}{I_{t-1}}$ 是互联网支付发展环比指数，$\frac{K_{j,t}}{K_{j-1,t}}$ 表示蚂蚁金服或者其他机构两部分中第 j 部分的 t 期发展环比指数，$\frac{X_{j,k,t}}{X_{j,k,t-1}}$ 表示第 j 部分第 k 个广度指标或深度指标的环比相对数，一级环比指数为各级环比指数自下而上逐级加权平均获得。

（2）各级定基指数计算：

各级 t 期定基指数为各级 t 期环比指数与对应级 t－1 期定基指数的乘积：

$$I_t = 100 \times i_1 \times i_2 \times \cdots \times i_{t-1} \times i_t = 100 \times \frac{I_1}{I_0} \times \frac{I_2}{I_1} \times \cdots \times \frac{I_{t-1}}{I_{t-2}} \times \frac{I_t}{I_{t-1}}$$

为保证地区属性下各地区网上支付发展指数具有横向可比性，按照以下步骤进行计算：

第一步，计算分地区网上支付下的四级指标与全国网上支付同指标、同期值的相对数，依次得到相对全国的相对交易渗透率、相对人均交易金额和相对人均交易笔数：

$$A_{h,j,t} = \frac{x_{h,j,t}}{x_{j,t}}$$

其中，$x_{h,j,t}$ 表示地区 h 第 j 个指标在 t 期的数值，$x_{j,t}$ 表示全国总指数中第 j 个指标在 t 期的数值，$A_{h,j,t}$ 表示地区 h 第 j 个指标在 t 期相对全国同业务、同指标同期的相对值。

第二步，计算地区 h 在 t 期相对全国的网上支付发展指数：

$$B_{h,t} = \left(\sum_{j=1}^{3} m_j A_{h,j,t} \right)$$

其中，$B_{h,t}$ 表示地区 h 在 t 期相对全国的系数，$m_1 = 50\%$，$m_2 = 25\%$，$m_3 = 25\%$。

$X_{i,t}$ 是潜在影响居民消费的控制变量，本章选择的是：

老年负担指数（old）。i 地区 t 年份时 65 岁以上的人口数与 14 岁至 65 岁的人口数之比，用来衡量人口结构，莫迪里安尼和曹（Modigliani and Cao，2004）、汪伟等（2013）研究都认为，年龄结构会对消费产生影响；

收入不确定性（unc）。i 地区 t 年份的收入增长率与 i 地区各年份（2011～2017 年）的平均收入增长率偏差的平方，用以衡量预防性动机。杭斌（2008）等研究指出，收入不确定性会改变消费者对未来收入的预期从而影响消费。

基准方程式（6.2）检验了网上支付是否在整体上对居民消费产生影响，对假说 6.1 进行了检验。针对本章提出的假说 6.3，为了检验网上支付是对不同类型消费的影响异质性，设定式（6.3）和式（6.4）：

$$c_{j,i,t} = \beta_0 + \beta_1 pay + \theta' X_{i,t} + u_i + \varepsilon_{i,t} \tag{6.3}$$

$$\Delta c_{j,i,t} = \beta_0 + \beta_1 \Delta pay_{i,t} + \theta' X_{i,t} + u_i + \varepsilon_{i,t} \tag{6.4}$$

其中，c 是居民消费，下标 j = 1，2，3，分别代表一般性消费支出、耐用品消费支出和非耐用品消费支出，Δc 和 Δpay 分别代表消费的增长率和互联网支付发展指数增长率，式（6.3）中的控制变量，参考了李燕桥（2013）的做法，选择了人均 GDP、老年抚养比和收入不确定性，式（6.4）在式（6.3）的基础上将人均 GDP 改成了人均 GDP 增长率。

一般性消费支出，中国统计年鉴上定义为居民人均消费性支出，构建这个指标主要为了获得互联网支付对消费的整体影响，用以与不同类型消费的影响进行对比。

非耐用品消费支出是指居民消费性支出中食品、衣物等使用时间较短的商品或服务的消费支出，用以衡量日常小额消费。

耐用品消费是指一般性消费支出中减去非耐用品消费支出的部分，主要指住房、车、家用设备等消费，用以衡量刚性大额消费。

为了进一步验证假说 6.4，检验网上支付对当期收入与消费约束性的关系，选择了"互联网信贷发展指数"以加入当期收入和互联网信贷交互项构建了计量方程：

$$c_{i,t} = \beta_0 + \beta_1 y_{i,t} + \beta_2 cre_{i,t} + \beta_3 cre_{i,t} \times y_{i,t} + \theta' X_{i,t} + u_i + \varepsilon_{i,t} \tag{6.5}$$

其中，互联网信贷发展指数是引用北京大学互联网金融研究中心，联合上海新金融研究院和蚂蚁金服集团编制的"北京大学互联网金融发展指数"，较好地对不同地区、不同时间段的互联网消费信贷发展情况进行了描述。

方程（6.1）中使用的是 2012 ~ 2018 年的季度数据，消费收入数据来自国家统计局，银行网上支付交易规模数据来自中国人民银行各个季度的《支付体系运行总体情况》，第三方网上支付交易规模数据来自易观数据。方程（6.2）至方程（6.5）使用的是 2011 ~ 2017 年 31 个省份的数据。各省份各年份的居民消费数据、收入数据等均来自《中国统计年鉴》分省份数据，人口数据来自万德网，网上支付发展指数来自北京大学数字金融研究中心。本书将消费收入等数据均按照价格指数折算到了 2011 年以消除通货膨胀对数据的影响。表 6 - 1 对各个变量进行了描述性统计。

表 6-1   变量描述性统计

变量	定义	观测值	均值	标准差	最小值	最大值
	时间序列模型数据					
c	人均消费水平	28	3621.487	433.187	2988.792	4412.592
y	人均可支配收入	28	5058.239	673.205	4063.846	6199.85
pay1	第三方支付交易规模	28	139903.7	153362.5	7514.6	452094.5
pay2	银行网上支付交易规模	28	4739246	1930872	1724200	7939700
	面板模型数据					
y	人均可支配收入	217	19045.48	8116.57	7468.53	50237.61
pay	互联网支付发展指数	217	146.70	80.52	1.00	357.24
pg	人均 GDP	217	0.131	0.030	0.067	0.200
old	老年抚养比	217	0.131	0.029	0.067	0.206
unc	收入不确定性	217	0.007	0.006	0.001	0.044
c1	人均一般性消费支出	217	14312.94	6256.01	4323.95	39791.91
c2	人均耐用品消费支出	217	2812.31	1264.81	800.84	7526.40
c3	人均非耐用品消费支出	217	11500.63	5049.53	3485.29	33909.30
$\Delta c1$	人均一般性消费增长率	186	0.105	0.552	−0.035	0.484
$\Delta c2$	人均耐用品消费增长率	186	0.113	0.079	−0.152	0.401
$\Delta c3$	人均非耐用品消费增长率	186	0.107	0.072	−0.066	0.401
Δpay	互联网支付指数增长率	186	0.548	1.618	−0.011	15.850
Δgdp	人均 GDP 增长率	186	0.057	0.042	−0.235	0.171
cre	互联网信贷发展指数	217	110.17	50.50	1.16	231.81

6.3 实 证 分 析

6.3.1 第三方支付与传统银行网上支付对消费影响效应的时间序列检验

由于方程（6.1）中使用的是季度数据，为避免季节效应造成的计量结果偏差，首先，使用 X12 方法对各个变量进行了季节调整。此外，还使用 ADF 方法对各变量进行了单位根检验，具体结果如表 6 - 2 所示。从表 6 - 2 中可以看出消费、收入是平稳序列，网上支付和电子支付是一阶单整序列。

表 6 - 2　　　　　　　　　　变量单位根检验结果

变量	ADF 统计量	检验类型 (c, k, t)	临界值		p 值
			5%	10%	
lnc	- 5.9933	(c, t, 3)	- 3.6120	- 3.2430	0.0001
lny	- 5.2651	(c, t, 0)	- 3.5875	- 3.2292	0.0120
lnpay1	- 2.1238	(c, t, 3)	- 3.6122	- 3.2431	0.1380
lnpay2	- 0.3665	(c, 0, 0)	- 2.9763	- 2.6274	0.2985
Dlnpay1	- 3.0493	(c, 0, 0)	- 2.9810	- 2.6299	0.0434
Dlnpay2	- 5.3563	(c, t, 2)	- 3.6122	- 3.2431	0.0012

注：(c, t, k) 分别代表 ADF 检验方程中截距项、时间趋势、滞后项数的选择，D 代表一阶差分。

针对方程 (6.1) 中支付对居民消费的影响效应进行检验，由于扰动项可能会与支付变量相关，参照坎贝尔和曼昆 (Campbell and Mankiw, 1989) 的做法，选用合适的工具变量进行二阶段最小二乘估计，工具变量从消费 c、收入 y 和支付 pay 的滞后 2~4 项进行选择，检验结果如表 6 - 3 所示。

表 6 - 3　　　　　　支付对居民消费影响的时间序列检验

序号	工具变量	第一阶段		β1 估计值	β2 估计值	过度识别检验
		lny	lnpay1, 2			
1	无 (OLS)	—	—	0.617 *** (0.203)	0.024 (0.021)	—
2	pay1(-2), y(-3)	—	0.511 ** (0.001)	0.601 *** (0.128)	0.035 *** (0.012)	0.367

序号	工具变量	第一阶段		β1 估计值	β2 估计值	过度识别检验
		lny	lnpay1，2			
3	pay1（-2），y（-2），c（-2）	0.988 (0.00)	0.989 (0.00)	0.506 ** (0.218)	0.044 ** (0.022)	0.449
4	无（OLS）	—	—	0.884 *** (0.040)	0.001 (0.014)	—
5	pay2（-3），c（-2）	—	0.302 *** (0.001)	0.755 *** (0.068)	0.071 *** (0.023)	0.745
6	pay2（-3），y（-2），c（-2）	0.971 (0.00)	0.718 (0.00)	0.755 *** (0.066)	0.072 *** (0.023)	0.971

注：***，**，* 分别表示通过了1%、5%、10%水平的显著性检验，括号中的数值表示回归系数估计值的标准差，下同。

表6-3中第一列是检验序号；第二列是选择的工具变量；第三列是2SLS中第一阶段工具变量对解释变量的解释程度，表6-3中数值是工具变量对解释变量的调整可决系数，括号中是对应的 p 值，用来检验工具变量的"相关性"；第四列和第五列分别是第二阶段中收入和支付的估计系数，括号中是估计系数的标准误差；第六列是对工具变量外生性的过度识别系数，用来检验工具变量的"外生性"。

表6-3的六个检验中，1~3是第三方支付交易规模对居民消费影响效应的检验，其中，检验1是没有选择工具变量普通最小二乘法的结果，检验2是只把支付变量看作内生变量的结果；检验4~6是传统银行网上支付交易规模对居民消费影响效应的检验，相类似检验4是OLS检验，检验5是只把支付变量看作内生变量的回归结果。

从检验结果可以看到，使用2SLS选择合适的工具变量之后，第三方支付有显著促进居民消费的作用，以检验3为准，第三方支付交易规模每增长1个百分点，居民消费会增长0.044个百分点，这对假说6.1进行了证实；同时，银行网上支付对居民消费也有显著促进作用，以检验6为准，银行网上支付每增长1个百分点，居民消费增长0.072个百分点。以表6-3的实证结果，将两种支付方式对居民消费的作用效果进行分析，2012~2018年我国第三方支付季度平均增长率为16.68%（28个季度的算术平均），网上支付的发展每季度能促进居民消费增长

0.734 个百分点；而以 2012～2018 年我国电子支付季度平均增长率
7.03% 来计算，电子支付的发展每季度能促进居民消费增长 0.506 个百
分点。因此可以得到，第三方支付的发展对我国居民消费的促进效果显
著，并且，高于银行网上支付对消费的促进效果，对假说 6.2 进行了
证实。

6.3.2　网上支付对居民消费影响效应的面板检验

不同省份的经济发展水平和居民生活习惯存在较大差异，从而使网
上支付发展情况和居民消费行为也存在较大差异，在设置的模型中，可
能未将其他对居民消费产生影响的变量包括进去，特别是不可观测变量
的存在，使用面板数据模型更有利于解决遗漏变量的问题，样本容量越
大越能得到更加准确的结果，所以，在"互联网支付发展指数"的基
础上，构建了面板数据模型，进一步从网上支付对消费影响效应进行了
分析。

通过对固定效应和随机效应的豪斯曼检验发现，在各个分析的检验
中，固定效应模型均在 1% 的水平下优于随机效应模型，因此，以固定
效应为基准来进行分析。同时，模型中消费、收入和网上支付等变量可
能存在交互影响，可能会导致内生解释变量问题，在这种情况下，使用
固定效应回归的结果可能有偏和不一致，选择合适的工具变量，使用固
定效应—工具变量法（FE-Ⅳ）进行实证检验可以解决这个问题。方
程（6.2）中，老年负担系数可以看作外生变量，其余解释变量都可能
是内生变量，而所有的变量滞后性都是工具变量可以选择的范围，但许
多研究均指出，滞后一期变量往往和扰动项存在序列相关（李燕桥，
2013），综合考虑面板的长度，在内生变量滞后 2～4 期的范围内选择工
具变量。

表 6-4 中列出了网上支付对居民消费影响效应的实证结果。其中，
表中的模型（1）和模型（2）分别使用固定效应和随机效应，检验了
网上支付对消费的影响效应。以模型（1）为准，从估计效果可以看
到，网上支付的影响系数为 0.077，在 1% 的水平上显著，模型（3）和
模型（4）分别使用固定效应和随机效应，加入了控制变量将网上支付
对消费的影响进行了检验，在对老年负担系数和收入不确定性进行控制

之后，网上支付估计系数略有下降，但依旧在 1% 的水平上显著，收入的估计系数也变化不大。模型（5）使用固定效应工具变量法进行了检验，网上支付估计系数在 5% 的水平上显著，数值还有所上升，这表明网上支付的发展确实能对居民消费产生显著的影响。

表 6-4　　　　　　　　网上支付对消费影响效应的面板模型检验

变量	(1)	(2)	(3)	(4)	(5)
	FE	RE	FE	RE	FE - IV
lny	0.942 ***	0.946 ***	0.947 ***	0.946 ***	0.812 ***
	(0.055)	(0.034)	(0.054)	(0.034)	(0.112)
lnpay	0.077 ***	0.075 ***	0.075 ***	0.076 ***	0.121 **
	(0.014)	(0.010)	(0.014)	(0.10)	(0.049)
lnold			0.029	0.014	-0.046
			(0.038)	(0.033)	(0.039)
lnunc			-0.017 ***	-0.016 ***	-0.012
			(0.003)	(0.004)	(0.011)
R^2	0.96	0.96	0.97	0.97	0.96
观测值	217	217	217	217	217

从控制变量的回归结果来看，与杭斌（2008）等研究类似，实证结果也发现了不确定性会抑制居民消费，这可能是由于我国福利保障体系还不够成熟、就业体制改革也还没完成、居民面临的收入不确定性和风险还是在一定程度上影响居民的消费行为；老年负担系数没有得到统一的结果，可能是因为老龄化会同时带来负担效应和寿命效应，老龄化的负担效应使家庭消费上升，储蓄率下降，同时，老年人预期到自己的寿命上升，会缩减消费为以后的生活进行储蓄。

针对假说 6.3，使用方程（6.3）和方程（6.4）将互联网支付对我国居民的消费行为影响做了检验，检验结果如表 6-5 所示，估计 1~6 均使用系统 GMM 模型。

表 6 - 5 　　　　　　　　网上支付与居民不同类型消费的面板检验

	（1）	（2）	（3）	（4）	（5）	（6）
	一般性消费支出	耐用品消费支出	非耐用品消费支出	一般消费支出增长率	耐用品消费支出增长率	非耐用品消费支出增长率
L. Y	0. 372 ** (0. 161)	0. 467 *** (0. 096)	0. 188 (0. 188)	0. 098 (0. 068)	- 0. 235 *** (0. 066)	- 0. 048 (0. 066)
pay	0. 167 *** (0. 044)	0. 101 *** (0. 038)	0. 232 *** (0. 055)			
Δpay				0. 191 ** (0. 090)	0. 124 (0. 098)	0. 258 *** (0. 081)
pg	0. 297 ** (0. 133)	0. 316 *** (0. 096)	0. 480 *** (0. 136)			
Δpg				0. 068 * (0. 141)	0. 357 ** (0. 126)	0. 074 (0. 065)
old	- 0. 045 (0. 153)	0. 192 * (0. 111)	- 0. 049 (0. 132)	- 0. 774 (0. 624)	- 0. 712 (0. 627)	- 0. 409 (0. 754)
unc	- 0. 014 (0. 011)	- 0. 038 *** (0. 012)	- 0. 005 (0. 011)	- 0. 152 * (0. 084)	0. 039 (0. 246)	- 0. 079 (0. 121)
常数项	1. 964 *** (0. 730)	- 0. 314 (0. 838)	1. 401 ** (0. 669)	- 0. 421 (1. 681)	0. 352 (1. 936)	- 1. 223 (1. 992)
AR(1) 检验	0. 044	0. 05	0. 127	0. 003	0. 063	0. 004
AR(2) 检验	0. 545	0. 228	0. 823	0. 434	0. 189	0. 175
Sargan 检验	0. 177	0. 259	0. 326	0. 253	0. 365	0. 200

133

估计 1 从总体上检验了互联网支付与一般性消费支出的关系，从估计结果可以看到，互联网支付显著地提高了我国居民消费。从估计系数来看，互联网支付每提高 1 个百分点，居民一般性消费支出提高 0. 167 个百分点，并且系数在 1% 的水平上显著，这表明互联网支付的发展对促进居民消费、拉动内需有推动作用。

估计 2 和估计 3 分别检验了网上支付对居民耐用品消费和非耐用品消费的影响。对比两个检验结果看，各个控制变量估计系数都相差不大，显著性也都不错。网上支付对耐用品消费和非耐用品消费的促进效果均在 1% 的水平上显著，但非耐用品消费的估计系数 0.232 明显大于耐用品消费的估计系数 0.101，并且大于总量消费的估计系数 0.167，由此对本章假说 6.3 进行了验证。

网上支付对非耐用品消费的刺激效应大于对耐用品消费的刺激效应。而考虑到如描述性统计中所示，耐用品消费支出一般都低于非耐用品消费，非耐用品消费的估计系数比耐用品消费估计系数更大的原因，可能是因为非耐用品消费基数更大，为了排除这个差异以获得更加准确的估计，还对各类型消费增长率进行了检验，相应地使用互联网支付指数的增长率作为核心变量，控制变量中的人均 GDP 也改为人均 GDP 增长率。

估计 4 考察了互联网支付对消费总量增长率的影响，消费增长率的估计系数也为正，在 5% 的水平上显著，与估计 1 得到的结果类似。

估计 5 和估计 6 使用消费增长率分别将互联网支付对耐用品消费和非耐用品消费增长率的影响进行了检验，从检验结果来看，互联网支付显著促进了非耐用品消费的增长，具体来说，互联网支付指数增长率每提高 1 个百分点，非耐用品消费增长率提高 0.258 个百分点，估计系数在 1% 的水平上显著，而耐用品消费的估计系数不具有统计上的显著性，这说明互联网支付促进了非耐用品消费，互联网支付对耐用品消费的推动作用有限。

观察各个控制变量的估计系数发现，经济增长对居民消费有推动作用，除了估计 6 以外，经济增长的估计系数均是显著。除了估计 2 以外，老年人口抚养比的估计系数均为负，但都不具有统计上的显著性，这可能是相比年轻人老年人的消费动力没有那么足；另外，收入不确定性对居民消费有一定的抑制作用，由于我国社会保障体系不够完善，居民面对较大的收入风险，因此，收入不确定性会抑制消费促进储蓄。

综合以上 6 个估计可以总结出，互联网支付显著促进了居民消费，从进一步细分的消费类型来看，互联网支付对耐用品消费的促进效果相对有限，而对居民非耐用品消费有促进作用。

针对假说6.4，为了检验网上支付当期收入对居民消费约束的影响关系，选择了"互联网信贷发展指数"针对方程（6.5）进行检验。表6-6中显示，当期收入和互联网信贷的交互项符合为负，这意味着，在互联网消费信贷发展越好的地区，对消费与当期收入的相关关系抑制作用越大。这对本章假说6.4进行了证明，网上支付的发展能降低居民当期收入对居民消费的约束。这说明以网上支付为基础的互联网消费信贷的存在和普及能使居民在收入还没有得到提高之前，借助普及的互联网消费信贷来进行消费。

表6-6 互联网消费信贷与收入交互项检验

变量	（1）	（2）	（3）
	FE	FE - Ⅳ	FE - Ⅳ
y	1.193 *** (0.028)	1.121 *** (0.044)	1.608 * (0.858)
cre		0.039 (0.031)	1.103 (1.875)
old	0.064 (0.043)	-0.074 (0.051)	-0.014 (0.102)
y × cre			-0.109 (0.189)
R^2	0.91	0.94	0.94
观测值	217	217	217

6.4 本章小结

本章把我国居民消费行为和网上支付对我国居民消费的影响机制进行了分析，从整体影响效应、第三方网上支付与银行网上支付对比、不同消费类型影响异质性与当期收入对消费约束关系四个方面，提出了四个假说并分别使用时间序列模型和面板模型进行了实证检验，得出以下结论：

第一，基于 2012～2018 年季度相关数据，使用 2SLS 模型证实了第三方支付对消费有显著的促进作用，通过对第三方网上支付和银行网上支付对消费的促进效应进行对比发现，第三方支付的发展每季度能促进居民消费增长 0.734 个百分点，银行网上支付的发展每季度能促进居民消费增长 0.506 个百分点，第三方支付对消费的促进效应更大。

第二，基于 2011～2017 年省级面板数据，进一步证实了网上支付的发展能显著刺激居民消费的增长，在把网上支付对不同类型消费理论影响效应分析的基础上，从实证上对比分析，网上支付对不同类型消费的刺激效应发现，网上支付对居民小额日常非耐用品的刺激效应比较大，这表明网上支付可以直接影响到居民消费结构，提高非耐用品消费比重。

第三，简单地分析了居民消费金额的来源，互联网新型消费信贷的信用评估标准降低了对居民收入的考察，减弱了收入对信贷额度的影响。基于"互联网信贷发展指数"构建固定效应工具变量模型进行实证检验，发现以网上支付为基础的互联网新型消费信贷，有降低消费与收入相关系数的效应，这表明，网上支付的发展能降低居民当期收入对消费的约束，网上支付促进居民增加消费不是随着收入水平的增加而稳步增加，而是在收入还没有得到提高之前使一部分居民实现了超前的消费。

近年来，网上支付的发展显著促进了居民消费，拉动了内需，为新常态我国经济发展寻求了新的增长点，同时，要从多方面、多视角来看网上支付的发展和普及带来的影响。结合实证结果和我国消费者消费行为理论分析来看，主要有以下几点：一是网上支付的发展能帮助农村和欠发达地区居民接触到完善的消费市场，刺激其产生更高、更新的消费需求，释放消费空间；二是网上支付刺激消费效应，更大程度是通过刺激小额日常消费的增长来实现，这使现在过高的大额商品价格对日常消费的挤压有所缓解，但同时也有可能对消费升级产生不利的影响；三是以网上支付为基础的互联网消费信贷发展迅猛，这将降低了当期收入对消费的约束，对缓解居民流动性约束大有益处，但同时也可能使消费者陷入负债危机；四是网上支付的发展，刺激了居民消费的同时也抑制了居民储蓄的增长速度，减少了经济建设的资金来源，导致了投资利率的上涨，对经济增长产生负面影响。

　　下面将在本章研究的基础上，分析网上支付如何通过消费影响居民储蓄率，在排除研究期间其他储蓄率影响因素对储蓄率的影响效应之后，分析网上支付对居民储蓄率产生的整体影响效果，并探究通过什么渠道产生的影响能够影响效果，结合不同地区不同个人特征对网上支付的使用意愿，进一步探究网上支付对各类人群储蓄率的异质性影响以及动态影响。

第 7 章　网上支付对居民储蓄率的整体影响研究

　　过去十年宏观经济运行中一个值得非常关注的现象是，我国网上支付发展迅猛而居民储蓄率下降的现象。网上支付作为互联网金融的基础，从诞生之初就获得了极大的关注和高速的发展，同时中国的储蓄率长期处于较高的水平。图 7 - 1 中展示了自 1992 ~ 2016 年以来我国储蓄率的走势，从图 7 - 1 中可以看到，国民储蓄率和居民储蓄率都经历了将近 20 年的增长，其中 2010 年国民储蓄率竟高达 51%，然而从 2011 年左右开始，我国储蓄率出现了明显的下降趋势，并连续几年的下降。本书将在排除研究期间其他储蓄率影响因素对储蓄率的影响效应后，探究网上支付是否降低了居民储蓄率。

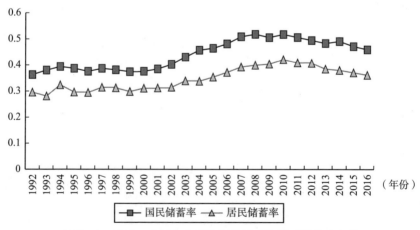

图 7 - 1　1992 ~ 2016 年我国国民储蓄率和居民储蓄率走势

资料来源：《中国统计年鉴》和《中国城市统计年鉴》。

前面从理论和实证层面上，证明了网上支付通过心理账户直接作用，构建了更加完善的消费市场，促进了互联网消费信贷的发展，形成了通畅的信息渠道，显著地刺激了居民消费的增长，通过将消费分为小额非耐用品消费和大额耐用品消费来看，网上支付对日常小额非耐用品消费的刺激效应较大。网上支付迅速发展的时间与我国储蓄率出现下降趋势的时间刚好重合，为此，本章提出：网上支付是否会降低居民储蓄率。因为，即便网上支付的发展和我国储蓄率下降的时间重合且具有网上支付刺激消费的基础，但是已有的理论和实证研究表明，影响储蓄率的因素多种多样，这十年来我国宏观经济的发展同时也经历了其他许多的变化，储蓄率的下降是否有可能是其他影响因素所致，所以，本章将基于"北京大学互联网金融发展指数"和我国居民储蓄率省级宏观数据，从省级层面把网上支付对我国居民储蓄率的影响效应进行验证。

7.1 网上支付与我国居民储蓄率

针对居民储蓄率这一变量，不同的研究有不同的定义，有的研究使用的是居民在金融机构的储蓄余额，刻画的是居民家庭储蓄的变化，如今居民资产分配渠道越来越多样化，居民除了在银行进行储蓄，还能将多余的资金投资在股票、债券和基金等渠道，为了排除资产分配对研究的影响，采用最常用的储蓄率定义，即居民储蓄率 =（可支配收入 - 消费性支出）/可支配收入，将各类投资均包括在储蓄项中，这样定义下的储蓄率更加完整，也更加贴近经济学中的储蓄率定义。图 7 - 1 描述了 1992～2016 年我国国民储蓄率和居民储蓄率以及储蓄余额增长率的走向，从图 7 - 1 中可以看出，在研究期间，从整体上看，2011 年起我国居民储蓄率处于下降的态势，从绝对数值看，我国居民储蓄率由 2010 年的 24.84% 减少至 2017 年的 21.99%，下降了 2.85 个百分点，国民储蓄率由 50.57% 减少至 46.56%，下降了 4.01 个百分点。

对于核心解释变量网上支付，仍然使用北京大学互联网金融研究中心发布的"互联网金融发展指数"中的网上支付发展指数，该指数是由一定时间（一年内）某地区的使用网上支付人数占比、网上支付交易笔数和笔均网上支付金额三个指标合成，能客观全面地对不同省份、不同城市在不同年份网上支付发展情况进行刻画。

我国地域辽阔，不同省份之间经济发展、风土文化、消费储蓄习惯等均有较大差异，这必然导致各省份的储蓄率水平存在较大不同。同时，网上支付存在区域规模效应，不同地区居民对网上支付的接受程度也不同，使网上支付在各地发展水平有明显差异。由于使用的实证是以我国各省份的面板数据为基础，因此，这种区域性差异反而有利于在实证检验中研究网上支付与居民储蓄率的关系，下面将对不同省份的网上支付和储蓄率情况进行分析。

表 7 - 1 描述了 2011 年和 2017 年我国网上支付发展指数与居民储蓄率的省际数据。为了便于观察，省份按照当年储蓄率水平的降序排列。从表 7 - 1 中可以看出，我国各个省份的储蓄率均处于较高的水平，不同省份间的储蓄率也呈现出较大的差异，并且对 2011 年和 2017 年的储蓄率进行比较也能看出，两个年份中省份储蓄率的大小排序发生了改变。2011 年我国各省份的平均储蓄率（按照各省份储蓄率的简单算术平均来算，下同）为 0.271，当年储蓄率最高的是西藏自治区储蓄率为 0.422，比均值高出 15 个百分点，而最低的是甘肃省为 0.134，比均值低 14 个百分点。2017 年我国各省份的平均储蓄率为 0.259，比 2011 年平均储蓄率下降了 1.1 个百分点，当年储蓄率最高的是山东省储蓄率为 0.351，储蓄率最低的是青海省储蓄率为 0.118。同时，对各省份的储蓄率和网上支付指数发展情况进行对比发现，并没有存在明显的规律性，也没有出现明显的负向关系。

表 7 - 1   2011 年和 2017 年我国网上支付与居民储蓄率省际分布

2011 年			2017 年		
省份	sr	payment	省份	sr	payment
山东省	0.4221	0.00	西藏自治区	0.3504	248.98
浙江省	0.3506	24.36	河北省	0.3445	343.86
西藏自治区	0.3426	55.52	天津市	0.3400	219.80
北京市	0.3362	38.37	河南省	0.3360	303.12
上海市	0.3325	60.56	海南省	0.3273	333.43
江西省	0.3276	44.24	山东省	0.3248	261.96

续表

2011 年			2017 年		
省份	sr	payment	省份	sr	payment
河南省	0.3260	56.70	江西省	0.3094	247.49
江苏省	0.3203	79.40	北京市	0.3084	298.29
山西省	0.3202	80.77	江苏省	0.3046	216.39
海南省	0.3076	100.00	上海市	0.3041	247.67
广西壮族自治区	0.3029	49.24	辽宁省	0.2808	244.56
云南省	0.3015	96.52	浙江省	0.2714	217.82
福建省	0.2992	77.26	福建省	0.2666	309.03
湖北省	0.2806	59.24	重庆市	0.2616	290.35
河北省	0.2804	23.89	吉林省	0.2610	226.55
辽宁省	0.2788	69.15	湖北省	0.2554	224.18
吉林省	0.2767	19.48	山西省	0.2548	210.33
天津市	0.2604	33.74	黑龙江省	0.2479	257.20
黑龙江省	0.2589	59.96	广东省	0.2456	214.68
安徽省	0.2467	52.17	广西壮族自治区	0.2445	271.32
重庆市	0.2462	53.36	湖南省	0.2362	246.62
新疆维吾尔自治区	0.2435	49.04	安徽省	0.2349	196.68
广东省	0.2361	45.49	四川省	0.2330	288.57
陕西省	0.2220	55.11	云南省	0.2325	226.87
湖南省	0.2172	49.21	贵州省	0.2227	248.52
内蒙古自治区	0.2115	21.47	新疆维吾尔自治区	0.2213	196.40
宁夏回族自治区	0.1997	27.51	内蒙古自治区	0.2116	189.87
四川省	0.1961	15.68	宁夏回族自治区	0.1778	245.24
贵州省	0.1719	34.44	陕西省	0.1729	207.60
甘肃省	0.1460	0.00	青海省	0.1218	196.94
青海省	0.1335	10.82	甘肃省	0.1182	189.51

图 7 - 2 展示了 2011 ~ 2017 年期间，互联网支付发展指数在 31 个省份的走向。从图 7 - 2 中可以看到，在各个省份的网上支付发展指数业务随着时间的推移不断增长，这表明使用网上支付的人口比例越来越高，网上支付笔数越来越多，网上支付金额不断增长。同时，从图 7 - 2 中还可以看到，各省份的网上支付发展不均衡，差异较大。以 2011 年为例，网上支付发展最好的是上海市，发展指数为 100，发展最差的是西藏自治区和青海省，发展指数都为 0；2017 年网上支付发展最好的是浙江省，发展指数为 345，发展最差的是青海省，发展指数为 189。

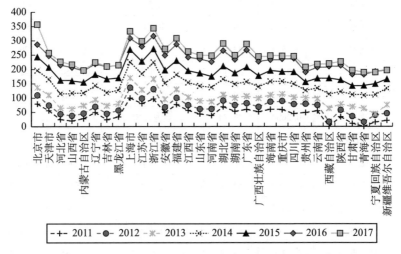

图 7 - 2　2011 ~ 2017 年我国 31 个省份网上支付发展指数

资料来源：北京大学互联网支付发展指数。

从全国来看，在本书的研究期间，网上支付经历了快速的发展，我国储蓄率长期处于高位但近年来呈现出下降的趋势，从各个省份的情况看，不同省份的网上支付发展不均衡，不同省份的储蓄率呈现出不同的水平和变化趋势，对各省份的储蓄率和网上支付发展情况进行对比，并没有发现明显的负相关关系。因为现有的理论和实证研究已经表明了影响居民储蓄率的因素有很多，因此，即使验证了网上支付的发展能对我国居民储蓄率产生影响，也只是众多影响因素中的一种，所以，不能在表 7 - 1 中看到明显的网上支付与居民储蓄率的负向关系，如果单从两者的相关关系进行分析也不能得到准确的结果，这也说明了要对两者关系进行验证，需要排除各个储蓄率的影响因素才能得到准确的结果，以下将进一步作出实证证明。

7.2　我国居民储蓄率的影响因素

7.2.1　网上支付对我国居民储蓄率的影响

本章将居民储蓄率定义为（可支配收入 – 消费性支出）/可支配收入 = 1 – 消费倾向，由于网上支付的发展对消费产生了影响，同时也对可支配收入产生了影响，二者共同使网上支付对储蓄率产生了影响，现分析总结如下：

1. 网上支付对消费的促进效应

在网上支付普及的基础上，发展起来的互联网消费信贷让人们随时随地可以从手机软件上借到非定向的资金，并且使用的用途不限，方便的互联网信贷免去了居民的后顾之忧，降低了居民的预防性储蓄动机，大大刺激了居民的消费欲望。同时，互联网的迅速发展将生产者、消费者和其他市场主体以信息网络为连接平台连为一体，网上支付的普及使其能从电脑和手机上接触到一个完善的消费市场，这有助于刺激居民产生更高、更新的消费需求，在当今信息时代，互联网使信息渠道更加畅通，信息流爆的现象常常会发生在很多人身上，社交平台和电商平台帮助信息和观点，从一些人那里以极快的速度传播到另一些人那里，这使部分消费者在没有切身消费新型商品和服务而在宣传攻势下也会产生较强的消费意愿并帮助进行下一波的宣传，这就催生了很多网红商品、网红店铺等，即时消费者实际消费了之后没有达到他们的心理预期的情况下，可能下一次再出现网红商品、网红店铺时，部分消费者仍旧会选择进行消费。另外，从心理账户的角度，网上支付对消费者原本的消费产生了刺激，快捷方便的网上支付提高了交易效率，使消费变得更简单，网上支付带给消费者支付的印象变浅，痛苦变小，也免去了消费者面对大额整钱被找零的痛苦，这些都能对消费产生促进效应。

2. 网上支付的发展对居民收入的影响

网上支付的发展促进了网络消费市场的蓬勃发展，相比传统消费市场，网络消费市场能降低商家经营成本，提高收入，同时互联网和网上支付的普及能帮助商家发现更多如外卖、线上教育等新商机，提高收入。另外网上支付的普及可能也会对一些传统产业产生替代效应，出现越来越多能在线上方便解决的业务，从而使一些传统产业和传统工作被取代，这部分群体的收入相应就会降低，如银行柜员，实体商场售货员等。

综上所述，这二十多年即使在我国老龄化程度加深、信贷金融市场在不断升级、保险体制在逐步完善等因素的影响下，我国的储蓄率增长趋势没有如预期消减，自 2011 年以来网上支付迅速发展，我国储蓄率却经历了连续的下降，目前网上支付是不是有抑制我国居民储蓄率增长的效应很少有文献特别是实证文献讨论，因此有待进一步研究。2011 年以来的重大变化除了本章重点研究的网上支付的兴起和普及以及居民储蓄率出现下降趋势之外，还有我国经济进入新常态，经济下行压力增大。自从 2008 年金融危机爆发以来，虽然我国居民储蓄率没有出现即时的下降，但这可能存在滞后性，即当时没有反映而在 2011 年才开始反映出来，金融危机对我国居民储蓄率的影响虽然暂时研究较少，但是为得到准确的结果必须要考虑进去。在我国经济进入新常态的大背景下，人口年龄结构、信贷金融市场、收入不确定性、保险体制、房价等各大影响储蓄率的因素也均发生了变化。本章意图在排除各个影响因素对储蓄率的影响效应之后，探究网上支付是否对我国居民储蓄率存在影响。下面将各个储蓄率影响因素对储蓄率的影响进行梳理。

7.2.2 经济危机对我国居民储蓄率的影响

国内外学者们基于各个理论从各个角度试图对我国的高储蓄现象做出以下几种解释：第一种，从宏观经济环境角度对我国储蓄率进行了研究。经典的凯恩斯模型中边际消费倾向递减的规律，使居民储蓄率会随着收入的增高而增高，莫迪里安尼和曹（Modigliani and Cao, 2004）指出，在经济增长稳定，人口结构稳定的时候，产出以恒定增速增长，因而国民财富增值与产出形成稳定比例，导致储蓄率与长期产出增速呈正比，并使用了中国 1953～2000 年的数据进行验证，其研究结果表明，20 世纪 70 年代中国改革开放发展市场经济，造成了前所未有的长期收入高速增长率导致了高储蓄率，而传统认知里的人均产出值的高低对储蓄率的影响较小。博纳姆和维莫尔（Bonham and Wiemer，2013）使用我国 1978～2008 年的数据构建结构 VARX 模型，检验了经济增长速度对国民储蓄率的影响，研究发现，2000 年以来我国储蓄率的上升能很大程度地被当时我国极快的经济增速解释。崛岗和万（Horioka and Wan，2007）使用更新的数据和更新的技术，基于 1995～2004 年我国不同省份的家庭调查数据构建动态面板数据模型，研究了我国储蓄率的影响因素发现，在我国大多数省份收入增长率均能正向刺激储蓄率的增长。与上述相反的理论是，当人们能预期到高经济增长速度时，年轻人将会以未来财富做抵押进行借贷以更均匀地将消费进行跨期平滑。卡罗尔（Carroll，1994）提出，当这种"财富效应"超过"加总效应"时，高经济增速不会导致高储蓄率，相反会导致低储蓄率。克雷（Kraay，2000）基于卡罗尔（1994）提出的标准前瞻性居民消费储蓄行为模型，使用我国农村和城市居民面板数据，将经济增长率对储蓄率的影响效应进行了验证发现，未来经济收入增长率显著降低了农村居民储蓄率，但对城市居民储蓄率没有显著影响效应。

在本书 2011～2017 年的研究期间，我国刚刚经历过 2008 年的全球金融危机，世界各国需求疲软导致我国出口受挫，国内产能过剩，为了提高经济增长质量进行供给侧结构性改革，我国经济下行压力较大，2015 年 GDP 增长率跌破 7%，在此期间收入增长有所放缓（Li C et al.，2021），失业率有所上升，在此背景下，本书不得不考虑宏观经济环境对我国储蓄率的影响，可以总结为以下几点：

第一，收入对储蓄率的影响。主要从人均收入水平和预期人均收入增长率两个角度对储蓄率产生影响。从人均收入边际效应角度来看，凯恩斯（1936）的绝对收入假说表明，在经济繁荣期收入水平的提高，会导致边际消费倾向的降低和储蓄率的上升，相应地在经济下行压力较大的时候，收入水平的降低会导致居民储蓄率的下降。经济危机导致的降薪使居民收入下降，而对居民消费习惯研究普遍发现，相对于产出和投资波动,居民消费波动在整体经济波动中最小(吕朝凤和黄梅波,2011),其中,居民的消费习惯是重要的解释因素。当在经济周期模型中考虑到居民消费惯性时,消费惯性越强收入不确定性对消费的影响越小(杭斌,2009)。基于我国居民消费特征的大量实证结果也表明,我国居民消费存在一定的习惯效应,如城镇居民的食品消费(黄娅娜和宗庆庆,2014),在消费保持相对稳定的前提下,经济危机导致的居民收入降低使储蓄率下降,毕竟现阶段我国居民对食品和住房等刚性消费的占比较高,即使在经济危机时期收入降低的情况下基本消费也是必不可少的,这使居民储蓄率下降。从边际收入增长率的角度来看,在居民预期收入增长率降低和收入不确定性增加时,居民的预防性储蓄动机会上升,从而消费较低,储蓄率上升,理性的消费者觉察到经济形势下滑,未来收入增长率下降时会调整当下的消费储蓄行为,控制消费进行更多的预防性储蓄。另外,后金融危机时代,在消费者的消费储蓄习惯以及消费预期等作用下,即使金融危机已经过去了,消费者在短时间内也不会恢复到以往的消费水平。综合以上所说,人均收入增长率对储蓄率产生了正反两个方向的影响,国内外学者研究人均收入增长率对储蓄率的影响方向也没有得到统一的结论,人均收入增长率对储蓄率的影响方向取决于在人均收入增长率下降时,降低的消费幅度与降低的收入幅度的相对大小,因此,影响方向与居民消费结构和消费习惯等因素相关,当居民发展型消费和享受型消费占比较高或者经济危机来临时,可以挤压的消费空间较大,人均收入增长率的下降使居民消费水平下降,可能导致居民储蓄率上升,而如果居民生存型消费占比较高或者经济危机来临使居民消费下降幅度较小,居民入不敷出,储蓄率将下降。

第二,失业率对储蓄率的影响。经济危机来临时收入增长变缓和失业是普遍的现象。经济危机以及后续的经济增长减缓使一部分家庭收入减少甚至中断,生活陷入困境,他们不得不节衣缩食、艰难维持生活,即使能压缩消费性支出,但是如食物、居住类消费相对刚性,可压缩的空间不大,导致这部分家庭的储蓄率可能降为负值,甚至消耗殆尽。

7.2.3 房价对我国居民储蓄率的影响

1998～2000 年我国取消了福利分房政策,改变了计划经济时代居民获得住房的方式，从此居民不得不靠自己从市场上购买住房，而此时房价在不断的攀升。由此学者们对我国住房改革和房价波动与我国储蓄率的关系进行了探究。颛莫和普拉萨德（2010）指出，在中国消费金融体系尚不发达的背景下，居民为了进行耐用品消费只能进行储蓄，而住房则是最重要的耐用品消费。钟宁桦、朱亚群和陈斌开（2018）研究了取消福利住房的体制改革对居民储蓄率的影响，他们证实了居民"为买房而储蓄"的动机，住房体制改革显著增长了居民储蓄率。近年来住房价格激增被认为是造成我国高储蓄的原因（陈彦斌和邱哲圣，2011；李雪松和王彦彦，2015；王策和周博，2016）。陈斌开和杨汝岱（2013）、范子英和刘甲炎（2015）均证实了房价上涨对居民储蓄率仍然有显著提高的作用，证实了居民"为买房而储蓄"的动机，并通过引入交叉项发现住房价格上涨主要影响收入水平较低、没有住房和住房面积较小的居民，同时房价的上升不仅影响了年轻人，还影响了存钱为子女买房的老年人。

　　房产作为居民拥有的资产代表，从多个方面对居民消费储蓄行为产生影响，从而导致影响方向的不确定性，本章使用消费理论对房价影响居民储蓄进行简单的分析。莫鲍尔和墨芬（Muellbauer and Murphy，1997）等研究指出，房价变动通过财富效应、抵押贷款效应和收入效应三大效应影响居民消费和储蓄决策，此后国内外学者多从这三个角度开展对房价影响居民消费储蓄的研究。近年来部分学者在理论和实证上进一步分析了住房的投资属性，杨赞等（2014）和李春风（2014）研究了住房的消费和投资双属性对居民消费和储蓄不同方向的影响。单纯从住房的消费属性来看，房价的不断攀升迫使居民不得不为买房而增加储蓄，挤压其他消费，但从住房的投资属性来看，住房已经成为现在我国居民一项非常重要的资产，对房地产的投资可能对居民储蓄产生了负向的影响。

　　如果将居民消费分为住房消费和非住房消费，c^h 和 c^n 分别代表这两种类型的消费量，p^h 和 p^n 分别表示两类消费的价格，I_t 表示当期收入，则居民储蓄率可表示为：$S_t = 1 - \dfrac{c_t^h p_t^h + c_t^n p_t^n}{I_t}$。

　　假设居民拥有两种资产，房地产资产为实物资产的代表，股票为金融资产的代表。居民的预算约束可表示为：$c_t^h p_t^h + c_t^n p_t^n \leq (I_t + R_t) +$

147

$r(c_{t-1}^h p_t^h + st_t)$。

R_t 代表居民通过消费信贷渠道得到的借款，R_t 的符号可正可负，当为正值时表示借款、负值时表示还款，$(I_t + R_t)$ 代表居民当期真正可支配的收入；$c_{t-1}^h p_t^h$ 表示房地产资产，st_t 表示股票资产，r 代表实际利率。

在以上相关的预算约束下，居民的消费可表示为：

$$c_t^n p_t^n + c_t^h p_t^h = \lambda_0 + \lambda_1(I_t + R_t - \psi p_t^h c_{t+1}^h) + \lambda_2 p_t^h c_{t-1}^h + \lambda_3 B_{t-1} + \varepsilon_t$$

其中，$\psi p_t^h c_{t+1}^h$ 表示居民为了将来购买住房进行的储蓄，ψ 代表储蓄比例，$I_t + R_t - \psi p_t^h c_{t+1}^h$ 代表当期实际可支配收入，λ_0 为常数，λ_1，λ_2，λ_3 分别代表居民消费支出对扣除住房储蓄后的可支配收入、房产资产和股票金融资产的边际消费倾向，ε_t 为误差项。因此居民储蓄率可写作：

$$s_t = (1 - \lambda_1) + \frac{\lambda_1 \psi c_{t+1}^h - \lambda_2 c_{t-1}^h}{I_t} p_t^h - \frac{\lambda_0 + R_t + \lambda_3 B_{t-1} + \varepsilon_t}{I_t}$$

从上式中不难看出，房价和股价会对居民储蓄率产生影响，但是影响方向不确定。一方面，房价和股价的上升代表居民拥有资产价值的上升，居民财富性收入相应得到提高，这将促使储蓄率上升，财富的上升也会带来消费的提高，储蓄率会下降；另一方面，作为居民最重要的一项大型耐用品消费之一，房价的上升代表着居民将需要为了购房进行更多的储蓄，挤压其他消费，提高储蓄率，股价的上升会促使居民在股票市场投入更多的资金，资金的套牢降低了消费，提高了储蓄率。

7.2.4　人口老龄化对我国居民储蓄率的影响

基于莫迪尼安尼和布赖伯格（Modigliani and Brumberg，1954）生命周期假说（LCH），学者们试图从年龄结构和预期寿命等角度来解释我国的高储蓄问题。生命周期假说认为，个体会通过把一辈子所有的资源在现期消费和未来消费进行分配以最大化自身效用。理性的个体会在工作时期将一部分收入储蓄起来，留到老年时候消费，因此，不工作人群和工作人群的比重是影响储蓄率的重要因素。莫迪尼安尼和曹（2004）使用 1953～2000 年的我国相关数据进行实证分析发现，中国不断攀升的劳动人口比例是造成中国高储蓄率的重要原因。克缇斯等（2015）研究了中国 1955～2009 年人口年龄结构对储蓄率的影响发现，中国人口年龄结构的变化能解释 50% 以上中国的储蓄率变化。还有学者使用国际数据得出了类似的结论，布劳恩等（2009）认为，日本的老龄化是 20 世纪 90 年代日本储蓄率下降的重要原因，并且老龄化将会更大程度地影响 21 世纪储蓄率。洛艾萨（2000）等使用印度 1960～1995 年的数据研究了影响储蓄率的因素发现，抚养比会显著抑制储蓄率的上升。但是，人口老龄化抑制储蓄率的效应存在争议，部分学者的研究发现了反生命周期的行为，如颤莫和普拉萨德（2010）使用 1995～2005 年我国数据探究了我国城市居民储蓄率上升的原因，通过引入年龄分组虚拟变量，发现储蓄率随着年龄的上升呈现出倒 "U" 形变化趋势，即年轻群体和老年群体拥有着最高的储蓄水平。自从 2000 年我国进入老龄化以来（汪伟，2015），我国的储蓄率并没有按预期的下降反而一路上涨，国内很多学者将总抚养比拆分为少儿抚养比与老年抚养比，分别与储蓄率的关系进行研究发现，少儿抚养比符合假说对储蓄率有抑制的作用（孟令国等，2013；刘铠豪等，2015；王树等，2018），而老年抚养比对储蓄率有促进的作用，从而能使我国获得第二次人口红利（李超等，2018；王树等，2018；朱宇等，2019），此外，在我国人口老龄化背景下，将要施行的延迟退休政策也被学者们证实对储蓄率会产生积极的影响（耿志祥，刘渝琳和李宜航，2017）。

　　从理论上来讲，人口年龄结构对储蓄率的影响机理有两方面，一方面是人口老龄化的负担效应。这与生命周期假说理论相符合，理性消费者根据自己一生的全部预期收入来分配自己不同生命阶段的消费与储蓄以获得最大化效应，具体来说，消费者在成年期将一部分收入储蓄起来以用于在没有工作收入的老年时期消费，因此，对于居民储蓄率随着年龄的增长应该呈现倒 "U" 形变化，随着老年人口比重的增加，不工作只消费的人口比重上升，居民储蓄率会随之下降，以往的研究将此影响定义为 "负担效应"。另一方面是人口老龄化的寿命效应。标准的生命周期理论只分析了消费者在不同生命阶段的消费储蓄行为，研究了年龄结构对储蓄率的影响，而忽略了居民寿命的延长对储蓄率产生的影响。老年人口抚养比的上升确实增加了不工作人口比重，加大了负担，对储蓄率造成了负向影响，但是，理性者在意识到自己寿命延长后可能会控制工作期间的消费，加强储蓄留给自己老年后消费。

7.2.5 不确定性对我国居民储蓄率的影响

学者们基于预防性储蓄理论,试图从我国社会保障体系不完善造成的高不确定性的角度来解释我国的储蓄问题。利兰(1968)将预防性储蓄解释为未来收入不确定和未来收入确定两种情况下的储蓄差,即个体为了防范未来的不确定性而进行的额外储蓄,通过构建一个两期的消费模型发现,不确定性越高消费者的预防性储蓄越高。颤莫和普拉萨德(2010)研究了我国20世纪90年代末国企改革的背景下,我国城市居民储蓄率上升的原因,在对其他影响因素进行控制的前提下发现,在1992~1996年期间,家庭成员中有一名国企员工的家庭储蓄率就上升1个百分点,尽管整个宏观不确定性上升和非国企员工面临的不确定性更高,国企改革打破了"铁饭碗",国企员工不确定性的增加幅度更大,但随着国企改革的推进,2002~2005年期间有国企员工的家庭储蓄率上升幅度变小。龙志和和周浩明(2000)、施建淮和朱海婷(2004)、杭斌和申春兰(2005)、易行健等(2008)、李燕桥和臧旭恒(2011)对我国城乡居民的预防性储蓄是否存在和预防性储蓄强度进行研究和测度,均得出预防性储蓄现象在我国居民中是普遍存在的结论。学者们还分别从教育、住房、医疗、养老保障等方面进行了研究。杨汝岱和陈斌开(2009)研究发现,我国高等教育改革有增长预防性储蓄的作用,白重恩等(2012)、朱波和杭斌(2015)等学者在研究医疗保险与预防性储蓄的关系时发现,医疗支出的不确定性显著地增加了居民的预防性储蓄动机,而医疗保险体系的完善有助于降低居民的预防性储蓄。马光荣和周广肃(2014)使用中国家庭追踪调查数据,证实了中国农村养老保险对降低居民储蓄有一定的作用。

7.2.6 金融体系发展对我国居民储蓄率的影响

基于流动性约束理论从金融市场和信贷市场不够发达的角度来解释我国的高储蓄问题。坎佩尔和曼昆(1989)研究认为,不是所有的消费者的消费行为都符合随机游走,永久性收入假说有成立的条件,应该将消费者分为两类人群,一类是不会受到流动性约束的群体,他们消费的是自己的永久性收入，另一类是会受到流动性约束的群体，他们没有平滑各期消费的条件而只能消费当期收入。我国金融市场的不完善使消费者面临流动性约束的普遍问题，流动性约束阻碍了消费者及时顺利地借贷到钱进行消费，消费者只能通过储蓄的办法来满足消费需求，学者们使用宏观数据（万广华等，2001；杜海韬和邓翔，2005；朱波和杭斌，2015）和微观数据（甘犁等，2018）进行了验证。

学者们从多个角度对我国高储蓄的问题进行了研究，一方面，对储蓄率的研究在一定程度上不完全符合我国的事实。另一方面，随着我国金融体系的不断发展，信贷条件的不断放宽，流动性约束不断放松，长时间内储蓄率仍然有上升的趋势，与金和利维尔（1993）等的金融发展与储蓄率之间存在负相关关系的论证也不符合。同时，我国这十几年以来医疗保险、失业保险和养老保险等的覆盖面在不断加大，保险体系在不断完善，居民储蓄率却没有如预期呈现出下降的趋势。

7.3　模型设定与数据

7.3.1　模型设定

本书采用以居民储蓄率作为因变量的简约线性方程作为基准计量模型。将基准计量方程设定如式（7.1）所示：

$$sr_{i,t} = \beta_0 + \beta_1 pay_{i,t} + \theta'X_{i,t} + u_i + \varepsilon_{i,t} \tag{7.1}$$

其中，sr（saving rate）代表的是居民储蓄率，下标 i 代表省份，t 代表年份，pay 代表的是本书的核心解释变量网上支付发展指数，X 是一系列潜在影响居民储蓄率的控制变量，u_i 是一系列不能观测且不随时间而变化的省际个体效应（如各省的文化习惯等），ε 是误差项。

因变量储蓄率衡量的是居民储蓄占据居民可支配收入的比重，国家统计局公布了城镇居民人均可支配收入变量，农村居民公布的是人均纯收入变量，居民储蓄率表示为：

$$居民储蓄率 = \sum_{i=1}^{2} \frac{人口数 \times (人均可支配收入_i - 人均消费支出_i)}{(\sum_{i=1}^{2} 人口数_i) \times 人均可支配收入_i}$$

其中，i=1 表示城镇，i=2 表示农村。

$X_{i,t}$ 是一系列潜在影响居民储蓄率的控制变量，综合考虑前面的文献综述中梳理的几部分具有代表性的文献，本书最终选择的是：

人均收入增长率（inc）：i 省份 t 年份的人均可支配收入增长率，用来衡量经济发展速度。本章使用此变量控制住我国宏观经济总变动对储蓄率的影响，以及排除 2008 年全球经济危机对居民储蓄率的滞后影响。

失业率（une）：i 省份 t 年份失业率。调查失业率是合理的指标，客观上会存在一部分失业人员未到劳动就业部门进行失业登记，这使登记失业率与调查失业率两个指标之间存在一定的差异，但是，由于数据的可得性，本章使用的是国家统计局公布的城镇登记失业率作为调查失业率的替代指标。

老年负担指数（old）：i 地区 t 年份时 65 岁以上的人口数与 14 岁至 65 岁的人口数之比，衡量人口结构，对应第一部分文献中控制住人口年龄结构对储蓄率的影响。

消费信贷（cre）：i 地区 t 年份的消费信贷总额，贝卡特和格兰克（Bacchetta and Gerlach，1997）认为，该变量可以用来衡量个人信贷条件的松紧程度，对应第二部分文献控制住信贷金融体系发展情况缓解居民流动性约束对储蓄率的影响。

收入不确定性（unc）：i 地区 t 年份的收入增长率与 i 地区各年份（2011～2017 年）的平均收入增长率偏差的平方，用以衡量预防性动机，对应第三部分文献控制住居民预防性动机对储蓄的影响。

房价（hou）：即 i 地区 t 年份的商品房平均销售价格，对应第四部分文献控制住房价对储蓄率的影响，本章使用商品房平均销售价格变量。

股价（sto）：i 地区 t 年份的上证指数，对应第四部分文献中控制住资产价格对储蓄率的影响。

从本质上讲，式（7.1）考察了在控制住各个储蓄率影响因素的前提下，网上支付是否能对我国居民储蓄率产生影响。此外，由于网上支付影响居民消费储蓄行为的渠道有多种，且不同的经济发展水平和不同的社会条件下，网上支付对居民储蓄行为的影响程度可能存在差异，因此，本章通过引入网上支付与其他储蓄率影响因素的交叉项的方式来检验是否存在对居民储蓄率的交互作用，设定的计量方程如式（7.2）所示：

$$sr_{i,t} = \beta_0 + \beta_1 pay_{i,t} + \theta'X_{i,t} + \lambda_i pay \times x_{i,t} + u_i + \varepsilon_{i,t} \qquad (7.2)$$

在基准方程式（7.1）的基础上，加入了网上支付与影响因素的某一项的交互项 $pay \times x$ 得到方程式（7.2），由于加入交叉项之后，网上支付 $pay_{i,t}$ 对储蓄率的边际影响不再是常数，而是会随着 $x_{i,t}$ 的不同取值而发生变化，这将导致方程式（7.2）中的估计系数与方程式（7.1）中的不同，为了将加入交叉项前后核心解释变量 $pay_{i,t}$ 具有可比性，本章参照百利（Balli H O，2013）的做法将方程改写为：

$$sr_{i,t} = \beta_0 + \beta_1 pay_{i,t} + \theta'X_{i,t} + \lambda_i(pay_{i,t} - \overline{pay_{i,t}}) \times (x_{i,t} - \overline{x_{i,t}}) + u_i + \varepsilon_{i,t}$$

$$(7.3)$$

7.3.2 数据来源和描述性统计

本书使用的是 2011～2017 年我国 31 个省份的数据，因为 2011 年我国网上支付开始高速发展，这个阶段我国储蓄率也开始出现下降的趋势，综合考虑计量模型的科学性和数据的可得性，将时间段选在 2011～2017 年。各省份各年的居民人均消费数据、人均可支配收入数据、房价数据均来自《中国统计年鉴》分省份数据，网上支付发展指数来自"北京大学互联网金融发展指数"，人口数据和股价数据来自万德网，消费信贷数据来自中国银行的各地区《区域金融发展报告》。消费、收入、信贷和房价等数据均按照价格指数折算到了 2011 年以消除通货膨胀对数据的影响。表 7-2 给出了各个变量的描述性统计。

153

表7-2　　　　　　　　　　面板数据各变量描述性统计

变量	定义	观测值	均值	标准差	最小值	最大值
sr	居民储蓄率	217	0.259	0.065	0.042	0.458
pay	互联网支付发展指数	217	146.698	80.521	0	357.24
ig	收入增长率	217	0.091	0.028	-0.035	0.177
pg	人均 gdp	217	46704.78	21214.71	16413	113068.7

变量	定义	观测值	均值	标准差	最小值	最大值
une	失业率	217	3.293	0.65	1.21	4.5
old	老年抚养比	217	13.142	2.957	6.71	20.6
cre	消费信贷	217	4660.773	5161.519	68.5	34143.73
unc	收入不确定性	217	0.007	0.006	0.001	0.044
hou	房价	217	6309.36	3887.33	3157.785	28172.05
sto	上证指数	217	2824.171	560.766	2115.98	3539.15

7.4 实证结果与讨论

7.4.1 基本检验结果

本章首先在省份层面上对基准方程（7.1）进行估计回归，表7-3列出了检验结果。为了比较分析，表7-3中构建了多个面板模型，其中模型（1）和模型（2）是静态面板模型，模型（3）和模型（4）是使用了工具变量的静态面板模型，模型（5）是动态面板模型。使用面板模型可以有效控制与个体观察单位有关且不随时间变化的非观测效应，根据对时间不变非观测效应的不同假设，面板模型分为固定效应模型和随机效应模型。固定效应模型把非观测效应看作各个截面或个体特有的可估计参数，并且不随时间而变化；随机效应模型把非观测效应看作随机变量，并且符合特定的分布。通常使用豪斯曼检验来判断使用哪种模型（李成友、孙涛和王硕，2021），豪斯曼检验表示静态面板模型中本书选择了随机模型，模型（1）展示了使用随机效应模型的回归结果显示，网上支付每增长1%，居民储蓄率就降低0.065%。为了解决遗漏变量造成的内生性问题，模型（2）检验了在加入控制变量之后网上支付对储蓄率的影响，模型（2）的 R^2 值相比起模型（1）中有所增长，这表明加入控制变量是有必要的，模型（2）表示网上支付指数每增长1%，家庭储蓄率就降低0.106%。为进一步解决随机项与解释变量存在相关关系导致的内生性问题，本书在使用面板模型基础上加入了工具变量—互联网普及度，互联网普及度刻画的是省份内网民规模与总人口规模之比，与储蓄率不存在相关关系，满足工具变量外生性的假定，互联网普及度与网上支付有直接关系，同时，将互联网普及度和各解释变量对网上支付指数进行回归发现，互联网普及度对网上支付发展指数有很好的解释能力，表示该工具变量满足内生性的假定。模型（3）展示了面板模型中加入工具变量的回归结果。模型（4）展示了在模型（3）基础上加入控制变量的回归结果，其结果表明网上支付指数每增长1%，家庭储蓄率就降低0.032%，与模型（2）相比的估计系数有所下降。

表 7-3　　　　　网上支付影响我国居民储蓄率的面板检验

变量	（1）	（2）	（3）	（4）	（5）
	FE	RE	RE	RE	系统 GMM
sr（-1）					0.684 *** (0.044)
pay	-0.065 *** (0.013)	-0.106 *** (0.032)	-0.050 *** (0.014)	-0.032 (0.087)	-0.028 ** (0.014)
inc		-0.045 (0.043)		-0.016 (0.054)	-0.285 *** (0.038)
une		-0.231 ** (0.106)		-0.232 * (0.120)	-0.017 (0.054)
old		0.230 ** (0.109)		0.305 ** (0.118)	-0.174 ** (0.078)
unc		0.025 * (0.014)		0.016 (0.096)	0.135 *** (0.017)
cre		0.065 (0.039)		-0.017 (0.096)	0.052 ** (0.020)
sto		-0.176 ** (0.071)		-0.240 ** (0.105)	0.006 (0.021)
hou		0.036 (0.092)		0.087 (0.105)	0.109 (0.070)

变量	(1)	(2)	(3)	(4)	(5)
	FE	RE	RE	RE	系统 GMM
Hausman	11.68 (p=0.01)	10.95 (p=0.28)	0.15 (p=0.99)	3.89 (p=0.69)	
F/Ward	27.8	57.21	12.65	19.91	
AR(1)					0.06
AR(2)					0.622
Sargan					18.48 (p=0.99)
R^2	0.132	0.234	0.132	0.224	
观测值	217	217	217	217	184

动态面板模型中常用的是系统 GMM 和差分 GMM，差分 GMM 是对原方程作差分，使用变量滞后阶作为工具变量，系统 GMM 在使用变量滞后阶作为差分方程的工具变量的同时，还使用差分变量的滞后项作为水平方程的工具变量，从中可知系统 GMM 是对差分 GMM 的扩展，更加适合本章的研究。因此模型（5）采用的是动态面板系统 GMM 模型，参照其他对储蓄率的研究做法仅引入了储蓄率的滞后一项，在所有储蓄率的决定因素中，本章仅将人口特征变量即老年抚养比（OLD）看作是完全外生变量，并将其作为工具变量的选择，其他变量均视为弱外生变量，将它们的滞后项作为工具变量。从回归结果来看，储蓄率的滞后一阶是显著，且相比起使用静态面板模型，模型（5）中网上支付指数回归系数有所下降，这表明静态面板模型中的估计系数被高估了，采用动态面板模型是有必要的，并且从模型（5）展示了通过扰动项的自相关检验发现，扰动项无二阶自相关的原假设均在 1% 的显著水平上被拒绝，这说明检验方程扰动项无序列相关的假定是可以满足的。同时 Sargan 检验也表明选择的所有工具变量也都是有效的，模型（5）中使用系统 GMM 选取的工具变量通过了检验，基于模型（5）的回归结果分析如下：首先，模型（5）中储蓄率的滞后项的系数是正的，且在 1% 的水平上显著，这说明我国居民存在储蓄惯性，储蓄惯性会对居民储蓄率有较强的正向推动作用，这使我国高储蓄的状况可能会因为居民的储

蓄惯性的存在具有持续性，同时也说明在研究储蓄率时，忽略储蓄率滞后项可能会造成不准确的结果。从估计系数的大小来看，滞后一阶的储蓄率每提高 1 个百分点，居民当期储蓄率就提高 0.684 个百分点。本章的核心解释变量，网上支付发展指数的估计系数为负，并在 1% 的水平上显著，这表明在 2011～2017 年期间控制住各个储蓄率的主要影响因素之后，网上支付的发展显著地抑制了居民储蓄率的上升；在控制住各个可能对居民储蓄率产生影响的因素之后，网上支付发展指数每提高 1 个百分点，居民储蓄率就下降 0.028 个百分点，这对第 4 章提出的假说 4.6 进行了验证。

网上支付的发展对居民储蓄率产生的抑制效应有三个方面：一是在心理账户作用下，网上支付刺激居民在同样消费的类型中进行更多的消费，网上支付的便捷性以及能免去居民支付痛苦和大额面币找零的特性，不利于消费者进行消费控制和储蓄；二是网上支付能帮助特别是落后地区形成完善的消费市场，冲破时间空间的阻碍，刺激居民产生更新、更高的消费需求；三是以网上支付为基础的互联网消费信贷的普及、通畅的互联网信息渠道能促使居民进行一些超出自己本身收入水平的消费，减少储蓄甚至产生负债。

模型（5）中选择了人均收入增长率和失业率作为控制变量，控制了经济发展状况对储蓄率的影响，回归结果显示，人均收入的增长会显著抑制储蓄率的上升，这表明了前面理论分析中所说的经济发展对储蓄率的财富效应高于加总效应，居民能预期到收入增长时，收入增长过快降低了居民预防性储蓄动机，从而提高了消费使储蓄率降低。失业率的估计系数为负，这与前面的预期保持一致，失业率的增高降低居民收入从而对居民储蓄率产生了负向影响。本章使用老年抚养比控制人口结构对我国储蓄率的影响结果发现，人口老龄化会显著降低居民储蓄率，这与生命周期理论预期保持一致。由于人口老龄化会带来负担效应的同时，也会带来寿命效应，本章的结果表明，在研究期间人口老龄化的负担效应大于寿命效应；消费信贷用来控制金融市场信贷市场流动性约束程度对储蓄率的影响，回归显示收入不确定性会显著提高居民储蓄率，在 1% 显著水平，估计系数为 0.010，这印证了居民在收入不确定存在下的预防性储蓄动机，这与以往的研究和本书前面的理论分析保持一致。回归还发现，消费信贷的发展暂时还没有能降低居民储蓄率的效应，这说明了信贷市场缓解流动性约束从而降低居民储蓄的效应还没有完善；住房价格对居民储蓄率产生促进作用，这说明了高房价促进了居民为住房而储蓄，挤压了居民的其他消费，但回归系数不显著；股价对居民储蓄率产生了正向影响，说明了股价的上升使更多居民将资产投入股市中，对消费产生了负向效应，但回归系数不显著。房价和股价回归系数不显著表明在本研究中对储蓄率产生的影响较小。综合对上述控制变量的估计系数进行分析，本书可以看到较强的储蓄惯性，收入不确定性的扩大和高位的住房价格均是造成我国居民高储蓄的重要原因，金融信贷体系的完善能使更多的人享受到信贷服务及时缓解流动性约束，降低储蓄率的效应还未发挥效用。

7.4.2　网上支付对储蓄率影响渠道的探究

网上支付与收入增加、金融系统等其他影响因素同时对储蓄率产生影响，网上支付对储蓄率的作用渠道多样化且未知，同时网上支付对居民储蓄率的抑制效应也存在地区异质性。为此，使用方程式（7.3）引入了网上支付与储蓄率各个影响因素的交互项来检验，网上支付是否在不同年份和不同省份随着其他影响因素的不同，对储蓄率产生不同程度的抑制效应，检验结果如表7-4所示。

表7-4　　　　　　　网上支付与影响储蓄率因素交叉项检验

变量	（1）	（2）	（3）	（4）
sr(-1)	0.797 *** (0.030)	0.639 *** (0.026)	0.665 *** (0.058)	0.706 *** (0.026)
pay	-0.181 ** (0.081)	-0.037 ** (0.014)	-0.266 *** (0.102)	-0.027 ** (0.012)
inc	-0.288 *** (0.036)	-0.209 *** (0.088)	-0.152 *** (0.041)	-0.231 *** (0.050)
une	0.099 (0.111)	0.003 (0.194)	-0.082 (0.114)	-0.101 (0.078)
old	-0.083 (0.073)	-0.227 ** (0.110)	-0.068 (0.060)	-0.072 *** (0.024)

变量	（1）	（2）	（3）	（4）
unc	0. 147 *** （0. 070）	0. 015 ** （0. 006）	0. 076 *** （0. 017）	0. 123 *** （0. 017）
cre	0. 019 （0. 022）	0. 125 *** （0. 034）	0. 058 ** （0. 026）	0. 054 *** （0. 009）
hou	0. 070 （0. 067）	0. 124 （0. 097）	0. 037 （0. 047）	0. 021 （0. 031）
pay × sr(−1)	− 0. 132 ** （0. 052）			
pay × pg		0. 090 *** （0. 032）		
pay × unc			− 0. 045 ** （0. 021）	
pay × cre				− 0. 009 ** （0. 004）
AR(1)	0. 033	0. 081	0. 065	0. 028
AR(2)	0. 755	0. 397	0. 399	0. 515
Sargan	0. 99	0. 99	0. 99	0. 99
观测值	186	186	186	186

表 7 – 4 中模型（1）检验了网上支付与储蓄滞后 1 阶项的交互效应。过去的研究证明，消费者过去的消费数量会对当期消费数量产生正向影响，这使消费者消费行为产生一种习惯形成（habit formation）特征，在理论模型中学者们常常使用过去消费与权重的乘积表示习惯冲击。在我国的经济体制中，除了理论上的习惯形成要素外，金融体系的不完善使居民在有借款需求时，很难从金融机构顺利地得到贷款缓解流动性约束，而消费者的消费行为往往具有周期性，消费者时常需要在房产、教育、医疗和住房设备等耐用品方面进行大额消费，这使居民不得不为了耐用品消费而储蓄。同时，在社会各方面改革作用下，我国居民常常面临较大的不确定性，为了应对以后未知的风险，理性的消费者会产生预防性储蓄动机，这些情况都会导致我国居民出

现储蓄惯性。模型（1）的回归结果显示，网上支付发展指数与储蓄滞后一阶项交互项为负，且在5%的水平上显著，这表明网上支付发展得更好的年份和省份的居民储蓄惯性更小，也就是说网上支付的发展有助于降低居民储蓄惯性。其原因：一是在心理账户作用下，与传统支付方式相比，居民使用网上支付时支付痛苦感减小，能刺激居民进行更多的消费；二是以网上支付为基础的网上消费信贷的发展在一定程度上缓解了偏远地区、较低收入居民的金融抑制，缓解了居民的流动性约束，在居民希望进行大额耐用品消费时提供外部信贷支持；三是比起传统的消费信贷，互联网消费信贷能随时随地更加方便地为居民提供信贷支持，在一定程度上降低了居民对未来的不确定性。

模型（2）对网上支付与人均GDP交互项的影响效应进行了检验。交叉项为正，且在1%的水平上显著。这意味着人均GDP越高的省份，网上支付对储蓄的负向影响越弱，经济落后地区的消费潜力越大，网上支付抑制储蓄率的效应就越强。从理论上分析，经济发展水平能从两方面影响网上支付对居民消费的影响效应：一方面，网上支付作为当面现金支付的替代支付方式在促进消费的同时，还能使一些非当面交易的跨地区消费变得可能。互联网购物让居民足不出户就能得到全面的信息，地方特色产品不再只局限在当地销售，以网上支付为技术基础的互联网购物使不同地区之间的货物能随时随地进行往来；同一个城市中离购物中心远的郊区居民和离购物中心近的市区居民一样购物消费变得同样方便；二、三线城市的居民不再受到只有在一线城市才能买到的专柜品牌的限制，他们和一线城市居民一样可以享受到当地还没有的品牌货物和服务。人均GDP越低的省份经济发展相对就越落后，其消费上升空间就越大，因此，网上支付为基础的互联网消费信贷能帮助这些省份更多的人解除流动性约束，帮助释放更多的消费空间，从而加大了对居民储蓄率的抑制效应。人均GDP越高的省份，经济越发达，商业环境越完善，各种门店越丰富，跨境消费的效应相对较弱，对储蓄率的抑制作用也相对比较弱。另一方面，一般来说经济越发达的省份网上支付越发达，居民对新生事物接受得越快，网上支付应用得越广泛，从而形成规模效应，对储蓄率的负向影响就越强。网上支付与人均GDP交叉项估计系数为正，表明上述的两种效应中效应1占据主导。

模型（3）网上支付与收入不确定性交互项对储蓄的影响进行了检

验，检验结果表明系数为负，并在1%的水平上显著。这说明网上支付有助于降低居民收入不确定而进行的预防性储蓄。这与理论预期相符合，即当网上支付被广泛使用后，居民面对收入不确定而发生资金短缺时，以前要和亲戚朋友当面借钱，而现在只需要在微信上或者支付宝上就可以转账，比以前变得更方便、快捷。并且，网上支付发展起来之后，相应的消费信贷也变得更加便利，这也使居民向正规金融机构或者网上机构借钱变得更加简单方便。

同时，还检验了网上支付与消费信贷的交叉项，模型（4）表明交叉项系数为负，且在5%的水平上显著。网上支付在一定程度上促进了消费信贷降低储蓄率的效应，其原因是以网上支付为基础的互联网消费信贷同时也得到了发展并服务了更多的群体，网上支付的发展也使传统的消费信贷变得更普及，种类变得更丰富，消费信贷从广度和深度上都得到了发展。

7.5 本章小结

本章针对近年来网上支付迅猛发展而储蓄率下降的现象，从理论和实证的角度探究了网上支付对降低储蓄率的效应，首先对网上支付的影响因素进行了文献梳理，并通过构建理论模型重点对宏观经济环境和房价对储蓄率的影响机制进行总结，为下面研究网上支付与储蓄率的影响关系奠定基础。利用2011~2017年的省际面板数据，运用系统GMM方法把网上支付对降低储蓄率的效应进行了检验，其检验结果如下：

（1）在控制住研究期间各个储蓄率影响因素的影响之后，网上支付的发展对刺激居民消费、降低居民储蓄率仍然有显著作用，网上支付发展指数每增长1个百分点，居民储蓄率就降低0.028个百分点。2011~2017年以网上支付指数平均增长率33.07%来计算，在其他影响储蓄率的因素保持不变的情况下，网上支付的发展使储蓄率每年下降0.926%；以居民平均储蓄率30.25%来计算，网上支付对储蓄率的影响强度为3.06%。

（2）通过引入网上支付与其他影响因素交互项进行网上支付，对储蓄率影响渠道探究发现，网上支付的发展是通过降低我国居民强烈的储蓄惯性、完善消费信贷市场和降低不确定性，来对我国居民储蓄率产生抑制效应。具体来说，网上支付的发展有助于完善消费信贷市场，为更多人群提供消费信贷服务，在一定程度上能缓解对偏远地区、较低收入居民的金融抑制，缓解更多居民的流动性约束，在居民想进行大额耐用品消费时提供外部信贷支持；网上支付还能显著地降低居民不确定性对储蓄率的促进作用。网上支付的发展有利于降低我国居民强烈的储蓄惯性，其原因如下：一是在心理账户作用下，居民使用网上支付时支付痛苦感减小，模糊了货币价值感，刺激了居民进行更多的消费；二是以网上支付为基础的网上消费信贷的发展促进了消费信贷对储蓄率的抑制效应；三是比起传统的消费信贷，互联网消费信贷能随时随地为居民提供更加方便的信贷支持，在一定程度上减少了居民对未来的不确定性。

（3）网上支付对储蓄率的抑制效应具有地区异质性，随着地区经济发展水平的下降变得更加突出，这是因为网上支付能帮助欠发达地区构建更完善的消费市场，从而促进了欠发达地区居民产生更高水平的消费需求。

在我国经济进入新常态背景下，网上支付的发展在心理账户效应作用下能直接地刺激消费，拉动内需，网上支付的发展还能完善消费市场，有效地拉动了欠发达地区居民的消费需求，释放出欠发达地区居民因为身边消费市场不完善抑制已久的消费需求，从而降低他们的储蓄率。同时，我国金融体系发展的速度缓慢，信贷市场的普及困难，造成了居民需要较高储蓄作为基础来满足未来的大额消费。网上支付有效地促进了现代金融体系的完善，逐步从原有的居民需要高储蓄、高收入满足未来大额消费，转变为现代金融体系的收入决定信贷额度，从而实现了大额消费。现代金融市场的完善有效地降低了居民的储蓄动机。

第8章 网上支付对居民储蓄率的动态 影响和异质性影响分析

通过构建我国 2011～2017 年省际面板模型研究发现，网上支付的发展能显著地抑制我国居民储蓄率的上升，并初步得到网上支付对我国居民储蓄率的抑制效应具有地区异质性的结论。本章从基于微观层面将网上支付对居民储蓄率的影响进行分析，在前面理论模型和机理分析的基础上，提出网上支付对居民储蓄率整体影响效应、动态影响和不同样本影响异质性的 10 个假说，并使用微观数据库 2014 年、2016 年和 2018 年中国金融动态追踪数据，在微观个体层面对提出的 10 个研究假说进行验证。

处在不同区域、拥有不同家庭情况和具有不同个人特征的居民由于当地互联网发展水平、居民文化习惯、对新生事物接受程度和对网上支付的需求程度等因素的影响，其使用网上支付的情况有所不同，从第 5 章的数据描述中也可以看出，城市、高收入、年龄偏低、受教育程度高等特征的居民使用网上支付的概率和金额高，而网上支付对居民储蓄率的影响与居民具体使用网上支付情况紧密相关。因此，本章将在第 4 章理论基础上，分析使用网上支付对居民消费储蓄行为产生的价格折扣效应、对传统支付消费替代效应和刺激效应，明确这三个影响效应的方向和大小，最后决定网上支付对居民储蓄率的整体影响，以及对不同居民储蓄率的影响异质性。

8.1 理论基础与研究假说

在前面理论和机理分析的基础上对网上支付的使用情况与家庭储蓄

率的关系本章提出 10 个假说。

从第 4 章的理论基础模型得到,网上支付手段的使用和网上支付金额的提高对家庭储蓄率的影响符号取决于价格折扣效应、对传统支付替代效应和消费刺激效应,简单来说,影响符号取决于使用网上支付之后消费金额在网上支付手段和传统支付手段间的分配情况。经过多年的发展,现在网上支付覆盖广度和深度都处于较高的水平,在使用网上支付完成从传统支付转移的消费量基础上,消费者常常使用网上支付进行更多数量和更多类型的消费,使刺激消费效应占据主导,因此,本章在假说 4.5 基础上提出假说 8.1 和假说 8.2:网上支付手段的使用和网上支付金额的提高能显著抑制家庭储蓄率的上升。

网上支付作为一种新生事物,被居民接受和普及需要一定的时间。随着网上支付业务在我国的普及,家庭网上支付金额不断上升,增长速度却经历一个倒"U"形的趋势,即从发展前期的快速增长到发展后期的平缓增长,直到网上业务渗透率达到较高的水平,成为不同区域、不同家庭主流的支付方式之一的时候,网上支付业务的增长达到了饱和,网上支付业务具有外部经济效应和规模效应(谢平和刘海二,2012)。随着网上支付业务覆盖面的扩大,支付交易体系逐渐健全,网上支付更加便利和安全,居民使用网上支付的效应得到提高,这将进一步地刺激更多居民更频繁地使用网上支付,扩大了使用人群,网上支付对消费的刺激效应得到了增强,从而对家庭储蓄率的抑制效应也得到增强。但该抑制效应有饱和点,不会一直保持增强的态势,因为,当网上支付普及程度达到较高水平之后,居民的消费习惯倾向会保持稳定,消费金额在传统支付手段和网上支付手段之间的分配会趋于稳定,这时网上支付对家庭储蓄率的抑制效应会不断减小,这也符合一切新兴技术和新生事物的发展规律。总的来说,随着网上支付的不断普及,网上支付对家庭储蓄率的抑制效应会不断上升,直到网上支付普及程度达到一定水平之后该抑制效应会出现下降的趋势。从本章具体的研究时间来看,CFPS(2014)的数据显示,在所有被调查的 13946 个家庭样本中使用网上支付的家庭样本为 3390 个,所占比例为 24.3%,CFPS(2016)数据显示到 2016 年该比例上升至 41.84%,CFPS(2018)的数据显示到 2018 年此比例上升至 53.76%,如果以使用网上支付的家庭与所有家庭之比来刻画网上支付业务的发展速度,可以看到 2014~2016 年的增长速度为

72.18%，2016～2018 年的增长速度则下降到 28.49%，结合宏观层面上网上支付行业的发展态势，可以说在 2014 年到 2016 年再到 2018 年间，网上支付经历了高速发展到平缓增长的发展过程，因此，结合文献回顾和上述理论分析，在假说 4.6 的促使下，本章提出假说 8.3：网上支付金额的提高在 2014～2018 年对储蓄率的抑制效应随着年份增长会呈现出倒"U"形变化。

在假说 4.7 基础上，具体分别从城乡、区域、性别、年龄阶段、收入水平、受教育程度和婚姻状况 7 个角度提出假说 8.4～假说 8.10。

在前面技术接受模型（TAM）基础上，网上支付对城乡家庭储蓄率影响异质性主要表现在以下两个方面：一方面，由于城市电脑宽带和 3G、4G 信号等互联网基础设施好于农村，城市居民普遍对互联网、网上购物、网上信贷等新生事物接受程度和接受速度高于农村居民，城市居民收入普遍高于农村居民能为居民进行网上购物奠定更好的基础，这使城市居民对网上支付的感知易用性高于农村居民，从这方面分析，网上支付对城市家庭储蓄率的抑制效应高于对农村家庭储蓄率的抑制效应。另一方面，在网上支付兴起之前农村的市场经济环境比城市的差，集市、商场等分布密集性远远低于城市，使农村居民出门购物的困难度大大高于城市居民，农村集市、商场中的商品种类也不如城市商场商品丰富，这也拉大了城乡商品市场环境的差距，网上购物平台的兴起使消费水平具有更大发展空间的农村家庭，能方便地从网上得到全国乃至世界各地商品的信息，在物流服务的辅助下，农村居民使用网上支付手段可以释放出更大的消费空间。另外，农村居民也有着一定的甚至高于城市居民的借贷需求。相比城市居民，农村居民更难得到传统的金融借贷服务，传统的金融借贷服务对农村居民产生"金融排斥"，而新型的互联网信贷能使农村居民可以得到小额贷款而进行网上购物。这使农村消费者对网上支付的感知有用性高于城市居民，从这个角度来看，网上支付对农村家庭储蓄率的抑制效应应该大于对城市家庭储蓄率的抑制效应。"认知有用性"和"认知易用性"在网上支付不同的发展阶段分别发挥着不同程度的作用。认知易用性里的互联网基础设施和通信设备是网上支付发挥效用的物质基础，学习网上支付的使用是其发挥效用的非物质基础，没有这两种基础，认知有用性就算再大，网上支付也不能发挥作用，这使初期感知易用性占据主导。然而，在网上支付普及过程中，城市的互联网基础设施更快地发展和完善起来，城市居民也以更快的速度学习新技术，这使初期网上支付对城市家庭储蓄率比对农村家庭储蓄率抑制效应更大；随着网上支付的发展，其渗透率达到一定水平，这时农村的互联网基础设施基本完善，农村居民也学会了网上支付，感知有用性占据更主导的地位，网上支付对农村家庭储蓄率的抑制效应超过了对城市家庭储蓄率的抑制效应。本章基于理论分析和网上支付的发展阶段提出假说8.4：网上支付发展初期对城市家庭储蓄率抑制效应相对更大，进入缓慢增长期对农村家庭储蓄率抑制效应相对更大，在整体研究期间的异质性不确定。

与网上支付对城乡家庭储蓄率影响存在异质性的原因类似，我国不同区域的互联网基础设施、人们对新生事物的接受程度和市场环境等因素存在差异。将我国区域互联网基础设施的完善程度和人们对新生事物的接受速度为评价标准，从高到低排列是东部、中部和西部；以商品市场环境为评价标准，从落后到完善排列是西部、中部和东部，因此，本章提出假说8.5：网上支付金额的提高对不同区域家庭储蓄率影响效果存在异质性。

不同性别的居民对网上支付的使用意愿不一样，网上支付发挥的效用也不一样。在网上支付发展的初期，居民多是使用电脑终端设备进行网上支付，与男性相比女性在拥有互联网设备和互联网依赖程度等方面处于劣势。但从2014年4G信号和移动设备的普及使移动支付成为网上支付的主流以来，女性大多具备进行网上支付的物质条件；使用手机、平板电脑等移动终端进行信息搜索、支付程序简单容易，使女性使用网上支付的货币成本和非货币成本都大大降低，甚至低于男性；女性更喜爱使用微博、微信等社交网络平台，使其进行网上支付时信息搜索的能力和速度都快于男生。以上情况使女性使用网上支付的认知易用性高于男性。相比于男性居民，女性对网上购物的消费意愿更大，各大电商平台纷纷主打化妆品、衣物等针对女性的商品，这也使女性对网上支付的认知有用性高于男性。另外，在网络博主营销和网络直播流行的时代，消费观念更感性的女性更容易被各种推广的零食、化妆品、衣物、家用电子产品所吸引，使女性使用网上支付进行更多的原类型消费，同时，女性也更能适应如生活缴费、健身、医疗保健和教育网上支付新业务，使网上支付更能帮助女性开拓新的消费领域。因此，本章提出假说

8.6：网上支付金额的提高对户主为女性的家庭储蓄率抑制效应大于对户主为男性的家庭。

相比年长的个体，年轻的个体思想往往更加开放，承担风险能力也一般比较强，使他们更愿意接受新生事物，给网上支付在年轻群体中的普及奠定了基础；电脑、手机等互联网设备在年轻个体中普及度高于老年个体，年轻个体对互联网的依赖程度也远远高于老年个体，使年轻个体对网上支付的接受速度更快。曹倩等（2016）、冷晨昕等（2017）和《中国互联网络发展状况统计报告》等研究也表明，年龄越小的个体使用网上支付等网上金融业务的概率越高，使用多种支付方式的可能性也越大。同时，年轻个体对丰富的商品消费需求量比较大，年轻的观念使他们能更好地接受网上支付衍生的互联网消费信贷进行提前消费。本章综合以上的理论分析和文献综述提出假说 8.7：网上支付金额的提高对户主不同年龄阶段的家庭储蓄率影响效果随着户主年龄的增长呈现下降的变化趋势。

网上支付对不同收入水平的家庭储蓄率的异质性影响主要表现在：智能手机价格不断下降，使移动设备普及度在各个收入阶段家庭均处于较高水平。收入水平较高的家庭，消费水平较高，收入足以支撑其消费，在网上支付还未普及时，周边完善的市场购物环境和顺畅的信息渠道就使他们已经能方便地进行消费，各类消费需求能够得到较好的满足，网上支付的出现给他们带来的刺激效应相对有限。对于收入水平较低的家庭，收入不能满足他们的消费水平，借助于互联网消费信贷能释放其更多的消费空间。原本住在偏远的地方不能及时方便地进行消费，网上支付的出现能促使他们发生跨区域消费，因此对他们的刺激效应更大。因此本章提出假说 8.8：网上支付金额的提高对较低收入家庭储蓄率的抑制效应相对较大。

网上支付对不同受教育程度的家庭储蓄率影响异质性主要体现在两个方面：一个方面，受教育程度越高的居民，思想意识越具有前瞻性，越愿意尝试接受新生事物，同时，他们接受和学习新生事物的能力更强、速度更快，这使受教育程度越高的居民使用网上支付的概率越高，金额也越高。另一方面，网上支付的便利性太高有可能会使居民陷入物质诱惑中。在充满着物质诱惑的当今社会，外加互联网消费信贷的作用，网上支付可能会促进居民进行超过自己收入水平的消费，使其陷入债务危机。一般来说，教育程度越高的居民消费观念越理性，越能避免这种情况的发生。在这两种相反方向影响效应的共同作用下提出假说8.9：网上支付金额的提高对户主不同教育程度的家庭储蓄率影响效果随着户主所受教育程度的上升呈现倒"U"形变化趋势。

不同婚姻状况的家庭可能拥有不同的消费理念和消费需求，使网上支付对他们会产生影响异质性。比起已婚个体，未婚个体不太会被生活中的育儿等生活负担所束缚，具有更加开放的消费观念，在使用网上支付替换传统支付消费的同时，更愿意使用网上支付尝试新领域的消费，因此，本章提出假说8.10：网上支付对未婚家庭储蓄率的影响效应大于已婚家庭。

8.2　数据与模型设定

8.2.1　数据来源

以2014年、2016年和2018年中国家庭追踪调查（china family panel studies，CFPS）数据库数据为研究基础。中国家庭追踪调查（CFPS）通过跟踪收集个体、家庭、社区三个层次的数据，反映中国社会、经济、人口、教育和健康的变迁，为学术研究和公共政策分析提供数据基础。CFPS由北京大学中国社会科学调查中心（institute of social science survey，ISSS）实施。项目采用计算机辅助调查技术开展访问，以满足多样化的设计需求，提高访问效率，保证数据质量，是北京大学和国家自然基金委资助的重大项目。

CFPS在2008年和2009年连续两年在北京市、上海市、广东省三地分别开展了初访与追访的测试调查，并于2010年正式开展访问。经2010年基线调查界定出来的所有基线家庭成员及其以后的血缘/领养子女将作为CFPS的基因成员，成为永久追踪对象。CFPS调查问卷共有社区问卷、家庭问卷、成人问卷和少儿问卷四种主体问卷类型，并在此基础上，不断发展出针对不同性质家庭成员的长问卷、短问卷、代答问卷、电访问卷等多种问卷类型，最终形成社区情况、家庭成员确定、家庭经济情况、成人个体和少儿个体五个数据库。CFPS 问卷内容包括：社区的基础设施与环境、人口、住房、交通、医疗、财务、社会保障和食品价格等信息；家庭的收入、支出和资产等信息；成人个体的基本信息、兄弟姐妹、教育、婚姻、工作、退休和养老、手机和网络使用、健康、行为和精神状态、认知能力等信息以及少儿个体的基本信息、日常生活、健康、教育、父母养育观、上学、培训辅导、主观态度等信息。

本部分使用 CFPS 样本考察网上支付对家庭储蓄率的影响具有四个原因和优势。第一，CFPS（2014）、CFPS（2016）和 CFPS（2018）样本均在 2011 年之后，与本书的研究期间吻合。第二，CFPS 样本覆盖面广，具有广泛代表性，以 CFPS（2014）为例，包含了 29 个省份 498 个县的 13946 个家庭样本、37147 个成人个体样本和 8616 个少儿样本。第三，CFPS 样本包含社区保险覆盖情况、房价等相关信息，家庭消费支出、人口结构等相关信息，以及家庭成员上网时间、网上购物、性别、婚姻状况、学历等相关信息，为本书研究主题提供了良好的数据基础。第四，CFPS 对家庭进行两年一次的连续追踪调查。FPS（2014）、CFPS（2016）和 CFPS（2018）得到了同样的家庭在 2014 年、2016 年和 2018 年的相关情况，既便于我们构建面板模型把网上支付对家庭储蓄率的整体影响效应进行分析，又便于我们对网上支付在不同年份对家庭储蓄率的影响效应进行对比分析。

8.2.2　模型设定

1. 倾向匹配得分法

在随机试验中，家庭是否选择使用网上支付方式是随机的，可以直接通过比较是和否使用网上支付的家庭储蓄率，来得到网上支付对家庭储蓄率的影响。但是，实际微观数据是非随机实验，各个家庭样本选择是否使用网上支付并非随机，会受到很多其他不可观测因素的影响，即存在"选择偏差"（Selection Bias）的问题。但当一个家庭选择使用网上支付方式时，只能观察到其使用网上支付时的储蓄率多高，无法得知其不使用网上支付时储蓄率处于什么水平，同样对于选择不使用网上支付的家庭也只能观察到其不使用网上支付时的储蓄率，而不能观察到其使用网上支付时的储蓄率。针对假说 8.1，本章构建"反事实推断"模型纠正选择偏误可能带来的误差，使用倾向匹配得分法（PSM）进行回归，Rubin（1974）提出的因果模型中有：

$$Y_i = Y_{1,i}, \text{ if } D_i = 1$$

$$Y_i = Y_{0,i}, \text{ if } D_i = 0$$

其中，处理变量 $D_i = 1$ 表示实验组，$D_i = 0$ 表示控制组，Y_{0i} 表示当个体在实验组时的结果，Y_{1i} 表示个体在控制组的结果。

本章关注的平均处理效应（Average Treatment Effect）表示的是处于实验组与处于对照组带来的结果之差，表达式为：

$$ATE = E(Y_{1i} - Y_{0i}) \tag{8.1}$$

但是，如果直接使用观测数据，度量实验组与对照组结果之差，就可能会产生"选择偏差"：

$$E(Y_{1i} \mid D_i = 1) - E(Y_{0i} \mid D_i = 0) = [E(Y_{1i} \mid D_i = 1)$$

$$- E(Y_{0i} \mid D_i = 1)] - E(Y_{0i} \mid D_i = 0) \tag{8.2}$$

本章使用 PSM 方法，尽量纠正"选择偏差"获得对网上支付使用的平均处理效应的一致估计。具体步骤如下：第一步，估计选择使用网上支付方式的 Logistic 模型，估计各家庭选择使用网上支付的概率，将其定义为倾向得分（Pscore）；第二步，对于每一个实验组（使用网上支付）里的家庭，以倾向得分为依据，在控制组（不使用网上支付）寻找与其情况最相似的家庭，完成匹配；第三步，通过比较匹配前后实验组与控制组各个协变量的均值、方差和不同组别样本在实验前后的偏误比例，从而得到其偏误降低比例，综合考虑各协变量偏误降低比例，不同组别间差异 t 值，Rubin'B 和 Rubin'R 值检验匹配的平衡性（Rubi，2001）；第四步，将实验组里家庭样本的储蓄率减去控制组里家庭样本的储蓄率，得到网上支付对家庭储蓄率的影响效果。在第二步进行样本匹配时，有最小近邻匹配法、半径匹配法、核匹配法、局部线性匹配法等，本部分将使用最常用的核匹配法。

2. 双向固定效应模型

使用倾向得分匹配法对 CFPS（2014）、CFPS（2016）和 CFPS（2018）三个截面数据分别进行匹配，进一步将全部样本进行匹配。将

CFPS（2014）、CFPS（2016）和 CFPS（2018）的家庭储蓄率和网上支付使用情况等变量构建三期面板数据。面板模型有助于减弱不可观测变量对回归造成的影响，本章将加入家庭固定效应和年份固定效应使用双向固定效应模型，把网上支付对家庭储蓄率的影响进行回归。在考察网上支付对家庭储蓄率的影响时，努力在回归模型中加入合适的控制变量来提高估计效率，但是，不可观测变量带来的遗漏变量问题还是会导致结果的不准确，因此，本章在双向固定效应模型基础上，加入工具变量来进一步克服模型的内生性和选择偏误问题，对假说 8.2 进行验证。

$$sr_{it} = \beta_0 + \beta_1 \times treat_{it} + \beta_2 \times X_{it} + \theta_t + u_i + e_{it} \tag{8.3}$$

$$sr_{it} = \beta_0 + \beta_1 \times ip_{it} + \beta_2 \times X_{it} + \theta_t + u_i + e_{it} \tag{8.4}$$

其中，被解释变量为家庭储蓄率，定义表示为：（家庭可支配收入－消费性支出）/家庭可支配收入，下标 i 表示家庭，t 表示年份。家庭可支配收入由 CFPS 问卷中的年度家庭纯收入代表，包括了过去一年间家庭的农业收入、经营性收入、转移性收入和工资性收入。家庭消费性支出包括家庭在过去一年间在食品、衣着鞋帽、居住、文教娱乐、家庭设备、日用品和医疗保健等方面的支出。由于教育支出与家庭是否有处于上学阶段的孩子有直接的关系，医疗支出与家庭成员的年龄和健康状况有直接的关系，为了检验结果的稳健性，本部分参考马光荣（2014）的做法，设置了家庭储蓄率2，即不把教育支出与医疗支出计入消费部分的家庭储蓄率。由于家庭储蓄率具有较多极端值，所以参考有关做法将家庭储蓄率1和家庭储蓄率2的范围设置为［－2, 2］进行数据清理。

核心解释变量 treat 为家庭是否使用网上支付，treat = 1 表示使用，treat = 0 表示不使用。CFPS 问卷中问道："过去 12 个月，您网上购物（含网上缴费）总共花了多少钱？"本章以家庭为单位，将每个家庭成年成员和少儿成员的网上购物金额进行加总得到家庭网上支付值，设置虚拟变量 treat，家庭使用网上支付设置为1，不使用网上支付方式为0。ip 为家庭使用网上支付金额，以家庭为单位将每个家庭成年成员和少儿成员的网上购物金额进行加总得到家庭网上支付值金额。

X 代表控制变量，本章参考焦勇、杨蕙馨（2017）及李成友、刘安然、袁洛琪和康传坤（2020）等的做法，在宏观上从省份层面、家庭层面和个人三个层面选取了控制变量，具体来说，选择了家庭所在省份人均 GDP、商品房均价和保险覆盖程度；家庭少儿人口占比、老年人口占比、家庭成员平均健康状况以及户主性别、年龄、婚姻状况和学历水平。其中，家庭所在省份人均 GDP 数据来自各年《中国统计年鉴》，用来控制宏观层面的经济产出对家庭储蓄率的影响；家庭所在省份商品房平均价格用商品房销售总额与销售总面积之比表示，用以衡量宏观层面的房价对家庭储蓄率的影响；家庭所在省份保险覆盖程度本章选择的是失业保险覆盖程度作为代表，具体是由年末参加失业保险人数与省份总人数之比来表示，用此变量来控制当地保险体系的完善程度对家庭储蓄率的影响；使用 CFPS 问卷对家庭成员年龄（age）的统计，得到每一个家庭大于 65 岁的老年人数，再除以家庭规模（family size）得到每个家庭的老年抚养比，使用老年抚养比来控制家庭年龄结构对家庭储蓄率的影响；同时使用少儿数据库统计每一个家庭的少儿人数，除以家庭规模得到每一个家庭的少儿抚养比。CFPS 问卷中问道："您认为您自己的健康状况如何？"根据选择项中的非常健康、很健康、比较健康、一般、不健康衡量各个家庭成员的健康程度，以家庭为单位进行平均之后得到每个家庭所有成员的平均健康状况，用以控制家庭成员健康状况对家庭储蓄率的影响；CFPS 问卷中问道："您家哪位家庭成员最熟悉并且可以回答 12 个月家庭财务部分的问题。"使用财务回答人作为家庭户主，以家庭户主进行数据匹配得到户主的个人特征，用以控制户主性别、年龄、婚姻状况和学历对家庭储蓄率的影响。

θ_i 是家庭固定效应，控制了家庭不随时间变化的固有因素，u_t 是年份固定效应，$e_{i,t}$ 表示误差项。

3. 多元回归模型

针对假说 8.2，本章将进一步考察网上支付金额对家庭储蓄率的影响，并通过引入网上支付金额与某类储蓄率控制因素的交叉项和分样本的方式，把网上支付金额对不同户籍、性别、年龄等异质性影响进行分析，对假说 8.3 ~ 假说 8.10 具体模型表示为：

$$sr_{it} = \beta_0 + \beta_1 \times ip_{it} + \beta_2 \times X_{it} + e_{it} \tag{8.5}$$

$$sr_{it} = \beta_0 + \beta_1 \times ip_{it} + \beta_2 \times ip_{it} \times X_{it} + \beta_3 \times X_{it} + \theta_t + u_i + e_{it} \tag{8.6}$$

$$sr_{ijt} = \beta_0 + \beta_1 \times ip_{ijt} + \beta_2 \times X_{ijt} + \theta_t + u_i + e_{it} \tag{8.7}$$

其中，模型（8.5）是基准回归，核心解释变量为家庭使用网上支付的情况，具体包括过去一年间家庭是否使用网上支付和网上支付的金额，CFPS 问卷中问道："过去 12 个月，您网上购物（含网上缴费）总共花了多少钱？"。本章以家庭为单位将每个家庭成年成员和少儿成员的网上购物金额进行加总得到家庭网上支付值。模型（8.6）多元回归模型中被解释变量是家庭储蓄率，解释变量是网上支付金额、网上支付金额与各个以控制变量设置虚拟变量的交叉项和控制变量，加入交叉项可以验证网上支付金额对不同特征家庭储蓄率的不同影响效果。模型（8.7）中下标 j 表示各分组样本，以城乡为例，j = 1 表示城镇，j = 0 表示乡村，本章将采取交叉项和分组回归结合的办法对网上支付的异质性影响进行分析。

与前面模型一样，控制变量 x 包括家庭所在省份人均 GDP、商品房均价和保险覆盖程度；家庭少儿人口占比、老年人口占比、家庭成员平均健康状况以及户主性别、年龄、婚姻状况和学历水平。模型（8.6）具体写作：

$$
\begin{aligned}
家庭储蓄率 = {} & \beta_0 + \beta_1 \times 网上支付金额 + \beta_{21} \times 网上支付金额 \\
& \times 2014 年 + \beta_{22} \times 网上支付金额 \times 2016 年 + \beta_{23} \\
& \times 网上支付金额 \times 2018 年 + \beta_3 X_{it} + \theta_t + u_i + e_{it}
\end{aligned} \tag{8.8}
$$

$$
\begin{aligned}
家庭储蓄率 = {} & \beta_0 + \beta_1 \times 网上支付金额 + \beta_{21} \times 网上支付金额 \\
& \times 城镇 + \beta_{22} \times 网上支付金额 \times 乡村 + \beta_3 X_{it} \\
& + \theta_t + u_i + e_{it}
\end{aligned} \tag{8.9}
$$

$$
\begin{aligned}
家庭储蓄率 = {} & \beta_0 + \beta_1 \times 网上支付金额 + \beta_{21} \times 网上支付金额 \\
& \times 东部 + \beta_{22} \times 网上支付金额 \times 中部 + \beta_{23} \\
& \times 网上支付金额 \times 西部 + \beta_3 X_{it} + \theta_t + u_i + e_{it}
\end{aligned} \tag{8.10}
$$

$$
\begin{aligned}
家庭储蓄率 = {} & \beta_0 + \beta_1 \times 网上支付金额 + \beta_{21} \times 网上支付金额 \\
& \times 男性 + \beta_{22} \times 网上支付金额 \times 女性 + \beta_3 X_{it} \\
& + \theta_t + u_i + e_{it}
\end{aligned} \tag{8.11}
$$

$$
\begin{aligned}
家庭储蓄率 = {} & \beta_0 + \beta_1 \times 网上支付金额 + \beta_{21} \times 网上支付金额 \\
& \times 90 后 + \beta_{22} \times 网上支付金额 \times 80 后 + \beta_{23} \\
& \times 网上支付金额 \times 70 后 + \beta_{24} \times 网上支付金额 \\
& \times 60 后 + \beta_{25} \times 网上支付金额 \times 60 前 + \beta_3 X_{it} \\
& + \theta_t + u_i + e_{it}
\end{aligned} \tag{8.12}
$$

$$
\begin{aligned}
家庭储蓄率 = {} & \beta_0 + \beta_1 \times 网上支付金额 + \beta_{21} \times 网上支付金额 \\
& \times 收入处于最低\,25\% + \beta_{22} \times 网上支付金额 \\
& \times 收入处于中下\,25\% + \beta_{23} \times 网上支付金额 \\
& \times 收入处于中上\,25\% + \beta_{24} \times 网上支付金额 \\
& \times 收入处于最高\,25\% + \beta_3 X_{it} + \theta_t \\
& + u_i + e_{it}
\end{aligned}
\tag{8.13}
$$

$$
\begin{aligned}
家庭储蓄率 = {} & \beta_0 + \beta_1 \times 网上支付金额 + \beta_{21} \times 网上支付金额 \\
& \times 90\,后 + \beta_{22} \times 网上支付金额 \times 80\,后 + \beta_{23} \\
& \times 网上支付金额 \times 70\,后 + \beta_{24} \times 网上支付金额 \\
& \times 60\,后 + \beta_{25} \times 网上支付金额 \times 60\,前 + \beta_3 X_{it} \\
& + \theta_t + u_i + e_{it}
\end{aligned}
\tag{8.14}
$$

$$
\begin{aligned}
家庭储蓄率 = {} & \beta_0 + \beta_1 \times 网上支付金额 + \beta_{21} \times 网上支付金额 \\
& \times 文盲和半文盲 + \beta_{22} \times 网上支付金额 \times 小学 \\
& + \beta_{23} \times 网上支付金额 \times 初中 + \beta_{24} \times 网上支付金额 \\
& \times 高中 + \beta_{25} \times 网上支付金额 \times 中专及更高 \\
& + \beta_3 X_{it} + \theta_t + u_i + e_{it}
\end{aligned}
\tag{8.15}
$$

$$
\begin{aligned}
家庭储蓄率 = {} & \beta_0 + \beta_1 \times 网上支付金额 + \beta_{21} \times 网上支付金额 \\
& \times 未婚 + \beta_{22} \times 网上支付金额 \times 已婚 + \beta_3 X_{it} \\
& + \theta_t + u_i + e_{it}
\end{aligned}
\tag{8.16}
$$

8.2.3 内生性问题

网上支付逐渐在全国各地得到推广和普及，网上支付作为一种原有现金支付、银行卡支付等的替代支付方式，是否选择使用网上支付和使用网上支付花费的金额可能与家庭的某些不可观测特征有关，即可能存在遗漏变量的问题；家庭储蓄率与网上支付金额可能也存在双向因果关系，因此，上述的回归模型中可能存在内生性的问题。为解决内生性问题，选择了 CFPS 问卷中的家庭成员业余上网时间作为此回归的工具变量。家庭成员业余上网时间可以认为与家庭层面的消费储蓄行为没有关系，因此，满足工具变量外生性的条件；家庭成员业余上网时间与家庭网上购物金额有直接关系，也满足工具变量的内生性条件。

8.2.4　数据处理和数据描述

首先分年次将社区情况、家庭经济情况、家庭成员确定、成人个体和少儿个体五个数据库基于家庭特征数据进行匹配合并，具体包括，通过村居编码将成人个体数据库与社区情况数据库合并得到家庭各成员个人基本信息、年龄、婚姻状况、学历、社区所在地房价、保险覆盖面等信息。通过家庭编码将该数据库与家庭成员数据库匹配，得到每个家庭的家用支出分配主事人、买房子主事人、子女教育主事人等信息。通过将上述数据库与家庭经济数据库合并得到家庭财务负责人、家庭收入支出情况，使用网上支付金额和业余上网时间等信息。从而得到了整个家庭情况、个体情况和所在社区宏观情况数据。其次，将各变量为缺失值的样本剔除进行数据清理之后得到最终样本。CFPS（2014）各个数据库合并后总共包括 13725 个家庭样本，将家庭储蓄率，家庭成员网上支付情况和户主人口特征变量为缺失值的样本和家庭储蓄率存在极端值的样本剔除之后剩余 5147 个家庭样本；CFPS（2016）各个数据库合并之后总共包括 14019 个家庭样本，将各个变量存在缺失值的样本剔除之后剩余 8139 个家庭样本；CFPS（2018）各个数据库合并之后总共包括 14241 个家庭样本，将不符合研究条件的样本剔除后剩余 7785 个样本。再将 2014 年的家庭编码作为面板模型中的个体变量，将 2014 年衍生出来的新家庭和退出的家庭样本剔除，只保留在三年间得到连续访问的家庭样本，最后得到一个每期 4616 个观测值的三期短面板，记为样本 A。将三年样本中不使用网上支付的家庭样本剔除，得到样本 B，在 2014 年、2016 年和 2018 年各有 2497、4653、5204 个观测值，由于样本 B 中还包括了部分不被连续访问的家庭，2016 年和 2018 年有前一年衍生出来的新家庭，所以后两年的观测值会高于样本 A 中截面数据的观测值。观测值的逐年增大也能从侧面看到网上支付的普及程度越来越大，使用网上支付的家庭越来越多。

表 8 - 1 报告了样本 A 被解释变量、解释变量、控制变量和工具变量的均值，标准差和若干百分位点的数值，表 8 - 2 报告了样本 B 相关变量的描述性统计。

175

表 8 - 1　　　　　　　　　　　　样本 A 描述性统计

变量名称	观测值	均值	标准差	p10	中位数	p90
被解释变量						
家庭储蓄率 1（sr1）	13848	0. 101	0. 581	- 0. 727	0. 241	0. 701
家庭储蓄率 2（sr2）	13848	0. 296	0. 484	0. 353	0. 416	0. 776
解释变量						
是否使用网上支付（t，是 = 1）	13848	0. 418	0. 493	0	0	1
控制变量						
家庭年收入（finc）	13848	77759. 47	178818	15300	50580	142821
家庭老年人口占比（fo）	13848	0. 153	0. 293	0	0	0. 5
家庭少儿占比（fc）	13848	0. 106	0. 155	0	0	0. 333
户籍（ur，城镇 = 1）	13848	0. 52	0. 499	0	1	1
户主性别（gen，男 = 1）	13848	0. 52	0. 499	0	1	1
年龄（age）	13848	51. 39	13. 180	34	51	69
教育水平（edu）[a]	13848	2. 78	1. 260	1	3	4
健康状况（hea）[b]	13848	3. 11	1. 184	1. 25	2. 33	4
已婚为准，未婚（dum1）	13848	0. 038	0. 191	0	0	0
离婚（dum2）	13848	0. 022	0. 148	0	0	0
丧偶（dum3）	13848	0. 047	0. 212	0	0	0
省份人均（gdp）	13848	52530. 49	24516. 83	29864. 08	46047. 02	90171. 8
房价（hou）	13848	0. 134	0. 093	0. 063	0. 092	0. 275
保险覆盖（ins）	13848	7765. 89	5178. 050	4640	5780	13073
工具变量						
家庭业余上网时间（timef）	13848	14. 90	19. 75	0	7	42

表 8 - 2　　　　　　　　　　　　样本 B 描述性统计

变量名称	观测值	均值	标准差	p10	中位数	p90
被解释变量						
家庭储蓄率 1（sr1）	12354	0. 095	0. 574	- 0. 707	0. 238	0. 681
家庭储蓄率 2（sr2）	12354	0. 287	0. 483	- 0. 353	0. 409	0. 759

变量名称	观测值	均值	标准差	p10	中位数	p90
解释变量						
网上支付金额	12354	8576.92	75835.71	300	2400	19000
控制变量						
家庭年收入（finc）	12354	107011.10	206801	30000	72000	194000
家庭老年人口占比（fo）	12354	0.056	0.132	0	0	0.25
家庭少儿占比（fc）	12354	0.107	0.148	0	0	0.333
户籍（ur，城镇＝1）	12354	0.63	0.483	0	1	1
户主性别（gen，男＝1）	12354	0.49	0.499	0	0	1
年龄（age）	12354	44.31	12.811	27	45	61
教育水平（edu）	12354	3.19	1.355	1	3	5
健康状况（hea）	12354	2.99	1.127	1	2.167	3.333
已婚为准，未婚（dum1）	12354	0.110	0.315	0	0	1
离婚（dum2）	12354	0.019	1.358	0	0	0
丧偶（dum3）	12354	0.031	0.174	0	0	0
省份人均（gdp）	12354	56059.59	26228.51	31366	47772	92250
房价（hou）	12354	8537.13	5664.133	0.063	0.096	0.296
保险覆盖（ins）	12354	0.147	0.105	4964	6080	14443
工具变量						
家庭业余上网时间（timef）	12354	26.97	21.67	5	21	56

177

8.3　实证分析

8.3.1　基准回归

首先基于模型（8.3）使用倾向得分匹配法和双向固定效应模型对本章假说8.1进行验证。为了克服选择偏误对回归的影响，选择使用倾向匹配得分法，构建网上支付的使用反事实框架来纠正可能存在的选择性偏误以得到更为准确的回归结果。使用 PSM 方法前进行了平衡性检验，以确保实验组（使用网上支付）和对照组（不使用网上支付）的样本之间除了关键解释变量存在差异之外，其他变量均不存在系统性差异，表 8 - 3 展示了样本 B 进行 PSM 之后的平衡性检验结果，并显示在匹配前大部分解释变量均在 10% 的水平上显著，而使用近邻匹配后大部分的解释变量 t 值不显著，这说明通过倾向得分匹配方法后两组样本大部分解释变量不存在系统性差异，通过了平衡性检验，这意味着倾向得分匹配对不同组别样本的各个变量进行了有效的选择性偏误的纠正。

表 8 - 3　　　　　　　　　　　平衡性检验结果

变量名称	匹配类型	进行网上支付	不进行网上支付	偏误比例	偏误降低比例	两组差异 t 值
收入	匹配前	11.221	10.499	85.5	94.0	48.89 ***
	匹配后	11.207	11.250	- 5.1		- 2.83 ***
收入平方	匹配前	126.480	111.080	84.6	92.4	48.68 ***
	匹配后	126.150	127.320	- 6.4		- 3.32 ***
老年抚养比	匹配前	0.064	0.217	- 57.4	97.0	- 31.52 ***
	匹配后	0.065	0.060	1.7		1.53
少儿抚养比	匹配前	0.114	0.100	9.1	84.2	5.26 ***
	匹配后	0.115	0.113	1.4		0.76
性别	匹配前	0.488	0.548	- 12.0	87.6	- 6.98 ***
	匹配后	0.189	0.481	1.5		0.8
年龄	匹配前	46.540	54.889	- 67.3	92.5	- 38.73 ***
	匹配后	46.680	47.311	- 5.1		- 2.8 ***
未婚	匹配前	0.050	0.029	11.1	92.3	6.58 ***
	匹配后	0.050	0.049	- 0.9		0.8
离婚	匹配前	0.019	0.025	- 3.6	85.7	- 2.06 ***
	匹配后	0.020	0.019	0.5		0.3
丧偶	匹配前	0.032	0.057	- 12.2	98.4	- 6.93 ***
	匹配后	0.033	0.032	0.2		0.12

变量名称	匹配类型	进行网上支付	不进行网上支付	偏误比例	偏误降低比例	两组差异 t 值
教育程度	匹配前	2.476	2.476	59.3	91.8	34.81 ***
	匹配后	3.114	3.114	4.9		2.53 **
健康程度	匹配前	2.473	2.438	−20.2	89.1	−11.44 ***
	匹配后	2.252	2.202	2.2		1.23
省份人均 gdp	匹配前	10.739	10.640	22.6	98.5	13.17 ***
	匹配后	10.824	10.734	0.3		0.17
房价	匹配前	8.779	8.648	26.8	90.6	15.69 ***
	匹配后	8.901	8.747	−2.5		−1.22
保险覆盖比例	匹配前	−2.216	−2.255	13.5	90.1	7.9 ***
	匹配后	−2.142	−2.117	−1.3		−0.67
城乡	匹配前	0.444	0.302	37.8	96.3	21.91 ***
	匹配后	0.619	0.437	1.4		0.76
省份	匹配前	36.364	37.422	4.2	80.0	2.45 **
	匹配后	37.152	35.374	−0.8		−0.47

　　图 8-1 显示了在匹配后大大减小了标准差，匹配后实验组与控制组各变量的标准差保持在 10% 以内，图 8-2 显示了大多数样本均在共同取值范围内，这表示匹配仅损失了少量样本。

　　表 8-4 报告了对假说 1 的检验结果，其中，模型（1）~模型（3）是对分年份截面数据进行倾向得分匹配的结果，处理组平均处理效应（average treatment effect on treated，ATT）结果显示在消除了实验组和控制组之间的系统差异之后，使用网上支付仍然对家庭储蓄率产生显著的抑制效应，这对假说 8.1 进行了验证。模型（4）是将三年样本混合在一起进行的倾向得分匹配结果，平均处理效应同样得到了使用网上支付能抑制家庭储蓄率上升的结论。在进行了倾向得分匹配的基础上，模型（5）对三期面板数据进行了固定效应回归，回归结果显示，控制住家庭固定效应和年份固定效应以及省份、家庭和个人三个层面的控制变量之后，使用网上支付对家庭储蓄率仍然有显著的抑制效应。模型（6）表示

在加入"业余上网时间"工具变量之后结果依然稳健，使用网上支付能显著地降低家庭储蓄率，且加入工具变量之后估计系数绝对值有所上升。

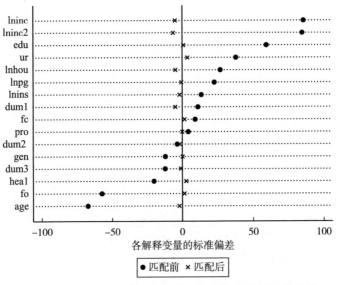

图 8 - 1　实验组和控制组匹配前后各解释变量的标准偏差

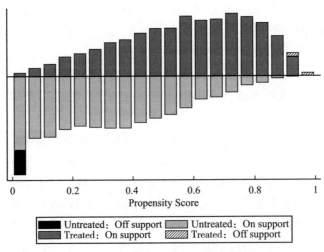

图 8 - 2　实验组和控制组的倾向得分

表 8 - 4　　　　　　　使用网上支付手段对家庭储蓄率的影响

	（1）	（2）	（3）	（4）	（5）	（6）
	2014	2016	2018	全样本	三期面板	三期面板
	倾向得分匹配	倾向得分匹配	倾向得分匹配	倾向得分匹配	双向固定效应	双向固定效应 + 工具变量
平均处理效应	- 0. 177 *** (0. 026)	- 0. 106 *** (0. 02)	- 0. 104 *** (0. 025)	- 0. 149 *** (0. 014)		
是否进行网上支付					- 0. 081 *** (0. 013)	- 0. 151 *** (0. 040)
其他变量	控制	控制	控制	控制	控制	控制
年份固定效应	否	否	否	否	是	是
家庭固定效应	否	否	否	否	是	是
对照组样本	2531	2622	2521	7779	7779	7779
实验组样本	1964	1994	1906	5734	5734	5734
R^2	0. 258	0. 195	0. 216	0. 223	0. 172	0. 176

　　针对模型（8.4）和模型（8.5）分别基于样本 A 使用双向固定效应模型和基于样本 B 使用 OLS 模型，把网上支付金额对家庭储蓄率影响回归的结果报告在表 8 - 5 中，其中，模型（1）和模型（2）是基于样本 A 中使用网上支付的样本构建的双向固定效应模型得到的回归结果，表中第三列和第四列基于样本 B 使用的 OLS 得到的回归结果。模型（1）将家庭储蓄率 1 作为被解释变量，估计系数为 - 0. 025，在 1% 的水平上显著，这表明在控制其他变量不变的情况下，网上支付金额每增长 1%，家庭储蓄率就会降低 0. 025%。模型（2）将剔除医疗支出和文娱类支出后计算到的家庭储蓄率 2 为被解释变量，网上支付金额估计系数的符号和显著性均没有发生改变，结果具有较强的稳健性。模型（3）和模型（4）是使用 OLS 的回归结果，显示网上支付金额仍然对储蓄率有显著的抑制性，各控制变量估计系数的符号和大小也都没有发生很大的改变，这表明此回归具有较好的稳健性，对本章假说 8.2 进行了验证。模型（1）和模型（2）回归结果的控制变量显著性整体不高，可能与样本较小有关。

表 8 - 5　　网上支付金额对家庭储蓄率的影响（不使用工具变量）

变量	(1)	(2)	(3)	(4)
	双向固定效应模型		最小二乘法模型	
	家庭储蓄率 1	家庭储蓄率 2	家庭储蓄率 1	家庭储蓄率 2
网上支付金额的对数	-0.025 ** (0.010)	-0.028 *** (0.009)	-0.040 *** (0.003)	-0.039 *** (0.003)
家庭年收入的对数	2.606 *** (0.293)	1.628 *** (0.264)	1.600 *** (0.090)	0.866 *** (0.079)
家庭年收入对数平方	-0.092 *** (0.013)	-0.055 *** (0.012)	-0.054 *** (0.004)	-0.026 *** (0.003)
家庭老年人占比	0.050 (0.139)	0.076 (0.125)	-0.096 ** (0.038)	-0.035 (0.033)
家庭少儿占比	-0.185 * (0.110)	-0.225 *** (0.099)	-0.058 * (0.034)	-0.073 ** (0.029)
户籍	-0.088 (0.081)	-0.097 (0.073)	-0.094 *** (0.010)	-0.092 *** (0.009)
户主性别	-0.024 (0.029)	-0.032 (0.026)	0.031 *** (0.009)	0.013 (0.008)
年龄	0.002 (0.002)	0.002 (0.002)	0.003 *** (0.001)	0.003 *** (0.001)
以已婚为准，未婚	0.027 (0.065)	-0.001 (0.059)	0.141 *** (0.017)	0.054 *** (0.019)
离婚	0.110 (0.122)	0.057 (0.110)	0.039 (0.034)	0.027 (0.029)
丧偶	0.175 (0.111)	0.123 (0.100)	0.098 *** (0.027)	0.068 *** (0.024)
受教育程度	-0.064 (0.062)	-0.127 ** (0.055)	-0.046 *** (0.014)	-0.046 *** (0.014)
受教育程度平方	0.009 (0.008)	0.016 ** (0.008)	0.003 (0.002)	0.003 (0.002)
平均健康状况	-0.001 (0.069)	-0.010 (0.062)	0.043 * (0.022)	0.054 *** (0.019)

变量	(1)	(2)	(3)	(4)
	双向固定效应模型		最小二乘法模型	
	家庭储蓄率1	家庭储蓄率2	家庭储蓄率1	家庭储蓄率2
平均健康状况平方	0.005 (0.014)	0.010 (0.013)	-0.005 (0.005)	-0.005 (0.004)
人均GDP	0.013 (0.114)	0.067 (0.103)	0.024 (0.027)	0.017 (0.024)
房价	-0.024 (0.158)	-0.059 (0.142)	-0.065 *** (0.022)	-0.039 ** (0.019)
保险覆盖程度	-0.071 (0.124)	0.025 (0.112)	-0.013 (0.020)	-0.031 *** (0.018)
年份	-0.024 (0.030)	-0.009 (0.027)	0.002 (0.007)	0.006 (0.006)
观测值	2742	2742	12354	12354
R^2	0.196	0.219	0.223	0.165

在上述回归基础上,使用工具变量的回归结果报告如表8-6所示,与表8-5一样,表8-6中的模型(1)和模型(2)使用的是带有工具变量的双向固定效应,模型(3)和模型(4)使用的是2SLS法。从第一阶段回归的结果来看,各模型中选择的工具变量"家庭业余上网时间总和"对网上购物金额的回归系数在1%的水平上显著,一阶段回归F统计量也远远大于10,因此,可以排除弱工具变量的问题,同时DWH系数均为0.001,这表明核心解释变量确实为内生变量,选择工具变量回归优于最小二乘回归。从二阶段回归的结果来看,除了模型(2)之外所有模型中网上支付金额的估计系数均为负数,且在5%的水平上显著。以模型(3)为例,网上购物金额每增长1个百分点,家庭储蓄率就降低0.116个百分点。整体来说,选择2SLS模型比选择OLS模型提高了网上支付情况对家庭储蓄率的抑制效应,这说明可能由于网上支付情况与其他影响储蓄率的变量有关,导致一部分网上支付对储蓄率的抑制效应被纳入了其他变量对储蓄率的影响中,因此,低估了网上支付使用情况的估计系数。同样使用面板数据的回归结果显著性相

对偏低，也可能是因为样本量小的原因。

表 8 – 6 　　网上支付金额对家庭储蓄率的影响（使用工具变量）

变量	二阶段回归结果			
	（1）	（2）	（3）	（4）
	家庭储蓄率 1	家庭储蓄率 2	家庭储蓄率 1	家庭储蓄率 2
网上支付金额	– 0. 079 ** (0. 032)	– 0. 046 (0. 029)	– 0. 116 *** (0. 015)	– 0. 093 *** (0. 013)
家庭年收入	1. 756 *** (0. 227)	0. 995 *** (0. 202)	1. 663 *** (0. 093)	0. 911 *** (0. 080)
家庭年收入平方	– 0. 059 *** (0. 010)	– 0. 031 *** (0. 009)	– 0. 054 *** (0. 004)	– 0. 027 *** (0. 004)
家庭老年人口占比	0. 020 (0. 085)	0. 083 (0. 076)	– 0. 133 *** (0. 039)	– 0. 061 * (0. 034)
家庭少儿占比	– 0. 032 (0. 074)	– 0. 064 (0. 066)	– 0. 111 *** (0. 036)	– 0. 111 *** (0. 031)
户籍	– 0. 090 *** (0. 027)	– 0. 081 *** (0. 024)	– 0. 079 *** (0. 011)	– 0. 081 *** (0. 009)
户主性别	0. 002 (0. 020)	– 0. 011 (0. 018)	0. 019 ** (0. 010)	0. 010 (0. 008)
年龄	0. 001 (0. 001)	0. 001 (0. 001)	0. 003 *** (0. 001)	0. 004 *** (0. 001)
以已婚为准，未婚 = 1	0. 111 ** (0. 047)	0. 037 (0. 042)	0. 157 *** (0. 018)	0. 073 *** (0. 016)
离婚 = 1	0. 075 (0. 075)	0. 077 (0. 066)	0. 051 (0. 034)	0. 035 (0. 030)
丧偶 = 1	0. 082 (0. 067)	0. 077 (0. 066)	0. 102 *** (0. 028)	0. 072 *** (0. 024)
受教育程度	– 0. 081 ** (0. 035)	– 0. 080 *** (0. 031)	– 0. 052 *** (0. 015)	– 0. 055 *** (0. 013)
受教育程度平方	0. 009 * (0. 005)	0. 010 ** (0. 004)	0. 005 *** (0. 002)	0. 007 *** (0. 002)

变量	（1）	（2）	（3）	（4）
	家庭储蓄率1	家庭储蓄率2	家庭储蓄率1	家庭储蓄率2
二阶段回归结果				
家庭成员健康状况	0.005 (0.056)	0.001 (0.050)	0.071 *** (0.023)	0.075 *** (0.020)
健康状况平方	− 0.003 (0.011)	− 0.006 (0.010)	− 0.010 ** (0.005)	− 0.009 ** (0.004)
人均 GDP	0.123 ** (0.062)	0.077 (0.066)	0.040 (0.028)	0.029 (0.024)
房价	0.016 (0.050)	− 0.013 (0.044)	− 0.039 *** (0.023)	− 0.020 (0.020)
保险覆盖面积	− 0.133 *** (0.048)	− 0.098 ** (0.043)	− 0.024 (0.021)	− 0.039 ** (0.018)
时间效应	固定	固定	不固定	不固定
个体效应	固定	固定	不固定	不固定
观测值	2733	2733	12354	12354
R^2	0.15	0.15	0.193	0.145
DWH 检验 p 值		0.001	0.001	0.001
一阶段回归结果				
业余上网时间	0.131 *** (0.003)	0.363 *** (0.013)	0.348 *** (0.013)	0.348 *** (0.013)
F 统计量	1922.25	752.29	685.8	685.8
R^2	0.213	0.278	0.284	0.284

以表 8 - 6 中的模型（3）和模型（4）分析各个控制变量对被解释变量储蓄率的影响，回归显示绝大多数变量都对家庭储蓄率产生显著影响，且回归结果大多与以往的文献一致。在验证了家庭年收入对家庭储蓄率具有显著促进作用之后，回归模型中加入变量家庭年收入的平方，回归表明家庭收入与家庭储蓄率呈现倒 "U" 形走势，这表明家庭储蓄率不会随着家庭收入的增长而持续增长；家庭老年抚养比和少儿抚养比均对家庭储蓄率产生显著的负向影响，这表明抚养比的上升更多呈现的

是负担效应而不是寿命效应；户主为男性的家庭比户主为女性的家庭对储蓄率有明显的促进作用；家庭成员年龄越大，储蓄率就越高，模型（3）和模型（4）估计系数均是显著，但是，影响系数相对较小，这表明随着户主年龄的增长家庭储蓄率得到增长；就婚姻状况而言，以已婚为参照，未婚和丧偶的婚姻状况对家庭储蓄率有显著的促进效应，离婚的婚姻状况影响不显著。在验证了受教育程度对家庭储蓄率具有显著抑制效应之后，回归模型中加入了受教育程度的平方，回归显示户主受教育程度与家庭储蓄率呈现"U"形走势，这表明家庭储蓄率随着户主受教育程度的上升呈现下降趋势，到达某一个转折点之后家庭储蓄率随着户主受教育程度的上升而上升。类似的回归中表明，家庭成员健康水平与家庭储蓄率也呈现倒"U"形走势，这表明家庭储蓄率随着家庭成员健康水平的下降呈现先上升后下降的趋势，这可能是因为在家庭成员健康程度较好的情况下，家庭会随着成员健康状况下降而加强预防性储蓄，而在家庭成员健康状况较差时，家庭成员健康状况的恶化消耗了家庭储蓄率。宏观层面的三个控制变量对家庭储蓄率的影响显著性不统一，但是，影响方向是统一的，分别表现为：家庭所在省份人均 GDP 越高的家庭储蓄率就越高；家庭所在省份房价的上升抑制了家庭储蓄率的上升，可能是因为房价越高耗费家庭的购房支出越高，从而导致家庭储蓄率越低；保险体系越发达，家庭储蓄率越低，这与之前的研究相符，代表社会保障体系越完善，居民进行预防性储蓄动机越低，从而导致居民储蓄率越低。

8.3.2 网上支付对家庭储蓄率影响的动态分析

在使用三个年份观测值总和样本 B 进行基准回归的基础上，现基于模型（8.8）引入网上支付金额与年份虚拟变量交叉项分析年份对网上支付与家庭储蓄率关系的影响，并基于模型（8.7）使用 CFPS（2014）、CFPS（2016）和 CFPS（2018）的分样本对网上支付对家庭储蓄率的影响效应进行跨年份分析。

表 8 - 7 报告了网上支付对家庭储蓄率和年份影响效应的回归结果。其中，表 8 - 7 中的模型（1）~模型（3）是引入网上支付金额与年份虚拟变量交叉项的回归结果，模型（1）是以 2014 年样本为基准，回归

表 8 – 7　　　　　　　网上支付金额对不同年份家庭储蓄率的影响

	(1)	(2)	(3)	(4)	(5)	(6)
二阶段回归结果						
网上支付金额	-0.134*** (0.028)	-0.162*** (0.026)	-0.087*** (0.017)	-0.112*** (0.035)	-0.162*** (0.031)	-0.090*** (0.019)
2014 年		-0.387 (0.257)	0.247 (0.227)			
2014 年 × 网上支付金额		0.038 (0.034)	-0.037 (0.030)			
2016 年	0.387 (0.257)		0.634*** (0.212)			
2016 年 × 网上购物金额	-0.038 (0.034)		-0.075*** (0.027)			
2018 年	-0.247 (0.227)	-0.634*** (0.212)				
2018 年 × 网上购物金额	0.037 (0.030)	0.075*** (0.027)				
其他变量	控制	控制	控制	控制	控制	控制
省份	控制	控制	控制	控制	控制	控制
观测值	12354	12354	12354	12354	12354	12354
R^2	0.148	0.183	0.182	0.22	0.109	0.222
DWH 检验 p 值	0.001	0.001	0.001	0.061	0.001	0.022
一阶段回归结果						
业余上网时间	0.321*** (0.028)	0.280*** (0.021)	0.421*** (0.020)	0.351*** (0.029)	0.284*** (0.021)	0.416*** (0.021)
F 统计量	235.43	235.43	235.43	146.48	176.6	400.74
R^2	0.287	0.287	0.287	0.226	0.225	0.307

结果显示网上支付金额的回归系数显著为负，表明对于 2014 年的家庭网上支付金额与储蓄率显著负相关，即家庭使用网上支付金额的上升会显著抑制家庭储蓄率。模型（1）中的交叉项系数显示网上支付金额与 2016 年交互项回归系数为负，但不显著，这表明网上支付在 2016 年对

家庭储蓄率抑制效应大于 2014 年的抑制效应，但没有显著的差别。同样的道理，模型（3）还显示网上支付在 2014 年对家庭储蓄率抑制效应大于在 2018 年的抑制效应，差别仍然不显著。模型（2）以 2016 年家庭样本为基准，网上支付金额的估计系数显著为负，说明网上支付在 2016 年对储蓄率同样有显著的抑制效应，网上支付金额与 2018 年的交互项显著为正，说明网上支付在 2016 年对家庭储蓄率的抑制效应显著大于 2018 年，同时模型（2）还显示网上支付在 2016 年和 2014 年对家庭储蓄率的影响效果没有显著差别。模型（3）以 2018 年家庭样本为基准，回归结果显示，网上支付在 2018 年对家庭储蓄率产生了显著的抑制效应，并且显著小于网上支付金额在 2016 年对储蓄率产生的抑制效应。同时模型（4）~模型（6）是按照年份分组回归的结果，三个模型中网上支付金额都显示能显著地抑制家庭储蓄率，从估计系数大小来看，网上支付对 2016 年样本的抑制效应最大，2014 年其次，2018 年最小，这与引入交叉项的回归结果一致。综合表中各模型二阶段回归结果来看，不同年份、不同被解释变量的 6 个不同模型都显示网上购物金额的估计系数为负，且在 1% 的水平上显著，这表示在 2014 年、2016 年和 2018 年网上支付金额均能显著抑制家庭储蓄率的上升。从估计系数的大小来看，家庭储蓄率的估计系数随着年份的推进呈现出倒 "U" 形的变化趋势，2014~2016 年网上支付对家庭储蓄率抑制效应不断升高，于 2016 年的抑制效应达到最高，2016~2018 年抑制效应有所减弱。2016 年网上支付对家庭储蓄率的抑制效应略大于 2014 年，明显大于 2018。这对本章假说 8.3 进行了验证。不管从微观个体使用网上支付金额增长率来看，还是从宏观网上支付业务的发展情况来看，网上支付业务于 2016 年左右达到了峰值，此后的增长速度趋于平缓，从高速发展阶段进入调整发展阶段，网上支付影响居民的消费储蓄倾向也趋于稳定。

从一阶段回归的结果可以看到，各模型中选择的工具变量"家庭业余上网时间总和"对网上购物金额的回归系数在 1% 的水平上显著，一阶段回归 F 统计量也远远大于 10，因此，可以排除弱工具变量的问题。二阶段的 DWH 估计 p 值也显示变量网上购物金额是内生的，表示使用

2sls 模型进行分析是合适的。①

8.3.3 网上支付对家庭储蓄率影响的异质性分析

1. 网上支付对城乡家庭储蓄率影响的异质性分析

使用样本 B 基于模型（8.9）引入网上支付金额与城乡虚拟变量交叉项分析户籍对网上支付与家庭储蓄率关系的影响，并基于模型（8.7）使用城镇家庭和乡村家庭的分样本对网上支付对家庭储蓄率的影响效应进行异质性分析，结果如表 8 - 8 所示。

表 8 - 8 城乡对网上支付与家庭储蓄率的异质性分析

	二阶段回归结果				
	（1）	（2）	（3）		
	全样本	城镇	乡村		
网上支付金额	-0.114 *** (0.019)	-0.109 *** (0.018)	-0.110 *** (0.023)		
城乡（城镇=1）	-0.110 (0.172)				
城乡 × 网上支付金额	0.004 (0.023)				
其他变量	控制	控制	控制		
省份	控制	控制	控制		
观测值	12354	7778	4576		
R^2	0.196	0.201	0.205		
DWH 检验 p 值	0.001	0.049	0.001		
	一阶段回归结果				
业余上网时间	0.379 *** (0.021)	0.346 *** (0.017)	0.382 *** (0.021)		
F 统计量	368.32	408.34	330.26		
R^2	0.276	0.260	0.230		

---

① 引入交叉项的回归方程中其他工具变量也都满足内生性和外生性的条件。

	二阶段回归结果					
	(4)	(5)	(6)	(7)	(8)	(9)
	2014 年城镇	2014 年乡村	2016 年城镇	2016 年乡村	2018 年城镇	2018 年乡村
网上支付金额	−0.118 *** (0.045)	−0.112 ** (0.055)	−0.173 *** (0.039)	−0.135 *** (0.051)	−0.083 *** (0.025)	−0.097 *** (0.030)
其他变量	控制	控制	控制	控制	控制	控制
省份	控制	控制	控制	控制	控制	控制
观测值	1716	781	2853	1800	3209	1995
R^2	0.228	0.233	0.111	0.144	0.211	0.246
DWH 检验 p 值	0.098	0.144	0.001	0.013	0.193	0.034
	一阶段回归结果					
业余上网时间	0.321 *** (0.035)	0.389 *** (0.046)	0.278 *** (0.028)	0.288 *** (0.034)	0.397 *** (0.027)	0.444 *** (0.033)
F 统计量	83.4	71.73	100.33	72.73	208.66	186.5
R^2	0.202	0.186	0.213	0.185	0.27	0.272

整体来看，各个模型中网上支付金额均能显著地抑制家庭储蓄率的上升。具体来看，表8－8中的模型（1）中加入的城乡虚拟变量与网上支付金额交互项估计系数不显著，这说明 2014～2018 年网上支付对城市家庭和乡村家庭储蓄率不存在显著的异质性。模型（2）和模型（3）分别是城市家庭样本和乡村家庭样本的回归结果，结果显示网上支付对城市家庭和农村家庭储蓄率均存在显著的抑制效应，且对农村家庭储蓄率的抑制效应略高于城市家庭。模型（4）与模型（5）、模型（6）与模型（7）、模型（8）与模型（9）则分别是 2014 年、2016 年和 2018 年的城市家庭和乡村家庭样本回归结果，结果显示网上支付在 2014 年对城市家庭储蓄率抑制效应略高于农村家庭，2016 年差距拉大，2018年情况发生逆转，网上支付对乡村家庭储蓄率抑制效应超过对城市家庭储蓄率的抑制效应，这对本章假说8.4进行了证明。

从不同年份、不同样本观测值的变化中可以看到，使用网上支付手段的家庭变化情况。2014～2016 年城市和乡村使用网上支付手段进行购物家庭增长率分别是 71.95% 和 125.91%，而 2016~2018 年城市和乡村使用网上支付手段进行购物家庭增长率分别是 9.15% 和 20%。这表示 2014 年网上支付手段还在迅速的普及发展中，2016 年使用网上支付的家庭达到了较大的数量，2016 年的增长速度有所放缓，与宏观上网上支付手段发展态势相符合。从相同年份城市和乡村使用网上购物家庭数目对比来看，2014 年乡村使用网上购物的家庭占城市使用网上购物家庭的 43.37%，2016 年上升至 56.63%，增长率为 30.57%，2018年占比继续上升至 62.25%，增长率降至 9.92%，说明网上支付初期主要在城市普及，农村的普及程度相对较低，2018 年城乡差距缩小，且趋于稳定。因此，在 2014 年由于互联网基础设施、居民学习新技术的速度等原因使网上支付对城市家庭储蓄率抑制效应相对较大，至 2016年农村互联网基础设施逐步完善，农村居民逐渐学会和接受网上支付，这时由于农村居民待释放消费空间更大，使网上支付对乡村家庭储蓄率的作用效果超过城市家庭，2018 年两者的差距缩小，并趋于稳定。

2. 网上支付对不同区域家庭储蓄率影响异质性分析

使用样本 B 基于模型（8.10）引入网上支付金额与区域虚拟变量交叉项分析，户籍对网上支付与家庭储蓄率关系的影响，并基于模型（8.7）使用东部、中部和西部的分样本对网上支付对家庭储蓄率的影响效应进行异质性分析，其结果如表 8-9 所示。

表 8-9 中各模型核心解释变量网上支付的估计系数均为负，且均在 1% 的水平上显著。具体来看，表 8-9 中的模型（1）以东部家庭作为基准组，可以看到网上支付能显著地抑制储蓄率的上升，交叉项"中部与网上支付"和"西部与网上支付"的系数均为负，表示 2014~2018 年网上支付对中部家庭和西部家庭储蓄率抑制效应大于东部家庭，但系数并不显著。同样以中部家庭为基准组的模型（2）和以西部家庭为基准组的模型（3）中交叉项的系数也并不具有统计上的显著性，表明网上支付对不同区域家庭储蓄率的影响异质性并不强烈。模型（4）~模型（6）分别使用东部家庭样本、中部家庭样本和西部家庭样本做了回归，结果与模型（1）~模型（3）中保持一致，网上支付对中部家庭储蓄率的抑制效应最大，西部其次，东部最小，这对本章假说 8.5 进行了论证。

表 8 – 9   区域对网上支付与家庭储蓄率的异质性分析 1

	二阶段回归结果					
	（1）	（2）	（3）	（4）	（5）	（6）
	全样本	全样本	全样本	东部	中部	西部
网上支付金额	-0.098 *** (0.019)	-0.134 *** (0.022)	-0.117 *** (0.024)	-0.097 *** (0.021)	-0.134 *** (0.026)	-0.121 *** (0.032)
东部		0.223 (0.203)	-0.043 (0.210)			
东部 × 网上支付金额		0.036 (0.027)	0.019 (0.028)			
中部	0.226 (0.203)		0.182 (0.229)			
中部 × 网上支付金额	-0.036 (0.027)		-0.018 (0.030)			
西部	0.046 (0.210)	-0.177 (0.229)				
西部 × 网上支付金额	-0.019 (0.028)	0.017 (0.030)				
其他变量	控制	控制	控制	控制	控制	控制
省份	控制	控制	控制	控制	控制	控制
观测值	12354	12354	12354	5644	3722	2987
R^2	0.191	0.191	0.191	0.193	0.189	0.192
DWH 检验 p 值	0.001	0.001	0.001	0.006	0.001	0.003
	一阶段回归结果					
业余上网时间	0.372 *** (0.020)	0.365 *** (0.023)	0.338 *** (0.025)	0.362 *** (0.020)	0.369 *** (0.024)	0.347 *** (0.025)
F 统计量	247.05	246.99	247	314.41	237.08	192.03
R^2	0.279	0.279	0.279	0.302	0.241	0.233

进一步将全国分为华北、东北、华东、中南、西南和西北六个地区，表 8 – 10 报告了网上支付对各个地区家庭储蓄率影响效应的异质性，表 8 – 10 中各个模型网上支付均能显著抑制储蓄率的上升，网上支

付对不同地区家庭储蓄率抑制效应从高到低的排列是华北、西北、中南、西南、华东和东北地区。本章进一步分别对 2016 年和 2018 年的样本进行了回归（2014 年由于样本太小没有进行回归），回归结果显示 2016 年网上支付仅对华东和中南两个地区家庭储蓄率产生了显著的抑制效应，且从数值上来看两个地区样本的回归系数也是最大。回归结果表示 2018 年情况发生了改变，网上支付对华东地区家庭储蓄率不再具有显著影响效应，反而对华北、东北、中南和西北地区家庭储蓄率有显著抑制效应，其中华北地区影响最大。出现这种情况可能是因为在 2016 年居民对网上支付的"认知易用性"占主导，而华东和中南两个地区的互联网基础设施完善程度、互联网设备的普及程度和居民对新生事物的接受程度等因素都最好。而到 2018 年网上支付普及的基础较好，居民对网上支付的"认知有用性"占主导，在网上支付作用下的华东地区居民消费储蓄倾向也趋向稳定，导致网上支付对华东地区家庭储蓄率不再具有显著影响。

表 8 - 10　　　　区域对网上支付与家庭储蓄率的异质性分析 2

	二阶段回归结果						
	（1）	（2）	（3）	（4）	（5）	（6）	（7）
	全样本	华北	东北	华东	中南	西南	西北
网上支付金额	- 0. 114 ***	- 0. 152 ***	- 0. 093 **	- 0. 101 ***	- 0. 127 ***	- 0. 103 **	- 0. 140 ***
	(0. 014)	(0. 039)	(0. 037)	(0. 030)	(0. 028)	(0. 050)	(0. 041)
其他变量	控制	控制	控制	控制	控制	控制	控制
省份	不控制	不控制	不控制	不控制	不控制	不控制	不控制
观测值	12354	1559	1630	2829	3605	1117	1614
R^2	0. 19	0. 158	0. 226	0. 171	0. 198	0. 195	0. 188
DWH 检验 p 值	0. 001	0. 001	0. 168	0. 047	0. 003	0. 116	0. 009
	一阶段回归结果						
业余上网时间	0. 362 ***	0. 401 ***	0. 358 ***	0. 363 ***	0. 335 ***	0. 350 ***	0. 385 ***
	(0. 013)	(0. 038)	(0. 035)	(0. 030)	(0. 024)	(0. 041)	(0. 036)
F 统计量	737. 63	108. 77	103. 98	144. 1	187. 76	72. 64	116. 85
R^2	0. 274	0. 275	0. 223	0. 276	0. 272	0. 229	0. 249

	（1）	（2）	（3）	（4）	（5）	（6）	（7）
	全样本	华北	东北	华东	中南	西南	西北
全样本							
网上支付金额	-0.114 *** (0.014)	-0.152 *** (0.039)	-0.093 ** (0.037)	-0.101 *** (0.030)	-0.127 *** (0.028)	-0.103 ** (0.050)	-0.140 *** (0.041)
其他变量	控制	控制	控制	控制	控制	控制	控制
省份	不控制	不控制	不控制	不控制	不控制	不控制	不控制
观测值	12354	1559	1630	2829	3605	1117	1614
R^2	0.19	0.158	0.226	0.171	0.198	0.195	0.188
DWH 检验 p 值	0.001	0.001	0.168	0.047	0.003	0.116	0.009
2016 年样本							
网上支付金额	-0.164 *** (0.031)	-0.104 (0.073)	-0.093 (0.079)	-0.237 *** (0.064)	-0.210 *** (0.066)	-0.109 (0.085)	-0.155 (0.098)
其他变量	控制	控制	控制	控制	控制	控制	控制
省份	不控制	不控制	不控制	不控制	不控制	不控制	不控制
观测值	4653	591	596	1068	1439	372	587
R^2	0.107	0.186	0.189	0.71	0.085	0.162	0.187
DWH 检验 p 值	0.001	0.208	0.572	0.001	0.004	0.238	0.214
2018 年样本							
网上支付金额	-0.089 *** (0.019)	-0.171 *** (0.052)	-0.111 *** (0.042)	-0.018 (0.040)	-0.113 *** (0.038)	-0.045 (0.076)	-0.110 ** (0.048)
其他变量	控制	控制	控制	控制	控制	控制	控制
省份	不控制	不控制	不控制	不控制	不控制	不控制	不控制
观测值	5104	662	682	1098	1445	561	756
R^2	0.222	0.199	0.224	0.187	0.205	0.221	0.268
DWH 检验 p 值	0.024	0.011	0.074	0.385	0.11	0.847	0.148

3. 网上支付对户主不同性别的家庭储蓄率影响异质性分析

使用样本 B 基于模型（8.11）引入网上支付金额与户主性别虚拟变量交叉项分析性别对网上支付与家庭储蓄率关系的影响，并基于模型（8.7）使用男性与女性的分样本把网上支付对家庭储蓄率的影响效应进行异质性分析，结果如表 8 – 11 所示。

表 8 – 11　　　　　　性别对网上支付与家庭储蓄率的异质性分析

	二阶段回归结果					
	（1）	（2）	（3）			
	全样本	男	女			
网上支付金额	– 0.172 *** （0.026）	– 0.075 *** （0.021）	– 0.146 *** （0.021）			
性别	– 0.883 *** （0.178）					
性别 × 网上支付金额	0.116 *** （0.023）					
其他变量	控制	控制	控制			
省份	控制	控制	控制			
观测值	12862	6006	6348			
R^2	0.16	0.189	0.173			
DWH 检验 p 值	0.001	0.049	0.001			
	一阶段回归结果					
业余上网时间	0.203 *** （0.010）	0.362 *** （0.019）	0.361 *** （0.019）			
F 统计量	847.13	377.32	367.3			
R^2	0.569	0.275	0.276			

二阶段回归结果						
	(4)	(5)	(6)	(7)	(8)	(9)
	2014 年男	2014 年女	2016 年男	2016 年女	2018 年男	2018 年女
网上支付金额	−0.071 (0.056)	−0.150 *** (0.045)	−0.142 *** (0.044)	−0.164 * (0.044)	−0.042 * (0.025)	−0.123 *** (0.027)
其他变量	控制	控制	控制	控制	控制	控制
省份	控制	控制	控制	控制	控制	控制
观测值	1232	1275	2444	2707	2589	2615
R^2	0.202	0.261	0.127	0.103	0.22	0.204
DWH 检验 p 值	0.047	0.002	0.008	0.001	0.001	0.002
一阶段回归结果						
业余上网时间	0.309 *** (0.041)	0.364 *** (0.039)	0.288 *** (0.030)	0.281 *** (0.031)	0.426 *** (0.029)	0.406 *** (0.030)
F 统计量	23.76	23.96	48.1	47.95	74.82	79.8
R^2	0.238	0.224	0.236	0.222	0.304	0.315

表 8 – 11 报告了户主性别对网上支付与家庭储蓄率关系的影响。其中，表 8 – 11 中的模型（1）使用了全样本加入了户主性别的交互项，回归结果显示，网上支付能显著降低家庭储蓄率，户主性别与网上支付金额交互项估计系数为负，且在 1% 的水平上显著，这表明网上支付对户主为女性家庭储蓄率的抑制效应，显著大于户主为男性家庭储蓄率的抑制效应。模型（2）和模型（3）分别以户主为男性的样本和户主为女性的样本的回归结果，结果与模型（1）一致，提高使用网上支付金额会显著降低户主为女性家庭的储蓄率，也会显著降低户主为男性家庭的储蓄率，但是，对户主为女性的家庭储蓄率抑制效应更大。具体来说，网上支付金额提高 1%，降低户主为女性家庭储蓄率的 0.154%，降低户主为男性家庭储蓄率 0.077%。模型（4）与模型（5）、模型（6）与模型（7）、模型（8）与模型（9）分别列出了不同年份中以户主性别分组的回归结果，结果均与模型（2）与模型（3）保持一致，这对本章假说 8.6 进行了证明。

4. 网上支付对户主不同年龄的家庭储蓄率影响异质性分析

不同年龄段的居民对网上支付的使用意愿和金额，在不同支付手段之间的分配不同，可能会使网上支付对不同年龄居民的储蓄率影响效应有异质性，现使用样本 B 基于模型（8.12）引入网上支付金额与户主年龄阶段虚拟变量交叉项，分析年龄阶段对网上支付与家庭储蓄率关系的影响，并基于模型（8.7）使用各年龄阶段的分样本对网上支付对家庭储蓄率的影响效应进行异质性分析，结果如表 8 – 12 所示。

表 8 – 12　　　　　年龄对网上支付与家庭储蓄率的异质性分析

	二阶段回归结果				
	（1）	（2）	（3）	（4）	（5）
	全样本	全样本	全样本	全样本	全样本
网上支付金额	– 0.214 *** (0.055)	– 0.122 *** (0.033)	– 0.111 *** (0.023)	– 0.085 *** (0.018)	– 0.145 *** (0.028)
"90 后"		0.786 (0.497)	0.926 ** (0.453)	1.030 ** (0.447)	0.542 (0.475)
"90 后"×网上支付金额		– 0.092 (0.063)	– 0.104 * (0.057)	– 0.129 ** (0.056)	– 0.069 (0.059)
"80 后"	– 0.786 (0.497)		0.140 (0.284)	0.244 (0.269)	– 0.244 (0.307)
"80 后"×网上支付金额	0.092 (0.063)		– 0.011 (0.036)	– 0.037 (0.034)	0.023 (0.039)
"70 后"	– 0.926 ** (0.453)	– 0.140 (0.284)		0.104 (0.194)	– 0.384 (0.248)
"70 后"×网上支付金额	0.104 * (0.057)	0.011 (0.036)		– 0.026 (0.026)	0.034 (0.032)
"60 后"	– 1.029 ** (0.447)	– 0.244 (0.269)	– 0.104 (0.194)		– 0.488 ** (0.237)
"60 后"×网上支付金额	0.129 ** (0.056)	0.037 (0.034)	0.026 (0.026)		0.060 ** (0.030)
"60 前"	– 0.541 (0.475)	0.244 (0.307)	0.384 (0.248)	0.488 ** (0.236)	

197

二阶段回归结果					
	（1）	（2）	（3）	（4）	（5）
	全样本	全样本	全样本	全样本	全样本
"60 前"×网上支付金额	0.069 （0.059）	−0.023 （0.038）	−0.034 （0.032）	−0.060** （0.030）	
其他变量	控制	控制	控制	控制	控制
省份	控制	控制	控制	控制	控制
观测值	12862	12862	12862	12862	12862
R^2	0.179	0.179	0.179	0.179	0.179
DWH 检验 p 值	0.001	0.001	0.001	0.001	0.001
一阶段回归结果					
业余上网时间	0.484*** （0.020）	0.490*** （0.019）	0.496*** （0.017）	0.494*** （0.018）	0.554*** （0.022）
F 统计量	155.65	155.65	155.65	82.14	78.18
R^2	0.958	0.959	0.959	0.959	0.958
二阶段回归结果					
	（6）	（7）	（8）	（9）	（10）
	"90 后"	"80 后"	"70 后"	"60 后"	"60 前"
网上支付金额	−0.200*** （0.065）	−0.123*** （0.042）	−0.119*** （0.030）	−0.072*** （0.022）	−0.119*** （0.037）
其他变量	控制	控制	控制	控制	控制
省份	控制	控制	控制	控制	控制
观测值	1192	2839	3245	3465	2121
R^2	0.207	0.186	0.192	0.222	0.157
DWH 检验 p 值	0.029	0.064	0.003	0.013	0.004
一阶段回归结果					
业余上网时间	0.279*** （0.033）	0.297*** （0.029）	0.411*** （0.025）	0.419*** （0.028）	0.356*** （0.036）
F 统计量	71.75	102.54	269.22	68.36	31.05
R^2	0.3	0.186	0.315	0.274	0.219

198

按照"90 后""80 后""70 后""60 后"和"60 前"的划分标准，第 5 章对不同年龄段居民网上购物金额进行了现状分析，其结果看到，各个年龄段中"80 后"进行网上购物的金额最高，其次是"60 后"和"90 后"，最低的是"00 后"。

表 8－12 中的模型（1）以"90 后"作为基准组，回归结果显示，网上支付金额系数显著为负，表明对于户主为"90 后"的家庭，网上支付能显著降低其储蓄率，模型（1）交叉项中，"70 后×网上支付金额"和"60 后×网上支付金额"的系数均显著为正，其绝对值（0.083和 0.088）均小于网上支付的回归系数绝对值（0.179），表示与户主为"90 后"的家庭相比，网上支付对户主为"70 后"和"60 后"家庭储蓄率的抑制效应有所下降。模型（2）~模型（5）分别以"80 后""70后""60 后"和"60 前"为基准群体进行回归，从网上支付的回归系数来看，网上支付金额的提高有助于降低户主为各个年龄阶段家庭储蓄率，模型（3）表示网上支付对户主为"90 后"和"60 后"前的家庭储蓄率抑制效应显著强于户主为"70 后"的家庭，模型（4）表示网上支付对"90 后"和"60 前"的家庭储蓄率抑制效应显著强于户主为"60 后"的家庭。模型（6）~模型（10）以户主年龄为标准对各个年龄阶段的分样本进行了回归，回归结果与前面保持一致，网上支付对家庭储蓄率的抑制效应与户主年龄阶段呈现出一种倒"U"形，随着年龄阶段的上升，网上支付对家庭储蓄率抑制效应呈现出下降的趋势，直到达到"60 前"的年龄阶段表现回升的趋势。这也对模型（1）~模型（5）中的结果提供了稳健性，对假说 8.7 进行了验证。网上支付对户主为"60 后"的家庭储蓄率抑制效应出现回升状况的原因，可能是"60 后"为户主的家庭所占比例是户主各个年龄阶段中最高的，很多家庭特别是大家庭以年长的家庭成员为户主，这种情况下，即使网上支付对户主的消费没有产生显著影响，但是，网上支付对其他家庭成员的消费可能造成了较大的影响，从而对整个家庭储蓄率造成了显著抑制效应，如此可见，以家庭为单位考察网上支付的影响也有不准确的地方。

5. 网上支付对不同收入水平家庭储蓄率影响异质性分析

使用样本 B 基于模型（8.13），引入网上支付金额与家庭收入阶段虚拟变量交叉项，分析收入对网上支付与家庭储蓄率关系的影响，并基于模型（8.7）使用各家庭收入的分样本，把网上支付对家庭储蓄率的影响效应进行异质性分析，结果如表8-13所示。

表8-13是以CFPS调查数据中自带的家庭纯收入分位数为标准划分的收入组别，由于收入越高的家庭样本使用网上支付的比例越高，所以四个样本的观测值呈现递增趋势。表8-13的回归结果显示，网上支付对各收入等级组别家庭储蓄率均存在显著抑制效应，作用效果随着家庭收入的上升呈现出倒"U"形趋势，对25%的中高家庭影响程度最大。同时，在所有的回归模型中，网上支付均对居民储蓄率有抑制作用，这与前面的检验结果保持一致。本小节的重点是考察网上支付的估计系数在不同收入组居民中的分布，表8-13中的模型（1）是以家庭收入最低25%的样本作为基准组，回归结果显示，网上支付对家庭纯收入处于最低25%的家庭储蓄率存在显著抑制效应，各个收入水平虚拟变量与网上支付的交叉项系数表示，网上支付对家庭纯收入处于最低25%的家庭储蓄率的抑制效应，显著大于家庭纯收入处于最高25%的家庭，同时也高于家庭纯收入处于中小25%和中上25%的家庭，但并不显著。模型（2）~模型（4）分别以家庭纯收入处于中下25%、中上25%和最高25%的家庭样本作为基准组，回归结果显示，网上支付对各个收入水平的样本家庭储蓄率均有显著的抑制效应。模型（5）~模型（8）是按照家庭收入水平分组回归的结果，各个模型中网上支付的回归系数均显著为负，和前面模型回归结果一致，可以看出，互联网支付对居民储蓄率的抑制效应，随着家庭可支配收入的增长呈现递减变化。可支配收入处于最低25%的分样本组，网上支付每增长1%，家庭储蓄率降低0.141%；家庭纯收入处于中下25%的分样本组，网上支付每增长1%，家庭储蓄率降低0.135%；家庭纯收入处于中上25%的分样本组，网上支付每增长1%，家庭储蓄率降低0.097%；家庭纯收入处于最高25%的分样本组，网上支付每增长1%，家庭储蓄率降低0.085%。其中，家庭收入位于最低25%的家庭受到网上支付的影响最强烈。这对假说8.8进行了验证。

表 8 – 13　　　　收入对网上支付与家庭储蓄率的异质性分析

	二阶段回归结果			
	（1）	（2）	（3）	（4）
	全样本	全样本	全样本	全样本
网上支付金额	− 0. 154 *** （0. 033）	− 0. 141 *** （0. 035）	− 0. 108 *** （0. 028）	− 0. 081 *** （0. 026）
最低 25%		− 0. 100 ** （0. 046）	− 0. 056 （0. 045）	0. 021 （0. 053）
最低 25% × 网上支付金额		− 0. 004 （0. 014）	− 0. 013 （0. 013）	− 0. 021 * （0. 012）
中下 25%	0. 102 ** （0. 041）		0. 041 （0. 046）	0. 114 ** （0. 048）
中下 25% × 网上支付金额	− 0. 004 （0. 015）		− 0. 009 （0. 013）	− 0. 017 （0. 012）
中上 25%	0. 056 （0. 046）	− 0. 044 （0. 048）		0. 077 （0. 050）
中上 25% × 网上支付金额	0. 017 （0. 016）	0. 012 （0. 016）		− 0. 010 （0. 014）
最高 25%	− 0. 011 （0. 050）	− 0. 113 ** （0. 049）	− 0. 073 （0. 076）	
最高 25% × 网上支付金额	0. 029 * （0. 017）	0. 024 （0. 018）	0. 011 （0. 016）	
其他变量	控制	控制	控制	控制
省份	控制	控制	控制	控制
观测值	12862	12862	12862	12862
R^2	0. 148	0. 163	0. 193	0. 21
DWH 检验 p 值	0. 001	0. 001	0. 001	0. 001
一阶段回归结果				
业余上网时间	0. 293 *** （0. 024）	0. 292 *** （0. 026）	0. 364 *** （0. 026）	0. 403 *** （0. 027）
F 统计量	204. 6	201. 6	204. 6	204. 6
R^2	0. 285	0. 285	0. 284	0. 285

二阶段回归结果				
	(5)	(6)	(7)	(8)
	最低 25%	中下 25%	中上 25%	最高 25%
网上支付金额	-0.179 *** (0.037)	-0.129 *** (0.035)	-0.099 *** (0.029)	-0.077 *** (0.023)
其他变量	控制	控制	控制	控制
省份	控制	控制	控制	控制
观测值	3209	3232	3198	3223
R^2	0.14	0.17	0.159	0.099
DWH 检验 p 值	0.099	0.068	0.019	0.022
一阶段回归结果				
业余上网时间	0.308 *** (0.023)	0.293 *** (0.025)	0.350 *** (0.025)	0.385 *** (0.028)
F 统计量	25.13	24.38	30.16	46.06
R^2	0.131	0.126	0.153	0.215

6. 网上支付对户主受教育程度不同的家庭储蓄率影响异质性分析

使用样本 B 基于模型 (8.13)，引入网上支付金额与户主教育水平虚拟变量交叉项，分析户主受教育水平对网上支付与家庭储蓄率关系的影响，并基于模型 (8.7) 使用各家庭收入的分样本，将网上支付对家庭储蓄率的影响效应进行异质性分析，结果如表 8 - 14 所示。

表 8 - 14　　　　网上支付对户主受教育程度不同的家庭储蓄率影响异质性

二阶段回归结果					
	(1)	(2)	(3)	(4)	(5)
	文盲/半文盲	小学	初中	高中	大学及以上
网上支付金额	-0.110 ** (0.045)	-0.098 *** (0.033)	-0.098 *** (0.024)	-0.140 *** (0.028)	-0.135 *** (0.046)
其他变量	控制	控制	控制	控制	控制

二阶段回归结果				
（1）	（2）	（3）	（4）	（5）
文盲/半文盲	小学	初中	高中	大学及以上
省份　控制	控制	控制	控制	控制
观测值　1358	2394	4028	2573	2001
R^2　0.206	0.212	0.215	0.158	0.161
DWH 检验 p 值　0.023	0.025	0.045	0.001	0.097
一阶段回归结果				
业余上网时间　0.367*** (0.039)	0.360*** (0.029)	0.369*** (0.023)	0.397*** (0.030)	0.300*** (0.034)
F 统计量　88.92	151.38	254.77	177.83	75.92
R^2　0.207	0.214	0.223	0.24	0.298

表 8-14 中的模型（1）~模型（5）分别是网上支付，对户主为文盲/半文盲、小学、初中、高中和大专及以上教育水平家庭储蓄率的回归结果。回归结果显示，网上支付对各个受教育程度的家庭储蓄率均产生了显著的抑制效应，从估计系数大小来看，网上支付对各个受教育程度家庭储蓄率抑制效应从高到低排序：高中、大学及以上、文盲/半文盲、小学和初中。具体来说，对于户主为高中学历的家庭样本，网上支付金额每增长1%，家庭储蓄率下降0.14%；对于户主为大专及以上学历的家庭样本，网上支付金额每增长1%，家庭储蓄率下降0.135%；对于户主为小学或者初中学历的家庭样本，网上支付金额每增长1%，家庭储蓄率下降0.098%；对于户主为文盲/半文盲学历的家庭样本，网上支付金额每增长1%，家庭储蓄率下降0.11%。但从引入各个学历程度与网上支付金额交叉项的估计系数来看，网上支付对受到不同教育水平的家庭储蓄率影响效果并没有显著的差别。除了文盲/半文盲之外，网上支付对家庭储蓄率的抑制效应随着户主教育程度呈现出倒"U"形变化，对高中学历的家庭抑制效应达到最高，这对假说8.9进行了验证。

7. 网上支付对户主不同婚姻状况家庭储蓄率影响异质性分析

表 8 – 15 将网上支付对不同婚姻状况家庭储蓄率影响异质性进行了报告。表 8 – 15 中的模型（1）是对样本 B 中的已婚家庭样本进行回归，结果显示，网上支付每增长 1%，已婚家庭储蓄率下降 0.1%；模型（2）对样本 B 中的未婚家庭样本进行回归，结果显示，网上支付金额每增长 1%，未婚家庭储蓄率下降 0.196%；模型（3）和模型（4）分别对网上支付与丧偶和离婚家庭储蓄率关系进行了验证，结果显示，网上支付对丧偶和离婚家庭储蓄率的抑制效应不显著，这可能与样本过小有关。如果将未婚、丧偶和离婚三组合并成一组，模型（5）显示，网上支付金额每增长 1%，家庭储蓄率降低 0.196%，这对假说 8.10 进行了验证。

表 8 – 15　　　　网上支付对户主不同婚姻状况家庭储蓄率影响异质性

	二阶段回归结果				
	（1）	（2）	（3）	（4）	（5）
	已婚	未婚	丧偶	离婚	未婚/丧偶/离婚
网上支付金额	– 0. 100 **	– 0. 240 ***	– 0. 067	– 0. 111	– 0. 196 ***
	(0. 015)	(0. 068)	(0. 092)	(0. 123)	(0. 051)
其他变量	控制	控制	控制	控制	控制
省份	控制	控制	控制	控制	控制
观测值	10170	1384	232	384	1999
R^2	0. 191	0. 127	0. 309	0. 268	0. 167
DWH 检验 p 值	0. 001	0. 007	0. 74	0. 47	0. 004
	一阶段回归结果				
业余上网时间	0. 383 ***	0. 228 ***	0. 396 ***	0. 251 ***	0. 252 ***
	(0. 015)	(0. 036)	(0. 100)	(0. 082)	(0. 031)
F 统计量	658. 661	40. 99	15. 88	9. 47	66. 74
R^2	0. 276	0. 257	0. 211	0. 228	0. 262

8.4　本 章 小 结

本章通过把消费划分为未转移的传统支付消费、转移的传统支付消费和新增的网上支付消费，分析了使用网上支付手段对居民储蓄率的影响。分析认为，网上支付的便利性、共享性和开放性有助于提高居民对网上支付的认知有用性，网上支付所需的通信信号和设备的物质准备、搜索和学习网上支付所需要的时间、精力，以及使用网上支付之前的信息搜索都会降低居民对网上支付的认知易用性。在对居民网上支付使用意愿进行分析的基础上，本章以是否使用网上支付和网上支付金额两个指标来描述家庭使用网上支付的情况，分析了网上支付对家庭储蓄率的影响机理，提出了价格折扣效应、对传统支付替代效应和消费刺激效应。按照理论分析—提出假说—证明假说的思路，基于 CFPS（2014）、CFPS（2016）和 CFPS（2018）微观数据，运用了倾向得分匹配法、双向固定模型和多元回归法等方法，对假说进行了实证分析，最终得到以下主要结论：

（1）使用网上支付手段能显著降低家庭储蓄率，网上支付金额的提高显著地抑制了家庭储蓄率的增长。

（2）网上支付金额对家庭储蓄率的抑制效应在本章研究期间呈现出倒"U"形的变化趋势，在 2016 年达到最高值。

（3）网上支付金额对家庭储蓄率的抑制效应存在户籍和区域异质性。2014～2016 年期间，网上支付对城市家庭储蓄率影响效应高于农村家庭，2018 年情况发生反转，网上支付对农村家庭储蓄率超过城市家庭，但这种差别并不显著。以东部、中部和西部进行区域划分，网上支付对中部家庭抑制效应最大，西部次之，东部最小，也不存在显著差别。结合我国居民城乡储蓄率差异和区域储蓄率差异现状来看，网上支付的发展会进一步拉大城市储蓄率和农村储蓄率之差，拉大东部与中、西部储蓄率之差。

（4）网上支付金额对不同性别、不同年龄段、不同教育程度和不同婚姻状况户主的家庭储蓄率影响效果存在异质性。网上支付对女性户主家庭储蓄率作用效果显著高于男性户主家庭；网上支付对家庭储蓄率抑制效应大致随着户主年龄增长而下降，以对"90后"户主家庭抑制效应最高，且显著高于"70后"和"60后"户主家庭；教育程度也对网上支付与家庭储蓄率的关系产生了影响，分样本回归发现，网上支付对高中学历户主家庭储蓄率影响效果最大，但各个教育水平组别间不存在显著的差别；网上支付对已婚家庭储蓄率影响程度小于未婚家庭。

（5）将所有家庭按照收入水平从低到高分为最低25%、中低25%、中高25%和最高25%来看，网上支付对储蓄率抑制效应随着家庭收入的上升而下降，网上支付对收入最低25%的家庭影响效果明显大于最高25%的家庭。结合我国不同收入阶层居民储蓄率差异现状来看，网上支付的发展会进一步拉大高收入阶层与中、低收入阶层的储蓄差异。

不同地区、不同人群对网上支付的技术感知有用性和感知易用性不同，运用网上支付进行消费的意愿也就不同，从而导致在不同的消费类型中，使用网上支付的情况也不同，最终导致网上支付对不同人群的储蓄率影响不同。网上支付作为新的支付技术，开拓了消费市场边界，降低了居民储蓄率，使欠发达地区、收入偏低的人群可以接触与购买到更大范围、更高层次的商品和服务，显著地降低了这类人群的储蓄率，这表明网上支付不仅在整体上对居民储蓄率产生了抑制效应，而且对不同维度上的储蓄率差异产生了影响。

第9章 研究结论、政策建议与研究展望

　　针对网上支付迅猛发展和长期处于高位的我国储蓄率下降时间重合的问题，对网上支付与我国居民消费储蓄行为的关系进行了全面系统的研究。依据递进的逻辑关系，主要回答了四个问题：第一，居民使用网上支付这种新兴技术的意愿受到哪些因素的影响？第二，网上支付究竟能不能刺激居民消费的增长，不同类型的网上支付对居民消费的影响效果和网上支付对不同类型消费的影响效果有什么差别？第三，从宏观上来说，控制住近十年来其他影响居民储蓄率的因素变化，网上支付是不是产生了抑制居民储蓄率上升的效果，是通过什么渠道产生的影响效果，对不同地区的影响效果存不存在异质性？第四，从微观上来说，网上支付的使用情况对不同家庭特征和个体特征的居民储蓄率影响效果存在什么异质性，影响效果是如何动态变化？

　　纵观全书，对网上支付及相关概念进行了界定，对各个概念的包含范围进行了说明，通过翔实的文献梳理和调查研究分析，理顺了网上支付产生的背景和发展脉络，在宏观和微观数据基础上，对网上支付的发展现状以及不同个人特征网上支付异质性进行了描述，基于技术接受模型研究了居民对网上支付使用意愿，厘清了网上支付对居民整体消费、消费结构、整体储蓄率和储蓄率差异的影响机制，构建了理论模型，并选择了适合的计量方法进行验证。具体来说，分析了不同类型网上支付对居民消费和网上支付对居民不同类型消费的影响机制，基于数据的可得性，分别构建了时间序列模型和系统 GMM 模型进行验证。从宏观层面上来说，通过对过去十年间的经济发展进行回顾，在对既有文献梳理基础上，总结出各个储蓄率主要影响因素的变化和对储蓄率产生的影响，通过构建系统 GMM 模型，在控制住各个影响因素基础上分析了网

上支付对我国居民储蓄率的作用效果，通过引入网上支付与储蓄率影响因素的交叉项，分析了网上支付对居民储蓄率的影响渠道和宏观影响异质性。从微观层面上来说，通过构建理论模型，研究了居民是否使用网上支付和使用网上支付金额对储蓄率的影响，总结出使用网上支付产生了价格折扣效应、替代效应和促进效应，网上支付在方向不同、大小不同的三个效应基础上，对居民储蓄率产生了影响，选择了倾向匹配得分法纠正选择偏误，考察了使用网上支付的实验组与不使用网上支付的对照组的储蓄率差异，分别基于三期面板数据样本和截面数据样本，选择了带有工具变量的双向固定效应模型以及 2sls 模型，考察了家庭使用网上支付金额对储蓄率的影响效果，并研究了网上支付在不同年份对储蓄率的动态影响效果，进一步地通过引入网上支付与控制变量的交叉项和分组的方式，分别考察了网上支付对不同户籍、不同性别、不同年龄阶段、不同受教育水平、不同家庭收入和不同婚姻状况的家庭储蓄率的影响异质性。最后基于机理分析和实证检验分析结果有针对性地提出了政策建议。

208

9.1 研 究 结 论

本书研究结论具体如下：

（1）深入地了解和分析了网上支付使用的影响因素，在理论层面上梳理和总结了影响网上支付使用意愿的文献综述，从微观层面上对具有不同个体特征的居民使用网上支付情况的异质性进行了数据描述，从外部环境和个体特征两个角度厘清了影响网上支付使用意愿的各个因素及其作用机理，并基于 CFPS（2016）和 CHFS（2017）微观数据进行了实证证明，研究结果表明：

第一，基于技术接受模型（TAM），从认知有用性和认知易用性两个角度对网上支付使用意愿影响因素进行了分析，从理论上总结了网上支付便利性、共享性和开放性等特点提高了消费者对网上支付的感知有用性，网上支付所需要的通信信号与设备、摸索和学习网上支付所需要的时间和精力，以及进行网上支付之前所需要的信息搜索等，降低了消费者对网上支付的感知易用性。具体来说，网上支付的便利性能节约消费者的时间和精力，在生活节奏加快的今天这个优点显得更加有意义。网上支付的共享性拉近了消费市场的各个主体的距离，互联网店铺免去了门面费和人工费降低了成本，供给方成本的降低和数量的增长共同促使了商品价格的下降，让消费者享受到优惠。网上支付的开放性和共享性，突破了传统支付方式和购物形式时空的障碍，提供给消费者更加广泛的选择范畴。感知易用性方面除了网上支付对消费者提出的如网络信号、网络设备等货币成本还包括了对新兴技术的摸索和学习以及信息搜索等非货币成本。

第二，基于理论模型选择了互联网设备、对互联网依赖程度和快递点离家距离等成本变量刻画外部环境，作为网上支付的使用意愿影响因素，使用 2016 年中国家庭追踪调查（CFPS）和 2017 年中国家庭金融调查数据（CHFS）微观数据，从个人层面和家庭层面针对各影响因素的网上支付异质性进行数据分析。在技术接受模型基础上，从认知有用性和认知易用性两个角度，将各个影响因素对网上支付的使用情况进行机制分析，结合数据分析提出了假说，并基于 Logistic 模型以及 OLS 模型使用 CFPS（2016）和 CHFS（2017）对研究假说进行了验证，研究发现，拥有互联网设备显著提高了居民使用网上支付概率和网上支付金额，因为有电脑或手机这一类型的互联网设备为个体使用网上支付提供了物质基础条件；对互联网依赖程度显著提高了居民使用网上支付的可能性和支付金额，因为学习和接受网上支付这一新兴技术需要花费个体时间成本，对互联网依赖程度越深的个体平时使用互联网越频繁，相应地对互联网相关知识也越熟悉，使用网上支付时付出的非货币成本越低，使用网上支付的可能性和支付金额相应就越高；快递点离家距离显著降低了居民使用网上支付的可能性和支付金额，因为网上支付中的相当一部分来自网上购物，在网上购物后收到货物或者进行退、换货服务都需要后续的物流服务，快递点离家越远，收货和退换货、就越不方便，与普通购物相比，网上购物能有效节省居民的时间和精力，缩短快递点离家的距离有助于进一步提高网上支付的便捷性，降低了网上支付的时间成本，提高了居民使用网上支付的概率和使用金额。

第三，基于理论模型选择了性别、年龄等个人特征变量作为网上支付的使用意愿影响因素，在技术接受模型基础上，从认知有用性和认知易用性两个角度，把各个影响因素对网上支付的使用情况进行机制分

209

析，结合数据分析提出了假说，并基于 Logistic 模型和 OLS 模型使用 CFPS（2016）和 CHFS（2017）对研究假说进行了验证，研究发现，收入的提高能显著提高居民使用网上支付的可能性和支付金额，因为网上支付的使用需要有一定的收入基础，且收入越高的居民越有可能有互联网设备；受教育水平的提高能显著提高居民使用网上支付的概率和支付金额，因为受教育水平越高的居民思想意识越具有前瞻性，越愿意接受新兴技术，学习网上支付的能力就越强，就越可能使用网上支付，网上支付金额也就越高；城市居民使用网上支付概率和金额显著高于农村居民，因为城市的生活节奏更快，从网上支付的便利性角度来说，网上支付节约时间和精力，对生活节奏比较快的城市消费者更加难能可贵，同时，城市消费者面对的信息量加大使城市的个体和家庭接触新生事物更多、思想更开放，对网上支付这一新生事物应该接受得更快、更好，同时城市居民经济条件相对较好，互联网设备更加齐全，也是互联网基础设施更好的原因；居民使用网上支付的概率和金额随着年龄增长呈现倒"U"形变化，"80后"居民是使用网上支付概率和金额的最高群体。一方面相比于年长的个体，年轻人对新生事物的接受能力更强，对风险规避程度相对较低，愿意冒险尝试新的事物，年轻人对各类型商品的需求量也相对较大，消费观念也不如老年人那么谨慎，而另一方面网上支付需要一定的收入作为基础，一般来说年龄越大的个体收入越高，在两个因素的影响下不同年龄阶段个体对网上支付的接受程度呈现出倒"U"形；性别对网上支付使用情况影响不显著，同样的婚姻状况对网上支付使用情况影响也不显著，因为相比男性，女性对网上支付的需求更大，女性消费观念更感性，从供给端来考虑，初期的电商平台主要也是以女性衣物、化妆品等为主要销售物品，其目标人群是女性，这两方面的因素均会导致女性比男性使用网上支付的概率更大，但通过近十年的发展，电商平台和网上支付的覆盖面均在变大，网上支付发展的早期女性使用网上支付的概率明显高于男性，多年来男性使用网上支付的概率在上升，一般来说男性的收入高于女性，这为网上支付提供了更好的基础，两个相反方向的影响最终使性别对网上支付使用情况的影响不显著。

（2）基于北京大学发布的"互联网金融发展指数"和我国 31 个省份居民收入支出相关数据，构建了我国 2011～2017 年省际面板模型，在宏观层面上，将网上支付对我国居民储蓄率的影响效应进行了分析，基于网上支付对消费的影响机制和实证验证研究表明：

第一，2011～2017年期间网上支付能显著刺激居民消费增长。主要从心理账户直接刺激效应、完善互联网消费信贷、构建消费市场和畅通互联网信息渠道四个方面对居民消费产生正向影响。具体来说，（1）在网上支付普及的基础上，互联网消费信贷得到蓬勃发展，在这之前由于传统金融机构的消费信贷覆盖面相对有限，资金短缺时人们通常只能求助于亲戚朋友，大大阻碍了消费者平滑消费以获得效应最大化，互联网消费信贷的普及解决了居民资金短缺的困境，降低了居民的预防性储蓄动机，居民针对不确定状况的储蓄欲望也由此被削弱，刺激了居民的消费欲望。（2）互联网的迅速发展将生产者、消费者和其他市场主体以信息网络为连接平台连为一体，农村地区和欠发达地区的消费者在网上支付普及的帮助下，从电脑和手机上能接触到一个完善的消费市场，有助于刺激居民产生更高、更新的消费需求。（3）在当今信息时代，互联网使信息渠道更加畅通，信息流爆的现象常常会发生在很多人身上，微信公众号、微信朋友圈、微博、小红书、淘宝直播等社交平台和电商平台，帮助信息和观点从一些人那里以极快的速度传播到另一些人那里，对于部分商品和消费，特别是新商品和消费，许多人不是依靠自己实际所知，而是依靠别人持有什么样子的看法，催生了很多网红商品、网红店铺等，吸引大家纷纷去消费和打卡，而即使消费者实际消费了商品或服务之后但并没有达到心理预期的情况下，下一次再出现网红商品、网红店铺时，有的消费者仍然会选择进行消费，这种现象的出现与发达的网上支付的普及有着密不可分的联系。（4）从心理账户的角度，网上支付对消费者原本的消费产生了刺激，网上支付快捷、便利，网上支付带给消费者支付的印象浅、痛苦小，不需要消费者直接接触货币，也就免去了消费者面对大额整钱被找零的痛苦。

第二，基于2012～2018年季度相关数据，构建消费收入网上支付金额时间序列模型，使用2SLS模型证实了第三方支付对消费显著的促进作用。通过对第三方网上支付和银行网上支付对消费促进效应的对比发现，第三方支付的发展每季度能促进居民消费增长0.734个百分点，银行网上支付的发展每季度能促进居民消费增长0.506个百分点，第三方支付对消费的促进效应更大。在第三方支付迅猛发展前，以网上银行为代表的传统银行网上支付就已经得到了普及，以普雷莱茨和勒文施泰因（1998）的双通道心理账户理论为基础，与传统银行网上支付相比，使用第三方支付时居民的支付真实感更低，因而痛苦感更低。第三方支付不仅可以广泛运用在近程支付，在远程支付场景更是比银行电子支付方便，多种商品的购买直接从电子账户中划转出去，扫二维码支付的方式甚至免去了借记卡和信用卡需要的 POS 机和亲笔签字，互联网分期付款还能使支付时间和消费时间错开，种种特征均符合双通道心理账户理论中"去联结"（decoupling）的特征，使消费和支付之间的关系变得更松散，将支付在一定程度上从消费过程中剥离出去，只剩下消费的正效应，支付的负效应变得很小，削弱了双通道的作用渠道。如今音乐、视频、阅读等包月 VIP 服务均是在第一次授权之后，再不需要办理任何手续就会每个月自动从电子账户中扣费，提高了方便度的同时也降低了支付痛苦感，广为流行的小额免密支付更是放大了这种情况。

　　第三，基于 2011～2017 年省级面板数据，进一步证实了网上支付的发展能显著刺激居民消费的增长，在将网上支付对不同类型消费理论影响效应分析的基础上，从实证上对比分析了网上支付对不同类型消费的刺激效应发现，网上支付对居民小额日常非耐用品的刺激效应更大。因为对于消费者来说，大额消费不是日常消费，大额消费比较少，一般很长时间消费一次，即使支付不方便毕竟次数少也是可以容忍的，日常生活中频繁接触的支付活动则对支付的便利性要求比较高，如居民每日都要面对的购买食物、乘车、超市购物等行为，使用互联网支付确实能大大提高效率，节省很多时间，如果每天面对的消费支付方式不方便，难免会影响消费者的消费热情，因此，网上支付的特性更加适用于小额日常消费。相反，小额日常的支付大多不需要进行太多慎重的考虑，当网上支付主要聚焦在日常小额消费时，日常小额消费的这种特性也会使网上支付刺激消费的效应更好地发挥出来，因此，网上支付带来交易效率提升的同时也会提高居民的交易频率，刺激消费。总的来说，网上支付能使日常消费更方便从而促进了日常消费，而日常消费又为网上支付和促进消费提供了良好的条件，两者的特性分别为对方发挥作用提供条件，共同使刺激消费达到更高的程度。这意味着网上支付对消费结构产生了影响，网上支付的发展使现在过高的大额商品价格对日常消费的挤压有所缓解，但有可能对消费升级产生不利的影响。

第四，基于"互联网信贷发展指数"构建固定效应工具变量模型进行实证检验，发现以网上支付为基础的互联网新型消费信贷有降低消费与收入相关系数的效应，网上支付的发展能降低居民当期收入对消费的约束，网上支付促进居民增加的消费不是随着收入水平的增加而增加，而是在收入还没有提高前使一部分居民能够得到超前消费。因为以网上支付为基础的网络购物日渐成熟，相关的服务、物流也日渐完善，有力的消费刺激使居民在没有增加收入前动用了储蓄额进行消费，降低了消费对当期收入的依赖性；重要的是以网上支付为基础的互联网新型消费信贷发展迅速，人们即使不提供收入凭证也能顺利地借贷消费，使大部分人都能简单地享受到新型消费信贷服务。

（3）在梳理既有文献研究的基础上，总结了各个储蓄率主要影响因素在研究期间的变化以及对储蓄率产生的影响，构建系统 GMM 模型在控制住各个影响因素基础上，分析了网上支付对我国居民储蓄率的整体作用效果，进一步地通过引入网上支付与储蓄率影响因素的交叉项，分析网上支付对居民储蓄率的影响渠道和宏观影响异质性，其研究结果表明：

第一，利用 2011～2017 年的省际面板数据在对人口年龄、金融信贷体系、收入不确定性等影响储蓄率因素进行控制的前提下，使用系统 GMM 模型将网上支付对储蓄率的影响效应进行了检验，实证结果表明，网上支付的发展对刺激居民消费、降低居民储蓄率有显著作用，网上支付每增长 1 个百分点，居民储蓄率就降低 0.028 个百分点，以 2011～2017 年的网上支付指数平均增长率 33.07% 来计算，在其他影响储蓄率的因素保持不变的情况下，网上支付的发展使储蓄率每年下降 0.926%，以 2011～2017 年居民平均储蓄率 30.25% 来看，网上支付对储蓄率的影响强度为 3.06%。

第二，通过引入网上支付与其他影响因素交互项，进行网上支付对储蓄率影响渠道探究发现，网上支付的发展是通过降低我国居民强烈的储蓄惯性、完善的消费信贷市场和降低不确定性来对我国居民储蓄率产生抑制效应。具体来说，网上支付的发展有助于完善消费信贷市场，为更多人提供消费信贷服务，在一定程度上能缓解对偏远地区、较低收入居民的金融抑制，缓解更多居民的流动性约束，在居民希望进行大额耐用品消费时提供外部信贷支持；网上支付还能显著地降低居民不确定性对储蓄率的促进作用，即当网上支付普及后，居民面对收入不确定而发生资金短缺时，通过微信或者支付宝转账变得很方便快捷。同时相应的消费信贷也变得更加便利，使居民向正规金融机构或者网上机构借钱变得更加简单。网上支付的发展有利于降低我国居民强烈的储蓄惯性，这是因为，一是在心理账户作用下，居民使用网上支付时支付痛苦感减小，模糊了货币价值感，刺激了居民进行更多的消费；二是以网上支付为基础的网上消费信贷的发展促进消费信贷对储蓄率的抑制效应；三是比起传统的消费信贷，互联网消费信贷随时、随地，更方便地为居民提供信贷帮助，在一定程度上降低了居民对未来的不确定性。

第三，网上支付与人均 GDP 交互项的估计系数结果表明，网上支付对经济落后地区居民储蓄率的抑制效应更加强烈。从理论上分析，经济发展水平可能从两个方向影响网上支付对居民消费的影响效应，一方面，网上支付作为一种当面现金交易的替代支付方式在促进消费的同时，还能使一些非当面交易的跨地区消费变得可能，以网上支付为技术基础的互联网购物使不同地区之间的货物随时随地往来。人均 GDP 低的省份经济发展相对落后，网上支付的普及能帮助它们构建完善的消费市场，同时，由于消费上升空间加大，网上支付为基础的互联网消费信贷也能帮助更多人解除流动性约束，帮助释放更多的消费空间，从而对居民储蓄率的抑制效应加大。另一方面，经济发达的省份网上支付一般来说比较发达，居民对新生事物接受得快，对网上支付应用得比较广泛，因而形成了规模效应，对储蓄率的负向影响增大。网上支付与人均 GDP 交叉项估计系数为正，表明了上述的两种效应中第一种效应占据主导。

（4）构建理论模型研究居民是否使用网上支付，以及使用网上支付金额对储蓄率的影响，总结出使用网上支付产生的价格折扣效应、替代效应和促进效应，网上支付在方向不同、大小不同的三个效应基础上对居民储蓄率产生影响，选择了倾向匹配得分法纠正选择偏误考察了使用网上支付的实验组与不使用网上支付的对照组的储蓄率差异，分别基于三期面板数据样本和截面数据样本，选择了带有工具变量的双向固定效应模型和 2SLS 模型考察了家庭使用网上支付金额对储蓄率的影响效果，并通过引入网上支付与控制变量的交叉项以及分组的方式，分别考察了网上支付在不同年度，对不同户籍、不同性别、不同年龄阶段、不同受教育水平、不同家庭收入以及不同婚姻状况的家庭储蓄率的影响异质性，研究发现以下结论：

第一，基于 CFPS（2014）、CFPS（2016）和 CFPS（2018）微观数据，将所有样本分为使用网上支付的实验组和不使用网上支付的控制组，使用倾向匹配得分法纠正选择偏误问题，降低两组之间的其他各变量组间差异进行匹配，最终发现使用网上支付手段能显著降低家庭储蓄率。在倾向匹配得分法纠正选择偏误基础上，构建三期面板模型选择使用家庭业余上网时间作为工具变量进行检验，发现网上支付金额的提高显著地抑制了家庭储蓄率的增长。

第二，通过网上支付对家庭储蓄率的动态分析发现，网上支付金额对家庭储蓄率的抑制效应在本书研究期间呈现出倒"U"形的变化趋势，在 2016 年达到最高值。出现这种结果的原因是，网上支付作为一种新生事物，被居民接受和被普及需要一定的时间，随着网上支付业务在我国的普及，家庭网上支付金额不断上升，增长速度会经历一个倒"U"形的趋势，即从发展前期的高速增长到发展后期的平缓增长，直至网上业务渗透率达到较高的水平，成为不同区域、不同家庭主流的支付方式之一时网上支付业务的增长达到饱和。随着网上支付业务覆盖面的扩大，支付交易体系逐步完善，网上支付更加便利和安全，居民使用网上支付的效应得到提高，将刺激更多居民更频繁地使用网上支付，使用的人群逐步扩大，网上支付对消费的刺激效应得到进一步增强，从而对家庭储蓄率的抑制效应也得到增强。但是，当网上支付普及程度达到较高水平之后，居民的消费习惯倾向会保持稳定，消费金额在传统支付手段和网上支付手段之间的分配会趋于稳定，这时网上支付对家庭储蓄率的抑制效应会不断减弱，这也符合新技术和新事物的发展规律。

第三，从家庭特征来看，网上支付金额对家庭储蓄率的抑制效应存在户籍和区域异质性，2014～2016 年网上支付对城市家庭储蓄率影响效应高于农村家庭，2018 年情况发生反转，网上支付对农村家庭储蓄率超过对城市家庭储蓄率，但差别并不显著。这是因为网上支付发展初期居民对网上支付的认知易用性占主导，而城市的互联网基础设施比较完善，造成网上支付在初期对城市居民储蓄率抑制效应相对较大，在网上支付发展中、后期城市和农村的互联网基础设施都较为完善，此时，居民对网上支付的认知有用性占主导，而生活在不具备完善消费市场的农村居民在网上支付作用下释放出更大的消费空间；以东部、中部和西部进行区域划分，网上支付对中部家庭抑制效应最大，西部次之，东部最小，但也不存在显著差别；结合我国居民储蓄率差异现状来看，网上支付的发展会进一步拉大城市储蓄率和农村储蓄率差距，有助于缩小东部与中、西部储蓄率差距。

第四，如果将所有家庭按照收入水平从低到高分为最低25%，中低25%，中高25%和最高25%来看，网上支付对储蓄率抑制效应随着家庭收入的上升而下降，网上支付对收入最低25%的家庭影响效果明显大于最高25%的家庭，这是因为智能手机价格不断地下降使移动设备普及度在各个收入阶层家庭均处于较高水平。收入水平较高的家庭，消费水平较高，收入也足以支撑其消费，在网上支付未普及时周边完善的市场、购物的环境和顺畅的信息渠道使他们已经能方便地进行消费，各类消费需求能得到较好的满足，网上支付的出现给他们带来的刺激效应相对有限。对于收入水平较低的家庭，收入不能满足他们的消费水平，借助于互联网消费信贷能释放其更多的消费空间。原本住在偏远的地方不能及时方便地进行消费，网上支付的出现能使他们进行跨区域消费，因此，对他们的刺激效应加大。结合我国不同收入阶层居民储蓄率差异现状来看，网上支付的发展会进一步拉大高收入家庭和中、低收入家庭的储蓄差异。

第五，从个体特征来看，网上支付金额对不同性别、不同年龄段、不同教育程度和不同婚姻状况户主家庭储蓄率影响效果存在异质性。一是网上支付对女性户主家庭储蓄率作用效果显著高于男性户主家庭。自从2014年4G信号和移动设备的普及使移动支付成为网上支付的主流以来，女性大多具备进行网上支付的物质条件；使用手机、平板电脑等移动终端进行信息搜索、支付程序简单容易，使女性使用网上支付的货币成本和非货币成本降低，甚至低于男性；女性更喜爱使用微博、微信等社交网络平台使她们进行网上支付时信息搜索的能力和速度都快于男性，从而使女性使用网上支付的认知易用性高于男性。相比男性而言，女性对网上购物的消费意愿更大，各大电商平台纷纷主打化妆品、衣物等针对女性的商品，使女性对网上支付的认知有用性高于男性，这两点使女性网上支付金额高于男性；在网络博主营销和网络直播流行的时代，消费观念更感性的女性更容易被各种推广产品所吸引，使女性会使用网上支付进行更多的原来类型的消费。同时，女性也更适应如生活缴费、健身、医疗保健和教育等网上支付新事物，这使网上支付更能帮助女性开拓新的消费领域。二是网上支付对家庭储蓄率抑制效应大致随着户主年龄增长而下降，"90 后"户主家庭抑制效应最高，并显著高于"70 后"和"60 后"户主家庭。相比年长的个体，年轻的个体思想往往更开放，承担风险能力也一般较强，更愿意接受新生事物，这为网上支付在年轻群体中的普及奠定了基础。电脑、手机等互联网设备在年轻个体中普及度高于老年个体，年轻个体对互联网的依赖程度也远远高于老年个体，这使年轻个体对网上支付的接受速度更快，年轻个体对丰富的商品消费需求量也更大，年轻的观念使他们能更好地接受网上支付衍生的互联网消费信贷，进行提前消费。三是教育程度对网上支付与家庭储蓄率的关系产生影响。网上支付对家庭储蓄率抑制效应随着户主教育水平增高呈倒"U"形变化，分样本回归发现，网上支付对高中学历户主家庭储蓄率影响效果最大，但各个教育水平组别间不存在显著的差别。因为随着教育水平的上升居民学习使用网上支付容易程度上升，网上支付抑制效应上升，同时随着教育水平上升居民理性程度不断提升，在网上支付和互联网消费信贷等作用下，做出不必要消费和超越自身收入水平消费的可能性越低。在这两个相反方向效应作用下，使网上支付对居民储蓄率抑制效应呈现倒"U"形变化。四是网上支付对已婚家庭储蓄率影响程度小于未婚家庭。

9.2　政　策　建　议

近十年来随着我国互联网金融的迅猛发展，互联网金融的基础网上支付也得到蓬勃发展，网上支付以方便、节约时间、操作便捷、更加低廉的价格、消费选择范围更广等优势广泛受到居民的青睐。在 2020 年的新型冠状病毒疫情期间网上支付进一步地彰显了无接触式的交易优势，病毒通过近距离接触传播，网上支付手段使居民不需要接触纸币，通过扫二维码进行近程交易使居民不需要接触商家，远程交易更加使居民在这种非常时期不出门就能满足居家消费需求，从这个层面上说，网上支付不只是在传统支付方式基础上锦上添花，更是能够在非常时期雪中送炭。

本书在影响机制和实证分析上，研究了网上支付对居民消费储蓄行为的影响，研究结果表明，网上支付能显著地刺激消费增长，抑制储蓄率的升高。一方面，我国长期以来处于消费不足的境地，如何刺激居民产生更高的消费水平，释放更多消费空间，从而推动我国经济持续发展引起了学术界的重视。在 2008 年全球金融危机以来，外部需求疲软，投资减缓，"三驾马车"中的出口和投资拉动经济乏力，经济增长率下降，我国进入经济新常态的背景下如何有效刺激消费，拉动国内需求就显得更加迫切和重要。在心理账户直接刺激效应、互联网将市场各主体连为一体、更加通畅的信息渠道和互联网消费信贷等因素作用下，网上支付对居民消费产生了刺激效应，居民产生了更新、更高水平的消费水平，这对我国经济新常态背景下的经济产生了积极的作用。另一方面，数十年来中国的储蓄率一直处于高水平，在国际上不管是与西方发达资本主义国家如美国、英国和法国相比，与和中国具有类似文化背景的亚洲国家日本、韩国相比，还是与其他同样经济发展迅速的金砖五国印度、巴西相比，中国的储蓄率都处在较高的水平，过高的储蓄率会造成内需不够，居民幸福感不强等结果。但同时从国家层面来看，居民储蓄是国家经济建设资金的来源，从个人层面来看，居民储蓄是居民应对经济危机时的缓冲，在方便的互联网消费信贷、畅通互联网信息渠道和充满物质诱惑的社会氛围下，过于方便快捷的网上支付刺激的消费中可能有一部分是冲动不理性的消费，帮助人们达到的是他们尚没有能力达到的消费水平，根据中央银行发布的《支付系统的整体操作在 2019 年总体情况》中可以看出，我国信用卡的未偿贷款半年累计总额高达797.43 亿元，与 2017 年的 76.89 亿元相比扩大了 10 倍，支付宝的数据也显示，有 4500 万人开通了花呗，超过 40% 的人将花呗设为首选支付对象，网上支付的过快发展似乎对刺激消费产生了矫枉过正的效果，导致大部分居民在收入增长之前实现了消费增长，造成了居民储蓄率下降，甚至陷入债务危机。结合本书研究的成果和得出的基本结论，提出以下三点建议：

第一，帮助居民树立健康的消费观念，引导互联网进行消费。本书回答了网上支付为何能抑制居民储蓄率，简单来说，网上支付通过心理账户的直接刺激效应、通畅互联网信息渠道，完善消费市场以及完善互联网消费信贷的机制刺激消费，降低了居民储蓄率。因此，政府及有关部门要对消费者加强教育、引导和监督，帮助消费者树立健康的消费观，对相关的社交网络平台和电商平台要加强监督管理，对平台的商品、信息进行筛选，对虚假的、伪劣的、质量不达标的商品及时取缔，避免进行传播和消费，规范电子商务行为，维护市场秩序。同时，对商家进行商品宣传的手段严加管控，对刷好评等行为加以惩罚，努力构建真实的线上评价机制，减少居民的盲目消费。

第二，谨防居民过度依赖消费信贷，甚至陷入债务危机。网上支付的兴起降低了居民储蓄率，降低了居民可支配收入中用于储蓄的比例，也降低了有一定储蓄余额的个体的储蓄速度及储蓄余额。但最值得注意的是，对于储蓄余额较低甚至没有储蓄余额的居民来说，网上支付的普及可能使他们陷入债务危机。一是在网上支付发展的带动下，互联网消费信贷越来越普及，互联网消费信贷让居民随时随地可贷款消费，缓解流动性约束，互联网消费信贷弥补了传统消费信贷的不足，提高了消费信贷覆盖人群，降低了居民贷款消费的难度，但太低的借款消费难度也不利于居民进行消费控制，特别是对年龄和受教育水平偏低的群体来说，他们的消费观念不够理性，更容易进行超过当前收入的消费，这样不仅降低了居民自身的储蓄率，也使一部分居民陷入债务危机。二是随着网上支付的普及，消费者市场出现低龄化的现象，低龄的消费者更容易进行非理性消费，使之陷入债务危机。因此，要对消费者加强教育和引导，帮助消费者树立健康的消费观。让他们在自己的实际收入基础上对消费水平进行合理的评估，在资金短缺的时候借助于互联网消费信贷，而不是借助互联网消费信贷来达到高于自己收入的消费水平。

第三，密切关注储蓄率下降对宏观经济造成的负面影响。网上支付的兴起刺激了消费，拉动了内需，但应该从多方面看待网上支付的发展和普及带来的影响。从短期来看，网上支付的兴起也许能拉动经济增长，但从长期看储蓄率的下降减少了国家经济建设的资金来源，提高了银行利率，抬高了融资成本，同时，居民储蓄的下降减少了居民应对经济危机时的缓冲资金，降低了居民应对风险的能力，不利于经济和居民生活的稳定。面对目前我国储蓄率下降趋势初显的现象，政府要密切关注储蓄率的走向以及储蓄率下降对我国经济产生的负面影响，及时采取有效的举措防范潜在的风险。

9.3 研 究 展 望

　　本书对网上支付的发展及其对居民储蓄率的影响进行了研究，结果表明，网上支付能显著地拉动内需，促进经济发展。同时，网上支付的衍生品如蚂蚁花呗、借呗等发展迅猛，使互联网消费信贷进一步拉高了居民的杠杆率，银行在疲于应对实体企业不良贷款及已有 P2P 全面取缔的教训下，能否应对可能爆发的互联网消费信贷引发的不良贷款？本书研究发现，网上支付能显著抑制居民储蓄率的增长，降低经济发展的资金来源。目前，我国正处于新旧动能转换期，刺激消费增长带来的有利影响是否能弥补企业资金来源减少、融资成本提高带来的不利影响，换言之，网上支付给我国宏观经济带来的整体影响是正还是负？在我国供给侧降杠杆、新旧动能转换政策下，网上支付的发展刺激更多的资本用于消费，而不是用于投资企业的新技术研发推动新旧动能转换，这是否存在资源错配？这些都是以后进一步研究的方向。

参 考 文 献

［1］白重恩，李宏彬，吴斌珍．医疗保险与消费：来自新型农村合作医疗的证据［J］．经济研究，2012（47）．

［2］白重恩，唐燕华，张琼．基于微观方法估计隐性经济的研究进展［J］．经济学动态，2015（1）．

［3］白重恩，唐燕华，张琼．中国隐性收入规模估计——基于扩展消费支出模型及数据的解读［J］．经济研究，2015（6）．

［4］蔡浩仪，徐忠．消费信贷、信用分配与中国经济发展［J］．金融研究，2005（9）．

［5］曹倩，刘鹏程，王小洁．消费者第三方支付使用意愿及其影响因素研究——基于CHFS（2011）调查数据的经验分析［J］．宏观经济研究，2016（7）．

［6］陈斌开．供给侧结构性改革与中国居民消费［J］．学术月刊，2017（9）．

［7］陈斌开，杨汝岱．土地供给、住房价格与中国城镇居民储蓄［J］．经济研究，2013（1）．

［8］陈美丽，傅魁．第三方支付背景下消费者个人信用评估模型构建［J］．财会月刊，2018（1）．

［9］陈迁迁，朱莉．互联网金融对经济增长影响的实证研究——基于我国省际面板数据的分析［J］．经济视角，2019（2）．

［10］陈岩，剌文琪，范杰．互联网消费信贷的可持续发展研究［J］．南方金融，2016（12）．

［11］陈彦斌，邱哲圣．高房价如何影响居民储蓄率和财产不平等［J］．经济研究，2011（10）．

［12］陈雨露，边卫红．电子货币发展与中央银行面临的风险分析［J］．国际金融研究，2010（10）．

[13] 程建胜，刘向耘. 发展消费信贷　促进消费增长 [J]. 经济学动态，2003（8）.

[14] 程名望，张家平. 互联网普及与城乡收入差距：理论与实证 [J]. 中国农村经济，2019（2）.

[15] 褚蓬瑜，郭田勇. 互联网金融与商业银行演进研究 [J]. 宏观经济研究，2014（5）.

[16] 崔海燕. 互联网金融对中国居民消费的影响研究 [J]. 经济问题探索，2016（1）.

[17] 单泪源，龙腾，张人龙. 基于 TAM 的互联网金融品牌延伸影响机制研究 [J]. 管理评论，2015（8）.

[18] 丁宁. 中国消费信贷对经济增长贡献的实证分析 [J]. 财经问题研究，2014（3）.

[19] 丁颖，司言武. 教育财政支出与居民储蓄率的关系研究 [J]. 财经论丛，2019（2）.

[20] 董昕，周海. 网络货币对中央银行的挑战 [J]. 经济理论与经济管理，2001（7）.

[21] 杜海韬，邓翔. 流动性约束和不确定性状态下的预防性储蓄研究——中国城乡居民的消费特征分析 [J]. 经济学（季刊），2005（1）.

[22] 杜正琦，王理政. 经济新常态下我国储蓄率的变动、影响与对策研究 [J]. 金融与经济，2019（2）.

[23] 范金亚，张荣. 数字化金融时代第三方支付与商业银行关系研究：基于博弈复制动态方程 [J]. 商业经济研究，2017（10）.

[24] 范柳，王俐，王垒. 移动支付环境下用户转换意图影响要素研究 [J]. 信息与管理研究，2019（1）.

[25] 范子英，刘甲炎. 为买房而储蓄——兼论房产税改革的收入分配效应 [J]. 管理世界，2015（5）.

[26] 方艳杰，游鸿辉，苑德宇. 电子货币对货币流通速度的影响 [J]. 统计研究，2007（11）.

[27] 方轶强. 支付系统的发展与货币流通速度变化分析 [J]. 上海金融，2009（9）.

[28] 封思贤，包丽红. 监管第三方支付机构的博弈分析 [J]. 中国经济问题，2016（4）.

［29］冯虹，李晨曦．高储蓄率、转移成本与农民工储蓄率［J］．会计与经济研究，2018（2）.

［30］冯蛟，卢强，李辉．消费者移动支付工具使用意愿的模型构建与实证：基于理性行为理论的拓展［J］．宁夏社会科学，2019（3）.

［31］冯科，舒博．金融电子化对我国居民现金需求影响的 VAR 模型实证分析［J］．现代财经（天津财经大学学报），2011（7）.

［32］冯明．农民工与中国高储蓄率之谜——基于搜寻匹配模型的分析［J］．管理世界，2017（4）.

［33］甘犁，赵乃宝，孙永智．收入不平等、流动性约束与中国家庭储蓄率［J］．经济研究，2018（12）.

［34］高宏．人口结构变化与居民储蓄率［J］．金融发展研究，2019（1）.

［35］龚晓红．第三方支付对央行支付系统影响及对策［J］．金融科技时代，2006（1）.

［36］巩师恩，范从来．收入不平等、信贷供给与消费波动［J］．经济研究，2012（1）.

［37］郭品，沈悦．互联网金融对商业银行风险承担的影响：理论解读与实证检验［J］．财贸经济，2015（10）.

［38］杭斌，申春兰．中国农户预防性储蓄行为的实证研究［J］．中国农村经济，2005（3）.

［39］郝身永，陈辉．互联网金融对传统商业银行的短冲击与深远影响［J］．上海行政学院学报，2015（2）.

［40］何燕岗．第三方支付给商业银行带来的机遇与挑战［J］．西南金融，2012（3）.

［41］胡绍雨．经济转轨以来我国经济增长的效率分析与政策研究［J］．经济论坛，2012（8）.

［42］华歆柔，俞海蓝．移动支付对大学生消费的分析［J］．金融经济，2018（22）.

［43］黄少安，孙涛．非正规制度、消费模式和代际交叠模型——东方文化信念中居民消费特征的理论分析［J］．经济研究，2005（4）.

［44］黄少安．乡村振兴战略实施中需要关注的问题［J］．科学与管理，2019（5）.

[45] 黄少安．中国改革开放以来主要的经济理论创新 [J]．学术月刊，2019 (3)．

[46] 黄少安，钟卫东．股权融资成本软约束与股权融资偏好——对中国公司股权融资偏好的进一步解释 [J]．财经问题研究，2012 (12)．

[47] 蒋智陶．基于货币流通速度的电子货币度量指标实证分析 [J]．经济视角旬刊，2012 (4)．

[48] 焦勇，杨蕙馨．政府干预、两化融合与产业结构变迁——基于 2003 – 2014，省际面板数据的分析 [J]．经济管理，2017 (6)．

[49] 靳永辉．互联网金融发展对传统商业银行的影响研究 [J]．理论刊，2017 (10)．

[50] 冷晨昕，陈前恒．贫困地区农村居民互联网金融使用现状及影响因素分析 [J]．财贸研究，2017 (11)．

[51] 李成友，刘安然，袁洛琪，康传坤．养老依赖、非农就业与中老，农户耕地租出——基于 CHARLS 三面板数据分析 [J]．中国软科学，2020 (7)．

[52] 李成友，孙涛，王硕．人口结构红利、财政支出偏向与中国城乡收入差距 [J]．经济学动态，2021 (1)．

[53] 李德．国际网络银行的发展与监管 [J]．广西金融研究，2001 (8)．

[54] 李江一，李涵．城乡收入差距与居民消费结构：基于相对收入理论的视角 [J]．数量经济技术经济研究，2016 (8)．

[55] 李凯风，潘婷．我国人口结构对居民储蓄率的影响研究 [J]．武汉金融，2019 (7)．

[56] 李明林，董一一．互联网金融对商业银行核心业务的影响——基于 2006 – 2016，我国主要商业银行的面板数据 [J]．财会目刊，2018 (10)．

[57] 李楠，黄旭，谢尔曼．支付体系变革对中国货币体系的影响 [J]．金融论坛，2014 (11)．

[58] 李琪，殷猛，孙乔．我国消费者支付宝钱包使用意向研究——基于 TAM 和 IDT 理论 [J]．大连理工大学学报（社会科学版），2018 (1)．

[59] 李淑锦，张小龙．第三方互联网支付对中国货币流通速度的影响 [J]．金融论坛，2015 (12)．

［60］李雪松，黄彦彦. 房价上涨、多套房决策与中国城镇居民储蓄率［J］. 经济研究，2015（9）.

［61］李燕桥，臧旭恒. 中国城镇居民预防性储蓄动机强度检验［J］. 经济学动态，2011（5）.

［62］林罕. 互联网经济对居民消费倾向影响的省域考察［J］. 商业经济研究，2019（5）.

［63］刘德文，姚山季. 基于 TAM 的第三方支付使用意愿实证研究——以支付宝为例［J］. 企业经济，2016（1）.

［64］刘方，杨赫. 老龄化背景下我国区域消费信贷对银行稳定的影响——基于省际面板 ARDL 和 VAR 模型的研究［J］. 金融理论与教学，2019（4）.

［65］刘海二. 互联网金融的基础设施：移动支付与第三方支付［J］. 国际金融，2014（5）.

［66］刘湖，张家平. 互联网对农村居民消费结构的影响与区域差异［J］. 财经科学，2016（4）.

［67］刘铠豪，刘渝琳. 破解中国高储蓄率之谜——来自人口，年龄结构变化的解释［J］. 人口与经济，2015（3）.

［68］刘凌希. 消费信贷对于缓解我国居民消费需求不足的思考——基于政治经济学视角［J］. 时代金融，2020（8）.

［69］刘蕊. 移动互联网时代电子支付商业模式探讨［J］. 经济论坛，2017（7）.

［70］刘生福. 数字化支付时代的货币政策传导：理论推演与经验证据［J］. 当代经济科学，2019（2）.

［71］刘士宁，徐长生. 我国货币流通速度变动因素的计量分析［J］. 华中科技大学学报（社会科学版），2004（1）.

［72］刘亚建. 我国经济增长效率分析［J］. 思想战线，2002（4）.

［73］刘燕云. 试析第三方支付业务发展及对银行传统支付业务的影响［J］. 金融与经济，2014（3）.

［74］刘宇翔，郭春杰. 湖南省产业结构、消费结构与经济增长的实证分析［J］. 统计与管理，2019（8）.

［75］龙志和，周浩明. 中国城镇居民预防性储蓄实证研究［J］. 经济研究，2000（11）.

［76］卢花兰. 货币流通速度的实证分析［J］. 统计与决策，2015（8）.

［77］鲁耀斌，徐红梅. 技术接受模型及其相关理论的比较研究［J］. 科技进步与对策，2005（10）.

［78］罗江，迟英庆. 基于理性行为理论的消费者行为研究综述［J］. 商业经济研究，2016（6）.

［79］马光荣，周广肃. 新型农村养老保险对家庭储蓄的影响：基于 CFPS 数据的研究［J］. 经济研究，2014（11）.

［80］孟昕，黄少卿. 中国城市的失业、消费平滑和预防性储蓄［J］. 经济社会体制比较，2001（6）.

［81］穆怀朋. 非现金支付的发展及其规律性探析［J］. 当代金融研究，2019（3）.

［82］盘茂杰. 关于线上支付方式的调查与研究［J］. 现代商业，2017（26）.

［83］裴长洪. 电子商务的兴起及其对世界经济的影响［J］. 中国工业经济，2000（10）.

［84］浦成毅. 数字现金对货币供应与货币流通速度的影响［J］. 金融研究，2002（5）.

［85］任文华. 网上支付存在的问题及对策研究［J］. 现代国企研究，2018（10）.

［86］沈蕾，郑智颖. 网络消费行为研究脉络梳理与网络消费决策双轨模型构建［J］. 外国经济与管理，2014（8）.

［87］沈悦，郭品. 互联网金融、技术溢出与商业银行全要素生产率［J］. 金融研究，2015（3）.

［88］施建淮，朱海婷. 中国城市居民预防性储蓄及预防性动机强度：1999－2003［J］. 经济研究，2004（10）.

［89］史新鹭，周政宁. 电子支付发展、电子货币替代对货币需求的影响研究［J］. 中央财经大学学报，2018（12）.

［90］帅青红. Q 币、U 币、POPO 币与电子货币［J］. 电子商务，2007（1）.

［91］帅青红，芮婷婷，黄涛. 移动支付市场三大服务商博弈研究［J］. 计算机科学，2015（10）.

[92] 谭顺，程东杰．当前中国消费不足的四种基本形态——兼析消费不足的具体成因 [J]．经济问题探索，2011 (1)．

[93] 汤浩龙，和炳全，周薇．基于 SVM 的银行个人贷款信用评估模型研究 [J]．西部经济管理论坛，2012 (1)．

[94] 唐平．电子货币对货币供给与需求的影响分析 [J]．河南金融管理干部学院学报，2015 (1)．

[95] 万广华，张茵，牛建高．流动性约束、不确定性与中国居民消费 [J]．经济研究，2001 (11)．

[96] 汪伟．经济增长、人口结构变化与中国高储蓄 [J]．经济学 (季刊)，2010 (1)．

[97] 汪伟．人口老龄化与中国储蓄率的动态演化 [J]．管理世界，2006 (6)．

[98] 王策，周博．房价上涨、涟漪效应与预防性储蓄 [J]．经济学动态，2016 (8)．

[99] 王弟海，龚六堂．增长经济中的消费和储蓄——兼论中国高储蓄率的原因 [J]．金融研究，2007 (12)．

[100] 王凤双．试述电子支付模式对消费行为的影响 [J]．商场现代化，2018 (11)．

[101] 王浩男．互联网金融对我国大型商业银行经营效率的影响 [J]．湖南科技学院学报，2018 (3)．

[102] 王积业．关于提高经济增长质量的宏观思考 [J]．宏观经济研究，2000 (1)．

[103] 王克稳，李敬强，徐会奇．不确定性对中国农村居民消费行为的影响研究——消费不确定性和收入不确定性的双重视角 [J]．经济科学，2013 (5)．

[104] 王亮，吴浜源．我国电子货币的通货膨胀效应——基于 2003 -2011，季度数据的实证分析 [J]．财经科学，2013 (4)．

[105] 王鲁滨．电子货币对货币供给与需求的影响分析 [J]．金融研究，1999 (10)．

[106] 王硕，兰婷．论第三方支付的发展及其对商业银行业务发展的影响 [J]．南方金融，2012 (9)．

[107] 王小华，温涛．城乡居民消费行为及结构演化的差异研究

227

[J]．数量经济技术经济研究，2015（10）．

[108] 王晓彦，胡德宝．移动支付对消费行为的影响研究——基于不同支付方式的比较 [J]．消费经济，2017（5）．

[109] 王馨．互联网金融助解"长尾"小微企业融资难问题研究 [J]．金融研究，2015（9）．

[110] 王业雯．产业结构、消费结构与经济增长——基于广东省的实证分析 [J]．经济问题探索，2016（7）．

[111] 王雨轩．我国的第三方电子支付模式分析 [J]．现代营销（信息版），2019（1）．

[112] 王征宇，刘俊辰，蔡德发．黑龙江省产业结构、消费结构与经济增长关联研究 [J]．哈尔滨商业大学学报（社会科学版），2018（4）．

[113] 魏勇，杨刚，杨孟禹．城镇居民消费升级特征与动因研判——基于空间溢出视角的实证研究 [J]．经济问题探索，2017（1）．

[114] 吴薇，房树维．吉林省农村居民与全国农村居民消费结构比较研究 [J]．经济纵横，2009（10）．

[115] 向东，王雪擎．大学生网络消费支付方式影响因素分析 [J]．中国市场，2016（44）．

[116] 谢凯，陈进．银行卡支付市场研究：从 POS 支付看网上支付的发展 [J]．农村金融研究，2013（1）．

[117] 谢琳，卢建军．电子商务中第三方电子支付平台分析 [J]．计算机应用研究，2003（12）．

[118] 谢平．互联网金融的现实与未来 [J]．新金融，2014（4）．

[119] 谢平，刘海二．ICT、移动支付与电子货币 [J]．金融研究，2013（10）．

[120] 谢平，邹传伟．互联网金融模式研究 [J]．金融研究，2012（12）．

[121] 谢平，邹传伟，刘海二．互联网金融的基础理论 [J]．金融研究，2015（8）．

[122] 杨晨，王海忠，钟科，付佳，江红艳．支付方式对产品偏好的影响研究 [J]．管理学报，2015（2）．

[123] 杨静，张双才．电子商务与第三方支付、网上用户规模的交互影响分析——基于双对数联立方程的探讨 [J]．财会月刊，2016（26）．

[124] 杨青，钱新华，庞川. 消费者网络信任与网上支付风险感知实证研究 [J]. 统计研究，2011（10）.

[125] 杨汝岱，陈斌开. 高等教育改革、预防性储蓄与居民消费行为 [J]. 经济研究，2009（8）.

[126] 杨天宇，荣雨菲. 高收入会导致高储蓄率吗——来自中国的证据 [J]. 经济学家，2015（4）.

[127] 杨兴凯，张笑楠. 电子商务中的第三方支付比较分析 [J]. 商业研究，2008（5）.

[128] 易行健，陈仁静，来特，杨碧云. 户主受教育水平的提高是否显著提高了家庭储蓄率 [J]. 上海金融，2017（11）.

[129] 易行健，王俊海，易君健. 预防性储蓄动机强度的时序变化与地区差异——基于中国农村居民的实证研究 [J]. 经济研究，2008（2）.

[130] 尹龙. 电子货币对中央银行的影响 [J]. 金融研究，2009（4）.

[131] 印文，裴平. 电子货币的货币供给创造机制与规模——基于中国电子货币对流通中纸币的替代 [J]. 国际金融研究，2016（12）.

[132] 印文，裴平. 中国的货币电子化与货币政策有效性 [J]. 经济学家，2015（3）.

[133] 游鸿辉，苑德宇. 电子货币对货币流通速度的影响 [J]. 统计研究，2009（11）.

[134] 余文建，李雪俏，杨文玉，陈少敏. 中国经济结构性失衡的原因与解决路径——基于投资和消费对经济增长贡献作用的实证分析 [J]. 上海金融，2010（6）.

[135] 张栋. 商业银行进入电子商务市场的战略与策略 [J]. 金融论坛，2012（7）.

[136] 张红，陈洁. 电子货币发展给宏观调控带来的新挑战 [J]. 财贸经济，2013（8）.

[137] 张辉，白长虹，李储凤. 消费者网络购物意向分析——理性行为理论与计划行为理论的比较 [J]. 软科学，2011（9）.

[138] 张李义，涂奔. 互联网金融对中国城乡居民消费的差异化影响——从消费金融的功能性视角出发 [J]. 财贸研究，2017（8）.

[139] 张李义，涂奔. 互联网金融发展对中国经济增长影响的实证 [J]. 统计与决策，2017（11）.

229

[140] 张丽丽，左妍. 商业银行应对第三方支付影响的对策分析 [J]. 辽东学院学报，2017 (6).

[141] 张琦. 关于我国住房消费信贷政策调整的分析与建议 [J]. 消费经济，2007 (1).

[142] 张树明，杜卫亮. 我国货币流通速度计量分析 [J]. 山东大学学报，（哲学社会科学版），2012 (2).

[143] 张勋，刘晓，樊纲. 农业劳动力转移与家户储蓄率上升 [J]. 经济研究，2014 (4).

[144] 章元，王驹飞，沈可. 预寿命延长与农村居民储蓄率——基于 CHIP 2013 农户样本的研究 [J]. 学术研究，2019 (7).

[145] 赵霞，刘彦平. 居民消费、流动性约束和居民个人消费信贷的实证研究 [J]. 财贸经济，2006 (11).

[146] 赵昕东，王昊，刘婷. 人口老龄化、养老保险与居民储蓄率 [J]. 中国软科学，2017 (8).

[147] 赵旭升. 互联网金融商业模式演进及商业银行的应对策略 [J]. 金融论坛，2014 (10).

[148] 郑迎飞. 第三方支付企业与商业银行的竞合关系研究 [J]. 南京财经大学报，2015 (2).

[149] 中国人民银行：电子支付指引（第一号），科技与法律，2005 (3).

[150] 钟宁桦，朱亚群，陈斌开. 住房体制改革与中国城镇居民储蓄 [J]. 学术月刊，2018 (6).

[151] 周博. 房价波动会引致预防性储蓄吗 [J]. 统计研究，2016 (4).

[152] 周光友. 电子货币的替代效应与货币供给的相关性研究 [J]. 数量经济技术经济研究，2009 (3).

[153] 周光友. 电子货币发展对货币流通速度的影响——基于协整的实证研究 [J]. 经济学，2006 (3).

[154] 周光友，施怡波. 互联网金融发展、电子货币替代与预防性货币需求 [J]. 金融研究，2015 (5).

[155] 周学. 构建"微观、中观、宏观三位一体"的经济学理论体系——兼论破解我国内需不足的方略 [J]. 经济学动态，2014 (4).

［156］朱波，杭斌. 流动性约束、医疗支出与预防性储蓄——基于我国省际面板数据的实证研究［J］. 宏观经济研究，2015（3）.

［157］朱海鹏. 互联网消费信贷的可持续发展研究［J］. 时代金融，2019（3）.

［158］祝仲坤，冷晨昕. 互联网使用对居民幸福感的影响——来自CSS 2013 的经验证据［J］. 经济评论，2018（1）.

［159］左涵柯. 第三方支付方式与传统支付方式的利弊分析［J］. 现代商业，2019（3）.

［160］AGUIAR M，EHURST. Consumption vs Expenditure［J］. Journal ofPolitical Economy，2005，113（5）：919 – 948.

［161］AJZEN I. From Intentions to Actions：A Theory of Planned Behavio［J］. Action Control，1985.

［162］ANDO A，FMODIGLIANI. The Life Cycle Hypothesis of Saving：Aggregate Implications and Tests［J］. American Economic Review，1963，53（1）：55 – 84.

［163］ARKES H R，JOYNER C A，PEZZO M V，NASH J G，SIEGEL J K，STONE E. The Psychology of Windfall Gains［J］. Organizational Behavior and Human Decision Processes，1994，59（3）：331 – 347.

［164］ATTANASIO O P，GUGLIELMO W. Consumption Growth，the Interest Rate and Aggregation［J］. The Review of Economic Studies，1993（3）：3.

［165］ATTANASIO O P，MBROWNING. Consumption over the Life Cycle and over the Business Cycle［J］. American Economic Review，1995，85（5）：1118 – 1137.

［166］AZIZ M J，L Cui. Explaining China's Low Consumption：The Neglected Role of Household Income［J］. International Monetary Fund，2007：7 – 181.

［167］BANKS J，et al. Is There a Retirement Savings Puzzle?［J］. American Economic Review，1988，88（4）：769 – 788.

［168］BATTISTIN E，et al. The Retirement Consumption Puzzle：Evidence from a Regression Discontinuity Aapproach［J］. American Economic Review，2009，99（5）2209 – 2226.

［169］BENJAMIN J D, et al. Real Estate Versus Financial Wealth in Consumption ［J］. Journal of Real Estate Finance and Economics, 2004, 29 (3): 341 - 354.

［170］BLAU D M. , Retirement and Consumption in a Life Cycle Model ［J］. Journal of Labor Economics, 2008, 26 (1): 35 - 71.

［171］BONHAM, CARL, CALLA W. Chinese Saving Dynamics: The Impact of GDP Growth and the Dependent Share ［J］. Oxford Economic Papers, 2013 (1): 173 - 96.

［172］BOUDON R. Beyond Rational Choice Theory ［J］. Annual Review of Sociology, 2003 (29): 1 - 21.

［173］BRAUM R, IKEDAD, JOINES D. The Saving Rate in Japan: Why It Has Fallen and Why It Will Remain Low ［J］. International Economic Review, 2009, 50 (1): 291 - 321.

［174］CAMPBELL D W. Future Predictions in Japan's and US's Personal Saving Rates ［M］. Mimeo, Boston, 2008, MA.

［175］CAMPBELL J Y, JOHN Y, MANKIW N G. Permanent Income, Current Income, and Consumption ［J］. Journal of Business & Economic Statistics, 1990 (8): 265 - 279.

［176］CAMPBELL J Y, MANKIW N G. Consumption, Income, and Interest Rates: Reinterpreting the Time Series Evidence ［J］. NBER Macroeconomics Annual, 1989 (4): 185 - 216.

［177］CAMPBELL J Y, MANKIW N G. The Response of Consumption to Income: A Cross - Country Investigation ［J］. European Economic Review, 1991, 35 (4): 723 - 756.

［178］CARROLL C D, CHRISTOPHER D. How Does Future Income Affect Current Consumption? ［J］. The Quarterly Journal of Economics, 1994 (1): 111 - 47.

［179］CARROLL C D, SAMWICK A A. The Nature of Precautionary Wealth ［J］. Nber Working Papers, 1995, 40 (1): 41 - 71.

［180］CEYLAN O, ENIRE OZSOZ. The Impact of Internet - Banking on Brickand Mortar Branches: The Case of Turkey ［J］. Journal of Financial Services Research, 2013, 44 (2): 58 - 63.

[181] CHAMON, MARCOS D, ESWAR S, PRASAD. Why Are Saving Rates of Urban Households in China Rising? [J]. American Economic Journal: Macroeconomics, 2010 (1): 93 –130.

[182] CHOU S, J LIU, JKHAMMITT. National Health Insurance and Precautionary Saving: Evidence from Taiwan [J]. Journal of Public Economics, 2003 (87): 1873 –1894.

[183] COCHRANE J H. A Simple Test of Consumption Insurance [J]. Nber Working Papers, 1988, 99 (5): 957 –976.

[184] COLE H, MAILATH G, POSTLEWAITE A. Social Norms, Savings Behavior, and Growth [J]. Journal of Political Economy, 1992, 100 (6): 1092 –1125.

[185] CURTIS C, LUGAUER S, MARK N. Demographic Patterns and Household Saving in China [J]. American Economic Journal: Macroeconomics, 2015, 7 (2): 58 –94.

[186] DAVIS F D, BAGOZZI R P, WARSHAW P R. User Acceptance of Computer Technology a Comparison of Two Theoretical Models [J]. Management Science, 1989, 35 (8): 982 –1003.

[187] DEATON A. Understanding Consumption [J]. 1994, 104 (422): 214 –242.

[188] ENGEN E M, JGRUBER. Unemployment Insurance and Precautionary Saving [J]. Journal of Monetary Economics, 2001 (47): 545 – 579.

[189] FAGERSTROM A, HANTULA D A. Buy it now and Pay for it Later: An Experimental Study of Student Credit Card Use [J]. The Psychological Record, 2013, 63 (2): 323 –332.

[190] FEINBERG R. Credit Cards as Spending Facilitating Stimuli: A Conditioning Interpretation [J]. Journal of Consumer Research, 1986, 13 (3): 348 –356.

[191] FRIEDMAN B M. Decoupling at the Margin: The Threat to Monetary Policy from the Electronic Revolution in Banking [J]. International Finance, 2000, 3 (2): 261 –272.

[192] FUIJKI H, TANAKA M. Currency Demand, New Technology,

233

and the Adoption of Electronic Money: Micro Evidence from Japan [J]. Economics Letters, 2014, 125 (1): 5 -8.

[193] GAN J. Housing Wealth and Consumption Growth: Evidence from a Large Panel of Households [J]. The Review of Financial Studies, 2010, 23 (6).

[194] GOODHART C A E. Can Central Banking Survive the IT Revolution? [J]. International Finance, 2000, 3 (2): 189 -209.

[195] GRUBER J, A YELWITZ. Public Health Insurance and Private Savings [J]. Journal of Political Economy, 1999 (107): 1249 -1274.

[196] HALIM R E, ADIWIJAYA K, HARYANTO J, FIRMANZAH. The Propensity of Young Consumers to Overspend on Credit Cards: Decomposition Effect in the Theory of Planned Behavior [J]. Journal of Economics, Business and Management, 2016, 4 (10): 599 -605.

[197] HAYASHI F. Japan's Saving Rate: New Dataand Reflections [J]. NBER Working Paper, 1989 (3205).

[198] HAYASHI F. Why Is Japan's Saving Rate So Apparently High [J]. NBER Macroeconomics Annual, 1986: 147 -210.

[199] HEATH C, SOLL J B. Mental Budgeting and Consumer Decisions [J]. Journal of Consumer Research, 1996, 23 (1): 40 -52.

[200] HELION C, GILOVICH T. Gift Cards and Mental Accounting: Green-lighting Hedonic Spending [J]. Journal of Behavioral Decision Making, 2014, 27 (4): 386 -393.

[201] HIRSCHMAN, ELIZABETH C. Differences in Consumer Purchase Behavior by Credit Card Payment System [J]. Journal of Consumer Research, 1979, 6 (1): 58 -66.

[202] HORIAKA C J. Aging and Saving in Asia [J]. Pacific Economic Review, 2010, 15 (1): 46 -55.

[203] HORIAKA C J, CHARLES Y, JUNMIN W. The Determinants of Household Saving in China: A Dynamic Panel Analysis of Provincial Data [J]. Journal of Money, Credit and Banking, 2007, 39 (8): 2077 -2096.

[204] HORIAKA C J. The Dissaving of the Aged Revisited: The Case of Japan [J]. NBER Working Paper, 2006 (12351).

［205］ HORIAKA C J. Why Is Japan's Private Saving Rate So High? ［J］. Developments in Japanese Economics, Academic Press/Harcourt Brace Jovanovich Publishers, 1989.

［206］ HOYNESHD, M C FADDEN. The Impact on Demographics on Housing and Non – Housing Wealth in the United States ［J］. NBER Working Paper, 1994 (4666).

［207］ HUMPHREY D B, LAWRENCE B. P, JUKKA M V. Cash, Paper, and Electronic Payments: A Cross – Country Analysis ［J］. Journal of Money, Credit and Banking, 1996, 28 (4): 914 – 939.

［208］ HURD M, MC FADDEN, GAN L. Subjective Survival Curves and Life-cycle Behavior ［M］. Inquiries in the Economics of Aging, University of Chicago Press, 1998.

［209］ HUYSENTRUYT M, LEFEVERE E. Child Benefit Support and Method of Payment: Evidence from a Randomized Experiment in Belgium ［J］. American Economic Journal: Economic Policy, 2010, 2 (2): 163 – 184.

［210］ ICEK A, MARTIN F. A Bayesian analysis of attribution processes ［J］. Psychological Bulletin, 1975, 82 (2): 261 – 277.

［211］ KATAYAMA K. Why Does Japan's Saving Rate Decline So Rapidly? ［J］. Policy Research Institute Working Paper, Japanese Finance Ministry, 2006 (251).

［212］ KOGA M. The Decline of Japan's Saving Rateand Demographic Effects ［J］. Japanese Economic Review, 2006, 57 (2): 312 – 321.

［213］ KRAAY A. Household Saving in China ［J］. The World Bank Economic Review, 2000, 14 (3): 545 – 570.

［214］ KUJIS L. How Will China's Saving – Investment Balance Evolve? ［J］. World Bank Working Paper, 2006 (3958).

［215］ KUJIS L. Investment and Saving in China ［J］. The World Bank, 2005.

［216］ LELAND H. Saving and Uncertainty: The Precautionary Demand for Saving ［J］. The Quarterly Journal of Economics, 1968, 82 (3): 465 – 473.

[217] LEVAV J, A P MCGRAW. Emotional Accounting: How Feelings about Money Influence Consumer Choice [J]. Journal of Marketing Research, 2009, 46 (1): 66 – 80.

[218] LEWIS A. Economic Development with Unlimited Supplies of Labour [J]. The Manchester School of Economic and Social Studies, 1954, 22 (2): 139 – 191.

[219] LI C, JIAO Y, SUN T, LIU A. Alleviating Multi – Dimensional Poverty through Land Transfer: Evidence from Poverty-stricken Villages in China [J]. China Economic Review, 2021, 69 (101670).

[220] LOAYZA N, RASHMI S. Private Saving in India [J]. The World Bank Economic Review, 2000, 14 (3): 571 – 594.

[221] LOUISE S. Housing Prices and the Savings of Renters [J]. Journal of Urban Economics, 1995, 38 (1): 94 – 125.

[222] MISHRA H, MISHRA A, Nayakankuppam, D. Money: A Bias for the Whole [J]. Journal of Consumer Research, 2006, 32 (4): 541 – 549.

[223] MODIGLIANI F, BRUMBERG R. Utility Analysis and the Consumption Function: An Interpretation of Cross Section Data [J]. in Post Keynesian Economics, Rutgers University Press, 1954: 388 – 436.

[224] MODIGLIANI F, CAO S. The Chinese Saving Puzzle and the Life – Cycle Hypothesis [J]. Journal of Economic Literature, 2004, 42 (1): 145 – 170.

[225] MODIGLIANI F, STERLING A. Determinants of Private Saving with Special Reference to the Role of Social Security-cross Country Tests [M]. in F. Modigliani and R. Hemming (eds), Italy, London: Macmillan Press, 1983.

[226] MODIGLIANI F. The Life-cycle Hypothesis andInter-country Differences in the Saving Ratio [M]. in W. A. Eltis, M. F. G. Scott and J. N. Wolfe (eds) Oxford: Oxford Unversity Press, 1970.

[227] MORIIZUMI Y. Targeted Saving by Renters for Housing Purchase in Japan [J]. Journal of Urban Economics, 2003, 53 (3): 494 – 509.

[228] NICHOLAS E, AYELET G. The Framing of Financial Windfalls

and Implications for Public Policy [J]. Journal of Socio Economics, 2007, 36 (1): 0 –47.

[229] PAVLOU P A. Consumer Acceptance of Electronic Commerce: Integrating Trust and Risk with the Technology Acceptance Model [J]. 2003.

[230] PHILLIPS A. Migration of Corporate Payments from Check to Electronic Format: A Report on the Current Status of Payments [J]. Financial Management, 1998, 27 (4): 92 –105.

[231] PRELEC D, LOEWENSTEIN G. The Red and the Black: Mental Accounting of Savings and Debt [J]. Marketing Science, 1998, 17 (1): 4 –28.

[232] RONALD B. Windfall Income and Consumption [J]. American Economic Review, 1959, 49 (4): 602 –614.

[233] RUNNEMARK E, HEDMAN J, XIAO X. Do Consumers Pay more Using Debit Cards than Cash? [J]. Electronic Commerce Research and Applications, 2015, 14 (5): 285 –291.

[234] SCHROOTEN M, S Stephan. Private Savingsand Transition: Dynamic Panel Data Evidence from Accession Countries [J]. Economics of Transition, 2005 (13): 287 –309.

[235] SCHULTZ T P. Demographic Determinants of Savings: Estimating and Interpreting the Aggregate Associationin Asia [J]. IZA Discussion Papers, 2005 (1479).

[236] SKINNER J. Housing Wealth and Aggregate Saving [J]. Regional Science & Urban Economics, 1989, 19 (2): 305 –324.

[237] SOMAN D. Effects of Payment Mechanism on Spending Behavior: The Role of Rehearsal and Immediacy of Payments [J]. Journal of Consumer Research, 2001, 27 (4): 460 –474.

[238] SVEN C B, FABLAN G. Emergence of Financial Intermedaries in Electronic Markets: The Case of Online P2P Lending [J]. Bur – Business Resesrch, 2009, 2 (1): 39 –65.

[239] SYDNEY L. Consumption and Credit: A Model of Time – Varying Liquidity Constraints [J]. Review of Economics & Statistics, 1999, 81 (3): 434 –447.

[240] THALER R H. Mental Accounting and Consumer Choice [J]. Marketing Science, 2008, 27 (1): 15 – 25.

[241] THALER R H. Mental Accounting Matters [J]. Journal of Behavioral Decision Making, 1999, 12 (3): 183 – 206.

[242] THOMAS M, DESAI K, SEENIVASAN S. How Credit Card Payments Increase Unhealthy Food Purchases: Visceral Regulation of Vices [J]. Journal of Consumer Research, 2011, 38 (1): 126 – 139.

[243] TULLIO J, MARCO P. Saving, Growth, and Liquidity Constraints [J]. Quarterly Journal of Economics.

[244] TVERSKY A, KAHNEMAN D. Prospect Theory: An Analysis of Decision under Risk [J]. Econometrica, 1979, 47 (2): 263 – 291.

[245] TVERSKY A, KAHNEMAN D. The Framing of Decisions and the Psychology of Choice [J]. Science, 1981, 211 (4481): 453 – 458.

[246] VISWANATH V, FD Davis. A Model of the Antecedents of Perceived Ease of Use: Development and Test [J]. Decision Sciences, 27 (3): 451 – 481.

[247] WAKABAYASHI M, HEWINGS G J D. Life-cycle Changes in Consumption Behavior: Age-specific and Regional Variations [J]. Journal of Regional Science, 2007, 47 (2): 315 – 337.

[248] WEI S, ZHANG X. The Competitive Saving Motive: Evidence from Rising Sex Ratios and Savings Rates in China [J]. Journal of Political Economy, 2011, 119 (3): 511 – 564.

[249] Y S WANG, Y M WANG, H H LIN. Determinants of User Acceptance of Internet Banking: An Empirical Study [J]. Management Science Letters, 2003, 14 (5): 501 – 519.

[250] ZELDES, STEPHEN P. Consumption and Liquidity Constraints: An Empirical Investigation [J]. Journal of Political Economy, 1989, 97 (2): 305 – 346.